사회복지현장실습

현영렬 이승현 기은광 박용오 이승연 이경자 김재열 김길수 공저

신정

머리말

사회복지현장실습은 예비 사회복지사가 학문적 지식과 실천 기술을 통합하여 실제 현장에서 적용해 보는 중요한 교육과정입니다. 실습을 통해 사회복지사는 단순한 이론을 넘어서, 사람을 대하고 문제를 해결하며 사회적 책임을 실천하는 전문가로 성장하게 됩니다. 특히 학생들에게는 실습은 새로운 진입장벽처럼 느껴지기도 하지만, 그만큼 실질적인 전문성 향상과 현장 적응에 결정적인 기회가 되기도 합니다.

이 책은 실습생의 관점에서 실습과정 전반을 보다 명확하고 체계적으로 이해할 수 있도록 돕기 위해 집필되었습니다. 실습 준비 단계에서 겪는 막연한 불안, 기관 섭외와 신청 과정의 혼란, 실습일지나 보고서 작성에 대한 부담, 그리고 실습 종료 후의 자격증 신청까지 실제 실습생들이 자주 겪는 어려움들을 중심으로 구성하였습니다. 또한 실습생들이 가장 궁금해 하는 프로그램 계획서 작성법, 사회복지공동모금회 프로포절 작성법, 공문서 작성법, 사회복지시설 정보시스템 사용법 등 실무역량 향상을 위한 구성은 실습뿐만 아니라 현장 취업 이후에도 실질적으로 많은 도움이 될 수 있을 것입니다.

이 교재는 총 6개 파트로 구성되어 있으며, 사회복지현장실습의 기초 이해부터 실습 전 준비, 실습기관 선정, 실습 수행 및 평가, 유형별 사례 학습, 실습 종료 후 마무리까지 단계적으로 정리하였습니다. 실습생의 실질적 수행 능력을 높이기 위해 실습관련 보고서 작성법, 기관 분석, 평가서 작성법, 실습 종합보고서 제출 등 현장실습 보고서 관련 내용에도 많은 비중을 두었습니다.

또한 부록에는 실습생이 사회복지사로서의 정체성을 갖고 활동할 수 있도록 돕는 윤리강령 전문, 현장실무 주요 평가척도, 프로포절 작성 핵심내용 등 실습 이후에도 현장에서 필요한 자료들을 함께 수록하였습니다.

이 책이 사회복지를 공부하는 모든 예비 사회복지사들에게 실습의 길잡이가 되고, 실무와 이론의 간극을 줄여주는 유익한 도구가 되기를 바랍니다. 특히 학생들이 보다 당당하게 사회복지현장에 나아갈 수 있도록 든든한 버팀목이 되었으면 합니다.

끝으로 이 책의 출간을 위해 아낌없는 지원을 해주신 신정출판사 최용구 대표님과 직원 여러분께 깊이 감사드립니다.

2025년 7월 서정관에서

저자 일동

차례

Practice-Based Field Education in **Social Work**

PART 01
현장실습의 이해와 준비

Chapter 01
사회복지현장실습의 개념과 목적

1. 현장실습의 필요성과 법적 근거

사회복지현장실습 교과목은 학교에서 학습한 사회복지실천의 가치 및 윤리, 지식 그리고 사회복지실천과정 및 기술을 사회복지실천현장에 실제로 적용하는 현장실습을 통해 전문직의 사명감과 실천능력을 겸비한 사회복지사로 양성하는 것을 목적으로 한다.[1] 강의실에서 학습한 가치, 지식, 실천기술을 현장에서 직접 적용해 보는 경험은 사회복지 전문성의 내면화에 핵심적인 역할을 한다. 예비 사회복지사에게 이론과 실제를 연결하는 통합적 학습의 장이다. 실습은 단순히 기관을 방문해 업무를 관찰하는 수준이 아니라, 사회복지실천의 전 과정을 구조화된 일정과 지도하에 경험하고 학습하는 정규 교육과정이다.

학생들에게 있어 실습은 특히 중요한 의미를 지닌다. 직업적 전환이나 생애 경로상의 새로운 도전을 위해 사회복지를 선택한 이들은 그동안의 삶의 경험을 실천현장에 녹여낼 수 있다. 이러한 점에서 실습은 단순한 자격 요건 충족이 아닌, 실천지향적 전문성과 자기 이해를 확장하는 기회로 작용한다.

현장실습은 법적으로도 명확한 근거를 가진 필수과목이다. 「사회복지사업법 시행규칙」 및 「사회복지사 자격관리지침(현장실습)」에 따르면, 사회복지사 2급 자격 취득을 위해서는 현장실습 160시간 이상과 더불어 실습세미나 30시간 이상을 이수해야 한다. 실습기관은 보건복지부가 사전에 선정하여 고시한 '실습기관으로 선정된 기관'으로 한정되며, 이 명단은 한국사회복지사협회 현장실습센터 홈페이지를 통해 확인할 수 있다. 또한 실습지도자는 자격기준과 경력을 갖춘 전문인력이어야 하며, 실습지도교수 또한 사회복지 전공으로 학위를 이수한 후 교육 또는 실무경력이 3년 이상인 자에 한해 지도 자격을 부여받는다.

2025년 개정된 지침은 실습의 질 향상을 위해 실습기관 등록제, 표준양식화된 일지 및 평가서 사용, 실습 세미나 운영, 지도자의 자격요건 강화 등을 도입하여, 실습이 단순 체험이 아닌 전문직 양성의 핵심 교육단계로 자리매김하도록 제도적 기반을 강화하였다.

---

1) 2025년 사회복지사 자격관리 지침(보건복지부.한국사회복지사협회), p.45.

2. 실습을 통해 배우는 전문성과 역할 정체성

사회복지현장실습은 예비 사회복지사가 실제 현장에서 클라이언트, 동료 실무자, 기관의 구조적 맥락과 마주하며 전문적 역할 정체성을 형성해 가는 과정이다. 이 과정은 실천지식의 단순한 적용을 넘어서, 사회복지사로서의 태도, 가치관, 윤리의식을 내면화하고 자기역할을 인식하는 성숙의 경험으로 확장된다.

실습 초기에는 기관의 운영방식과 서비스 구조를 익히고, 중기 이후에는 클라이언트와의 직접적인 상호작용을 통해 실천기술을 습득하게 된다. 이러한 실습 경험은 사회복지사의 직무에 대한 실질적 이해를 가능하게 하며, 다양한 클라이언트 상황에 적절히 대응하는 문제해결 능력을 기르게 한다.

사회복지실습은 또한 '전문성'의 요소를 실제로 구현하고 확인하는 장이다. 개별면접, 사례관리, 집단 프로그램, 행정기록, 서비스 연계 등 다양한 실무 활동에 참여하면서, 예비 사회복지사는 실천적 기술뿐 아니라 실무 현장의 속도, 긴장감, 윤리적 딜레마까지 몸소 체득한다. 이러한 경험은 전문직으로서 갖춰야 할 비판적 사고, 협업 역량, 자기관리 능력과 같은 '비인지적 기술'[2)]까지 포함하는 전인적 성장을 가능하게 한다.

실습지도자는 이 과정에서 실습생에게 행정적, 교육적, 지지적 슈퍼비전을 제공하며, 실습생이 직면하는 실무상 문제에 대해 조정과 피드백을 제공한다. 실습생은 실습지도자와의 주기적인 슈퍼비전을 통해 자신의 강점과 약점을 점검하고, 점차적으로 사회복지사의 역할을 내면화하게 된다.

결국 실습은 예비 사회복지사가 '내가 왜 이 일을 하려 하는가', '나는 어떤 사회복지사가 되고 싶은가'를 성찰하는 기회를 제공하며, 자기주도적인 역할 정체성 형성을 가능하게 하는 결정적인 계기가 된다.

---

2) 비인지적 기술(非認知的 技術, non-cognitive skills)은 감정 조절, 자기통제, 동기, 책임감, 인내심, 사회적 기술 등 정서 · 태도 · 성격 특성에 기반한 행동 양식이나 역량을 말한다. 일반적으로 IQ나 학업성취도 등으로 측정되는 인지 능력(cognitive skills)과는 구별되는, 정서적 · 사회적 · 행동적 특성 및 능력을 의미한다.

3. 현장실습의 동기와 기대

학생들은 대체로 일정한 교육적 · 사회적 경험과 자신의 경험을 통해 의미 있는 학습을 추구하는 특성을 지닌다. 따라서 실습을 단순한 과목 이수로 보지 않고, 앞으로 자신이 하고자 하는 사회복지실천의 실제를 미리 경험해 보는 기회로 여긴다.

특히, 진로의 결정이나 전환 또는 제2의 인생을 준비하는 학생들에게 실습은 본인의 과거 경험을 어떻게 사회복지 영역에 접목할 수 있을지 시험해 보는 장이자, 자신의 적성과 역량을 확인하는 현실적인 판단 기준이 되기도 한다. 이러한 점에서 실습은 에게 자신의 고유한 동기 유발 요인이며, 동시에 현실 검증의 장으로 기능한다.

또한, 학생들은 실습을 통해 실무 현장의 실제 운영방식, 클라이언트와의 관계 형성 기술, 팀워크의 중요성, 윤리적 고민 등을 실질적으로 배우기를 기대한다. 실습기관의 구조와 조직문화, 실무자의 역할 수행방식 등을 관찰하면서, 앞으로 자신이 어떤 환경에서 일하고 싶은지에 대해 구체적으로 그려볼 수 있게 된다.

무엇보다 실습은 학생들이 사회복지사의 삶을 직접 체험하며 자신이 선택한 진로가 자신의 가치관과 일치하는지를 확인할 수 있는 소중한 기회이다. 실습을 통해 성장하고자 하는 욕구와 자기실현의 동기가 맞물릴 때, 사회복지현장에서의 학습은 더욱 깊이 있고 지속 가능한 전문성 향상으로 이어질 수 있다.

Chapter 02
실습 주체와 실습기관의 자격기준과 역할

1. 실습생, 실습지도자, 실습지도교수의 자격기준과 역할

사회복지현장실습은 실습생, 실습기관, 실습지도자, 실습지도교수 간의 유기적인 협력을 바탕으로 진행되는 교육과정이다. 실습이 단순한 현장체험이 아니라 전문적인 학습으로 기능하기 위해서는 각 주체의 자격 요건과 역할이 명확히 설정되어야 하며, 이는 「사회복지사업법 시행규칙」 및 「사회복지사 자격관리지침(현장실습)」에 의해 구체적으로 규정되어 있다.

실습생은 사회복지 관련 교과목 중 '사회복지현장실습'을 수강할 자격을 갖춘 학생으로, 대부분 사회복지사 자격증 취득을 목표로 한다. 실습은 자신이 가진 경력과 삶의 경험을 전문 실천능력으로 전환하는 중요한 과정으로, 자기주도성과 동기부여가 실습의 성과에 크게 작용한다. 실습생은 실습 전 사전 교육을 이수하고, 실습신청서, 실습생 프로파일 등 관련 서류를 성실히 작성하여 실습기관에 제출해야 하며, 실습기간 동안 기관의 지침과 윤리기준을 준수해야 한다. 또한 실습일지 작성, 중간평가와 종결평가 참여, 슈퍼비전 수용을 통해 현장실습에서 자기성찰과 전문성 향상을 도모하게 된다. 실습종료 후에는 실습일지, 실습평가서, 실습확인서 등을 포함한 현장실습 종합보고서를 학교에 제출하게 되면 실습지도교수가 현장실습(기관)과 실습세미나(대학)의 평가점수를 종합하여 학점을 부여하게 된다.

실습지도자는 실습기관 소속의 직원으로서, 실습생에게 교육적 · 행정적 · 정서적 지도를 제공하는 핵심 인물이다. 자격기준으로는 사회복지사 1급 자격증 취득 후 3년 이상, 또는 2급 자격증 취득 후 5년 이상의 실무경력이 필요하며, 최근 연도 기준 보수교육 8시간 이상 이수해야 한다. 기관당 실습지도자는 여러 명을 등록할 수 있지만, 실습지도자 1인당 동시에 지도 가능한 실습생 수는 최대 5명으로 제한된다.

단, 2명의 실습지도자가 등록된 기관실습 실시기관에서 지도자 1명이 퇴사하는 경우 실습지도자 1명이 퇴사하기 전 지도 중인 실습생의 경우에 한해 재직 중인 실습지도자가 5명을 초과하여 지도할 수 있으나, 대체 실습지도자가 1명 이상 추가되기 전까지는 신규 실습생을 모집하거나 지도할 수 없다. 이 경우 실습지도자 변경 신청을 통해 30일 이내에 대체 실습지도자를 추가하여야 하며, 승인을 받은 후 신규 실습생 모집 및 지도가 가능하다. 실습기간 중 실습지도자가 장기간 휴가 및 출장 등으로 부재한 경우 기관실습 운영계획서의 교육계획으로 기관 내 실습지도자로 등록된 다른 실습지도자가 대리하여 지도하여야 하며, 그렇지 않은 경우 실습을 인정하지 않는다.

실습지도자의 역할은 단순한 실무 배분을 넘어, 실습생이 사회복지사의 역할을 실질적으로 체득할 수 있도록 돕는 데 있다. 행정적 지도는 실습일정 조정, 실습과제 분배, 실습 관련 문서 점검 등을 포함하고, 교육적 지도는 실습 내용에 대한 이론적 설명과 실천기술 습득을 위한 피드백 제공을 의미한다. 정서적 지도는 실습과정에서 발생할 수 있는 심리적 불안이나 스트레스를 완화하고, 격려와 지지를 통해 실습생이 안정적으로 실습에 임할 수 있도록 돕는 것이다. 실습지도자는 실습생이 자신의 강점과 약점을 인식하고, 사회복지사로서의 정체성과 윤리적 태도를 형성할 수 있도록 슈퍼비전 전 과정을 조율하는 중요한 조력자이다.

실습지도교수는 교육기관 소속의 전임교수로, 실습 전반을 총괄하고 평가를 담당한다. 자격기준으로는 사회복지학 전공으로 2개 이상의 학위(학사, 석사, 박사 중)를 취득한 자이어야 하며, 사회복지학 교육경력 또는 실무경력이 3년 이상이어야 한다. 실습지도교수는 현장실습을 단순한 외부 위탁이 아닌, 교육과정의 일환으로 책임 있게 운영하고 관리해야 한다. 현장과의 지속적인 연계를 통해 실습기관의 질을 점검하고, 실습생이 안전하고 의미 있는 실습 경험을 할 수 있도록 체계적인 교육을 제공해야 한다. 실습지도교수는 실습기관과의 협약을 체결하고, 실습 시작 전 실습생에게 오리엔테이션과 학기 중 실습세미나를 진행하며, 학생들의 현장실습 중에는 순회 지도나 전화·이메일 등을 통해 실습과정을 점검한다. 또한 실습 종료 후에는 현장실습 종합보고서 평가 및 실습세미나 성과 반영을 통해 절대평가로 성적을 부여한다.

2. 실습기관 선정 기준과 역할

실습기관은 사회복지현장실습이 이루어지는 주요 교육현장으로, 예비 사회복지사의 실천능력과 직업 정체성 형성에 결정적인 영향을 미친다. 이에 따라 보건복지부는 일정한 기준을 충족하는 기관을 '실습기관으로 선정된 기관'으로 선정하여 고시하고 있으며, 이 명단은 한국사회복지사협회 현장실습센터 홈페이지를 통해 수시로 확인할 수 있다.

실습기관으로 선정되기 위해서는 다음과 같은 요건을 갖추어야 한다.

- 법적 등록 요건: 사회복지사업법에 따라 설치된 사회복지시설 또는 법인으로, 비영리 기관이어야 한다.
- 전문인력 구성: 현장실습 당시에 기관소속 직원으로 실습지도자가 2명 이상 상근해야 하며, 보건복지부장관으로부터 실습기관으로 선정된 기관이어야 하며, 실습지도자도 전문 실습지도자로 등록된 사회복지사에게 실습지도를 받아야 한다(※미선정 기관 또는 미등록 실습지도자의 실습지도를 받게 되면 실습 인정 불가).
- 교육 환경 확보: 실습생을 위한 교육 공간, 실습 자료, 컴퓨터 등의 기자재가 갖춰져 있어야 하며, 실습생을 지원할 수 있는 시스템이 마련되어 있어야 한다.
- 운영 경험 및 프로그램: 다양한 클라이언트 대상의 실천프로그램을 운영하고 있으며, 일정 기간 이상 안정적으로 기관을 운영해 온 경험이 요구된다.

현장실습 선정기관은 정기적인 심사를 통해 유지되며, 사회복지사 자격관리지침(현장실습)에 따라 실습기관으로서 부적절하거나 실습생 민원이 반복되는 기관은 선정이 취소되거나 등록이 제한될 수 있다.

실습기관은 실습생에게 현장 경험을 제공하는 동시에, 예비 사회복지사의 가치관과 실천 태도 형성에 중대한 역할을 수행한다. 따라서 기관은 실습생을 단순한 업무 보조 인력이 아닌, 학습자이자 미래의 동료 전문가로서 존중하며 교육할 책임이 있다. 이를 위해 기관은 실습 시작 전 실습지도계획서를 제출하고, 실습 종료 후에는 실습평가서를 통해 실습생의 성장과 향후 개선점을 정리해 교육기관에 회신해야 한다.

사회복지현장실습의 질은 실습기관의 준비성과 지도 역량에 따라 크게 달라질 수 있다. 따라서 예비 사회복지사인 실습생은 실습기관을 선택할 때, 자신이 실습을 통해 얻고자 하는 목표와 기관의 운영 방향이 잘 맞는지를 신중히 판단해야 한다.

Chapter 03
대학의 현장실습설명회와 세미나

1. 대학의 현장실습설명회

사회복지현장실습은 단순한 수강 과목이 아니라, 전문 사회복지사로 성장하기 위한 중요한 전환점이 되는 교육과정이다. 이에 따라 각 대학은 학기 초 또는 직전 학기 말에 실습을 준비하는 학생들을 대상으로 현장실습 설명회를 정기적으로 개최한다. 이 설명회는 실습과 관련된 전반적인 정보를 제공하고, 실습생이 자신의 학습 계획을 구체화할 수 있도록 돕는 중요한 출발점이 된다.

실습설명회에서는 먼저 현장실습의 목적과 의미에 대한 안내가 이루어진다. 단순히 '현장 경험을 쌓는다'는 수준을 넘어, 실습이 사회복지사의 가치관, 윤리의식, 실천기술을 통합적으로 배울 수 있는 기회임을 강조하며, 실습생 스스로의 동기와 목표를 설정할 수 있도록 한다.

또한 실습설명회에서는 다음과 같은 구체적인 내용을 다룬다.[1)]

- 실습 자격 조건 및 선수과목 안내
- 실습 기간, 시간, 세미나 병행 기준 등 운영 규정
- 실습기관 선정 기준과 확인 방법
- 실습신청서, 실습의뢰공문, 실습생 프로파일 등 필수서류 양식
- 실습기관과의 협약 절차, 행정 일정 및 지도교수 지정 안내
- 유의사항: 중복 실습, 무단결석, 보고서 누락 시 불이익 등

이와 함께 대학은 사회복지사 자격관리지침(현장실습) 관련 법령의 최신 개정사항을 실습생에게 설명함으로써, 자격증 취득과정의 정확한 이해를 돕는다. 실습설명회는 강의형 정보 전달뿐 아니라, 질의응답, 사례 공유 등을 통해 실질적인 실습 준비가 가능하도록 구성되어야 하며, 가능할 경우 실습기관의 실습지도 사

1) 대부분의 학생들이 방학 중 선행실습하기 때문에 현장실습 오리엔테이션(사전설명회)은 방학 전 15주차나 보강주에 2시간 이상 대면수업으로 실시하는 것이 좋다.

례 소개, 실습을 마친 선배들의 경험담 등을 공유하여 실습생의 실제적인 이해와 동기를 고취시키는 것이 효과적이다.

2. 방학 중 선행실습에 대한 이해

현장실습은 대부분 대학에서 학기 중에 진행하게 된다. 한편, 일부 대학은 방학 중 선행실습을 허용하고 있다. 방학 중 선행실습은 학기 중보다 시간 확보가 수월하고, 집중도 높은 실습이 가능하다는 장점이 있다. 그러나 실습세미나와 병행되어야 하는 경우에는 대학의 사전승인과 실습지도교수의 관리하에 진행되어야 하며 실습기관 인증 여부, 실습시간(최소 160시간, 15일 이상), 실습일지 작성과 평가기준 등을 동일하게 준수해야 한다. 현장실습은 실습지도자의 근로시간 내에 실시하며, 하루에 이수가능한 시간은 최소 4시간 이상 최대 8시간 이하로 해야 한다.[2)]

방학 중 선행실습이나 학기 중 현장실습은 실습기관의 특성과 승인 여부에 따라 주중 실습과 주말 실습이 가능하며, 주중 실습과 주말 실습의 혼합도 가능하다. 만약 여러 가지 사정으로 방학 중 실습시간을 모두 채우지 못하였다면 현장실습 과목을 수강하는 학기가 종료되기 전에 나머지 실습시간을 채울 수 있다. 이 경우에는 사전에 실습기관과 실습지도교수의 승인을 받아야 한다. 실습생은 방학 중 선행실습의 장단점을 잘 파악하고, 실습기관의 특성과 승인여부, 학업 · 가정 · 직장생활과의 조화 등을 사전에 고려하여 선행실습 여부를 결정해야 한다.

---

2) 기관실습 실시기관 선정 및 선정취소 등 사회복지현장실습 운영에 관한 고시 제9조(사회복지현장실습 운영) 3항.

3. 대학의 실습세미나

실습세미나는 현장실습 전후, 또는 병행하여 운영되는 대학의 필수적인 교육활동으로 실습세미나에 참여하는 학생 수는 30명 이내로 해야 한다. 실습세미나는 단순한 이론 강의가 아니라, 실습 경험을 반영하고 성찰하는 과정 중심의 학습으로 구성되며, 실습의 질을 결정짓는 중요한 요소로 간주된다. 실습세미나에서 자신의 현장실습 경험을 타인의 실습 내용과 통합적으로 비교 · 분석하고, 타인의 시각을 통해 확장적 사고를 발전시킬 수 있다. 또한 실습을 통해 느낀 감정, 성취, 한계 등을 언어화하고 슈퍼비전을 받는 과정을 통해 사회복지사로서의 자기정체성을 형성하고 윤리적 태도를 강화하는 기회를 갖는다.

실습세미나는 단순한 학점 이수가 아닌, 사회복지실천가로서의 '전문적 성찰의 훈련장'이라 할 수 있다. 따라서 실습지도교수는 실습세미나를 단순 과제 제출로 축소하지 않고, 실습생 간의 상호작용과 피드백을 유도하여 실천적 전문성을 강화하는 데 주력해야 한다.

모든 대학은 법 규정에 따라 실습세미나를 30시간 이상 편성하고 있으며, 그 내용은 다음과 같은 주제로 구성된다.

- 실습 전 오리엔테이션: 실습의 목적, 준비사항, 기관 선택, 윤리 지침 등
- 실습 중 사례 공유: 기관별 활동 보고, 갈등 사례 분석, 문제해결 전략 탐색 등
- 실습 후 성찰과 평가: 실습일지 공유, 종결평가 회의, 진로 계획 수립 등

실습세미나는 대체로 조별 또는 전체 토론 방식으로 진행되며, 실습지도교수의 지도하에 현장실습 중 겪는 문제를 분석하고, 이론과 실제의 연결점을 찾는 데 초점을 둔다. 실습생들은 다양한 기관에서 활동한 경험을 공유함으로써, 자신이 경험하지 못한 영역에 대한 간접학습도 가능하다.

규정 상 실습세미나 30시간 이상은 오프라인 대학의 경우 모두 대면수업으로 실시해야 하나, 온라인 대학(온 · 오프라인 혼합형 수업 승인 대학 포함)의 경우

대면수업으로 실습세미나를 2시간씩 3회 이상만 진행하면 된다.

사회복지현장실습확인서 서식에서 학교 유형을 오프라인과 온라인을 구분하여 체크하게 되어 있으며, 실습세미나를 총 15회 30시간 이상 실시하되, 이 중에 대면방식 세미나는 1회당 2시간 이상으로 하여 오프라인대학의 경우에는 총 15회 30시간 이상, 온라인대학의 경우에는 총 3회 6시간 이상 실시해야 하는 것으로 규정되어 있다. 다만, 오프라인대학에 소속되어 있어도 교육부에서 온 · 오프라인(혼합형) 수업방식으로 승인받은 학과의 경우에는 학교 유형을 온라인에 체크를 해야 하며, 대면방식 세미나도 온라인대학에 준하여 실시하면 된다. 온라인 대학의 경우 대부분 대면세미나(총 6시간)를 제외한 나머지 수업은 현장실습과 관련된 동영상 강의를 주차별로 LMS[3]에 업로드하거나 실시간 화상수업으로 진행하고 있다.

3) LMS(Learning Management System, 학습관리시스템)는 교육 콘텐츠를 제공하고 학습과정을 관리하는 디지털 플랫폼을 말한다.

Practice-Based Field Education in Social Work

PART 02

실습기관 선정과 실습기관 오리엔테이션

Chapter 04

실습기관 선정 및 실습신청서 · 실습생 프로파일 작성법

1. 현장실습 진행 절차와 실습 준비

사회복지현장실습의 진행 절차는 〈그림 4-1〉과 같다.

〈그림 4-1〉 사회복지현장실습 진행 절차

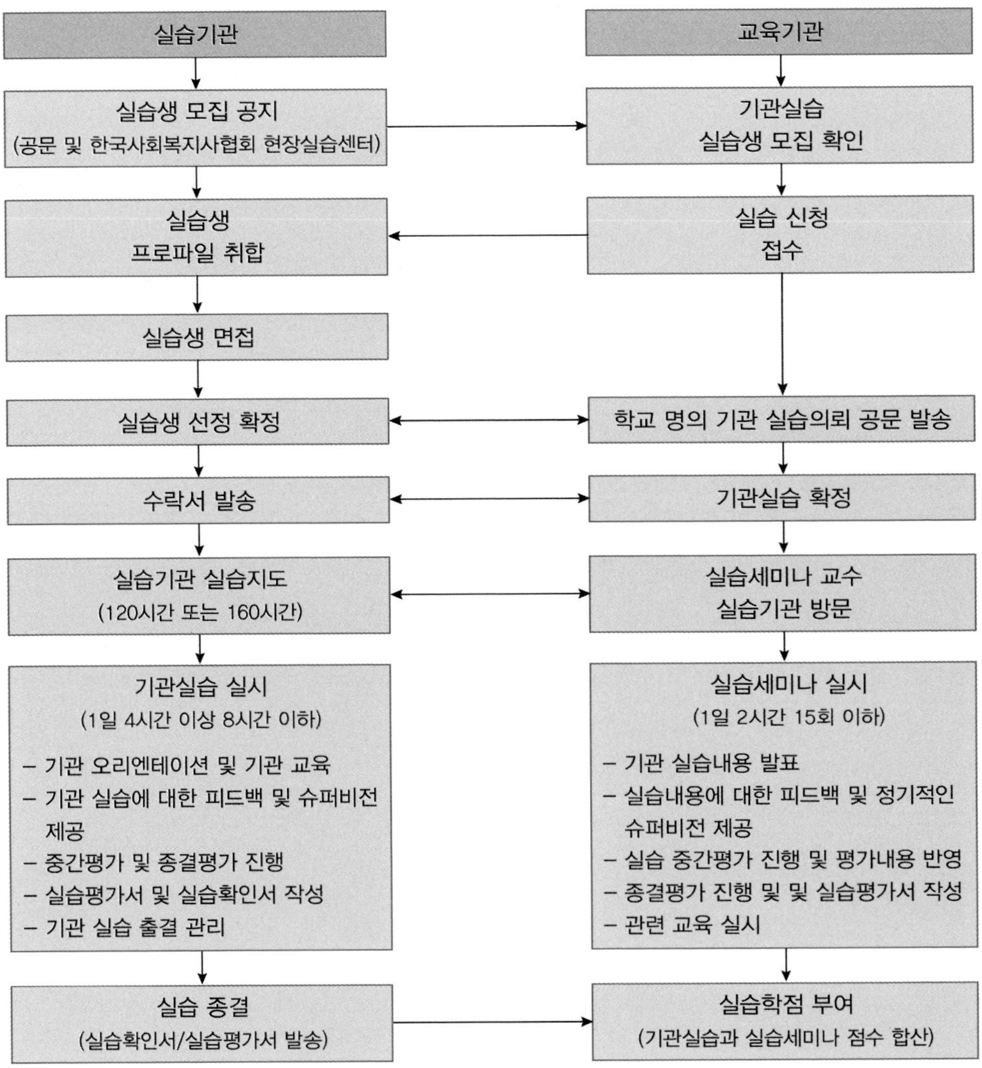

※ 온라인 교육을 실시하는 교육기관의 실습세미나에는 대면방식의 세미나가 총 3회 이상 포함되어야 하며, 이때 대면방식의 세미나는 주 1회를 초과하여 실시할 수 없음

※ 실습기관은 반드시 보건복지부장관으로부터 선정된 기관이어야 하며, 선정 유효기간 내에 자격요건을 갖춘 실습지도자에 의해 기관실습이 진행되어야 함

사회복지현장실습은 계획적인 사전 준비가 필수적으로 요구된다. 실습생은 실습 시간 확보, 직장이나 가정과의 조율, 교통 접근성 등 다양한 현실 조건을 고려하여 실습을 준비해야 한다. 실습 준비는 학기 중 또는 방학 전 최소 2~3개월 전부터 단계적으로 진행하는 것이 바람직하다.

실습 준비는 다음과 같은 순서로 진행된다.

1) 선수과목 이수 확인

실습을 신청하기 위해서는 실습 전 필수 4개 교과목(사회복지학개론, 사회복지실천론, 사회복지실천기술론, 인간행동과 사회환경)과 선택 3개 교과목(사회복지법제와 실천, 사회복지정책론, 사회복지조사론, 사회복지행정론, 지역사회복지론, 노인복지론, 장애인복지론, 아동복지론, 청소년복지론, 가족복지론, 여성복지론, 학교사회복지론, 의료사회사업론, 정신보건사회복지론, 사례관리론, 프로그램개발과 평가, 사회복지윤리와 철학 중)을 이수해야 한다.

2) 실습설명회 참석 및 지도교수 지정

실습설명회에서 실습 요건, 일정, 서류 제출 방법, 기관 섭외 지침 등을 숙지하고, 학과에서 지정한 실습지도교수와 사전 면담을 통해 실습 준비를 시작한다.

3) 실습 희망기관 조사 및 상담

자신의 관심 분야, 직업적 목표, 이동 가능 거리 등을 고려하여 인증 실습기관 목록을 조사하고, 실습지도교수와 상담을 통해 지원 기관을 좁혀간다.

4) 실습신청서류 작성 및 제출

대학의 안내에 따라 실습신청서, 실습생 프로파일, 실습의뢰공문 등을 준비하여 실습기관에 제출한다.

5) 실습기관 승인 확인 및 실습일정 조율

기관으로부터 실습 수락을 통보받으면, 실습일정과 세부사항을 최종 조율하고, 실습지도교수에게 승인받는다.

이러한 단계들은 단순한 절차를 넘어, 실습생이 스스로 자신의 실습 방향성과 학습 목표를 수립하는 자기주도적 준비과정이다.

2. 실습 희망기관 탐색방법과 주의사항

실습기관 선택 시 본인의 관심 분야나 취업 희망 분야 여부, 교통수단과 통학거리 등을 종합적으로 고려해야 하며, 가능한 한 본인의 생활여건에 맞는 기관을 현실적으로 선택하는 것이 중요하다. 일방적인 기관 배정이 아닌, 실습생의 주도성과 적합성을 기준으로 실습기관을 선정하는 것이 장기적인 전문성 형성에 도움이 된다.

실습기관의 실습생 수용 인원이 제한되어 있으므로, 빠른 탐색과 섭외가 중요하다. 실습 희망기관을 탐색할 때 먼저 가장 최근에 공고(한국사회복지사협회 자격관리센터 공지사항)된 현장실습 선정기관 명단을 확인해야 한다. 〈표 4-1〉과 같이 사회복지현장실습 선정기관 현황 자료에서 기관명, 소재지, 전화번호, 선정유효기관, 실습기관 유형, 실습비, 실습지도자 수 등을 파악하고, 거주지 인근, 관심 분야(아동, 노인, 장애, 정신건강, 지역복지 등) 중심으로 실습 희망기관을 최소 3~5개 목록화하여 실습 가능 여부를 방문 또는 전화로 확인해야 한다. 기관으로부터 실습이 가능하다는 답변을 받은 경우에는 실습신청서를 작성에 필요한 기관의 실습지도 일정(시작일과 종료일), 주말실습 여부, 예정 실습지도자의 이름과 연락처 등을 파악해야 한다.

또한 "실습신청서"와 "실습생 프로파일"을 작성하여 학과 실습조교나 실습지도 교수에게 제출하기 전에 한국사회복지사협회 현장실습센터 현장실습기관 검색 페이지(https://www.welfare.net/prm/find-training-center/current-stat)에서 현장실습기관 찾기를 통하여 실습지도 선정기관인지, 예정 실습지도자가 명단에 있는지를 반드시 재차 확인하는 주의가 필요하다.

〈표 4-1〉 사회복지현장실습 선정기관 현황

관리번호	기관명	대표자	소재지	전화번호	선정유효 기간	실습기관 유형	실습비	실습 지도자	비고

*기관실습 실시기관 선정 및 선정취소 등 사회복지현장실습 운영에 관한 고시 [별지 제4호 서식]

3. 실습신청서 및 실습생 프로파일 작성법

실습 신청 단계에서는 실습기관에 제출하는 여러 가지 서류는 성실하고 구체적으로 작성해야 한다. 특히 실습신청서와 실습생 프로파일은 기관이 실습생의 구체적인 실습일정을 비롯하여 성향과 역량을 파악하고 실습지도 계획을 수립하는 데 기준이 되므로, 진정성과 책임감 있게 작성해야 한다.

1) 실습신청서 작성법

실습신청서는 표준서식을 〈표 4-2〉의 실습신청서 작성 예시와 같이 세부사항까지 파악할 수 있도록 변경한 서식을 사용해도 무방하다. 실습신청서는 대학의 학사일정에 따라 정해진 기한 내 제출해야 하며, 이후 실습지도교수의 확인 후 실습기관에 전달된다.

〈표 4-2〉 실습신청서 작성 예시

실 습 신 청 서

기관명	ㅇㅇ노인복지센터	실습지도자명	김지도
기관주소	경기도 ㅇㅇ시 ㅇㅇ로 480, D빌딩 103호		
전화연락처	기관: 031-888-9999 실습지도자: 010-XXXX-XXXX		
E-Mail	rlawleh@naver.com		

1. 실습생 인적사항

실습생명	김실습	생년월일		0000.11.22.	
소 속	ㅇㅇ대학교	학과	사회복지학과	학년	2학년
현주소	경기도 ㅇㅇ시 XX로 8, 근대아파트 111동 2202호				
전화연락처	010-1111-2222				
E-Mail	rlatlftmq010@hanmail.net				

2. 실습 의뢰내용

실습분야	사회복지기관의 현장업무 전반
실습 내용	사회복지서비스 업무 및 사회복지사의 자세와 역할
실습기간	시작예정일: 00.8.19. 종료예정일: 00.9.15. 매주(5)일간, 실습요일(월,화,수,목,금) 실습시간(08:30~17:30)
실습시간	총 160시간

* 교육기본법 제16조 2항에 따라, 사회복지현장실습 관련 학사업무 처리를 위하여 개인정보를 제공할 것에 동의합니다. (✓) 동의 ( ) 비동의

* 상기 내용으로 귀 기관에 실습신청을 의뢰하며 실습생 프로파일을 동봉합니다.

신청인(학생명) : 김 실 습 (인)
실습지도교수 : ㅇ ㅇ ㅇ (인)

2) 실습생 프로파일 작성법

실습생 프로파일은 단순한 자기소개를 넘어, 실습기관과의 '학습 계약'의 초안으로 이해할 수 있다. 따라서 실습생은 〈표 4-3〉의 실습생 프로파일 작성 예시와 같이 인적사항, 이수 전공과목(방학 중 선행실습의 경우 다음 학기 과목은 현재 이수로 체크), 사회복지 전공동기, 실습기관 선택 이유, 실습 성취 목표 등을 구체적으로 표현해야 하며, 실습기관에서는 이를 토대로 실습생 개인별로 맞춤형 실습지도 방향을 맞추는 것이 일반적이다.

〈표 4-3〉 실습생 프로파일 작성 예시

실습생 프로파일

1. 인적사항

(사진) ※반드시 부착	실습생명	김실습	성 별	여	생년월일	0000.11.22.
	소속	ㅇㅇ대학교 사회복지학과				
	주소	경기도 ㅇㅇ시 XX로 8, 근대아파트 111동 2202호				
	전화번호	010-1111-2222				
	E-mail	rlatlftmq010@hanmail.net				

2. 이수 전공과목

교과목명	이수 완료	현재 이수	교과목명	이수 완료	현재 이수	교과목명	이수 완료	현재 이수
인간행동과 사회환경	ㅇ		사회복지법제와 실천		ㅇ	자원봉사론	ㅇ	
사회복지학개론	ㅇ		사회복지현장실습		ㅇ	청소년복지론	ㅇ	
사회복지실천기술론		ㅇ	사회복지정책론		ㅇ	장애인복지론		ㅇ
사회복지행정론	ㅇ		사례관리론	ㅇ		청소년문제와 보호	ㅇ	
사회복지실천론	ㅇ		노인복지론	ㅇ		청소년문화	ㅇ	
지역사회복지론	ㅇ		가족복지론	ㅇ		청소년프로그램 개발과 평가	ㅇ	
사회복지조사론		ㅇ	가족상담 및 가족치료					

3. 경력

구분 (취업, 실습, 봉사)	기관	기간	내용

4. 사회복지를 전공하게 된 동기(최소 4줄 이상 작성)

하루가 다르게 급변하는 사회 속에서 인구 감소와 고령화 문제를 보며 앞으로 내게 닥칠 노후를 생각하게 되었고 자연스럽게 노인복지에 관심을 갖게 되었습니다. 앞으로 더욱 중요해질 분야라고 생각했고, 어르신들이 존엄하게 살아갈 수 있는 사회를 만드는 데 기여하고 싶어 사회복지를 전공하게 되었습니다.

5. 실습 기관 선택 이유(최소 4줄 이상 작성)

고령화 사회로 접어든 현실 속에서 노인복지의 중요성을 체감하며, 어르신들의 삶의 질 향상에 직접적으로 기여할 수 있는 현장을 경험하고 싶었습니다. 요양센터는 실제로 노인을 대상으로 한 돌봄과 복지서비스가 이루어지는 곳이기 때문에, 이론으로 배운 내용을 현장에서 직접 보고 배우며 더 깊이 있는 배움을 얻고자 선택하게 되었습니다.

6. 실습을 통해서 성취하고자 하는 목표(최소 4줄 이상 작성)

실습을 통해 노인복지현장을 직접 경험하며, 이론으로 배운 내용을 실제 상황에 적용해보고 싶습니다. 또한 어르신들과의 소통을 통해 어르신들에 대한 이해를 넓히고, 사회복지사의 역할과 업무를 체계적으로 익혀 전문성을 키우는 것이 목표입니다. 또한 실습을 통해 나의 적성과 진로 방향을 구체화하고, 앞으로 사회복지사로서 갖추어야 할 역량도 키우고 싶습니다.

7. 실습을 마친 후 목표달성 정도를 파악할 수 있는 기준(최소 4줄 이상 작성)

노인복지 관련 이론이 실제 현장에서 어떻게 적용되는지 파악하고 점검하도록 하겠습니다. 사회복지사의 역할과 업무 흐름을 이해하고, 기본적인 실무를 보조할 수 있는 역량을 키우도록 하겠습니다. 또한 어르신 및 직원들과 원활하게 소통하고, 현장 적응에 문제가 없었는지 파악해 보도록 하겠습니다.

8. 취미 및 특기(최소 4줄 이상 작성)

평소 책 읽는 것을 좋아해 다양한 분야의 도서를 접하며 시야를 넓히고, 사람과 삶에 대한 이해를 키워가고 있습니다. 또한 펜글씨 쓰기와 캘리그라피에 관심이 많아 꾸준히 연습하고 있으며, 정성스럽게 쓴 글을 통해 마음을 전하는 데 보람을 느낍니다. 이러한 취미는 스트레스를 해소하고 마음을 가다듬고 인내심을 키우는 데 많은 도움이 되었고, 대인관계나 고객 응대 시에도 긍정적인 영향을 주고 있습니다.

9. 사회복지를 실천하는 데 있어 자신의 강점과 약점(각각 최소 5줄 이상 작성)

1) 사회복지 지식 및 기술의 측면	2) 개인적인 특성 측면
(강점) 학교에서 배운 사회복지실천의 기본적인 틀과 개념을 이해하고 있다. 특히 사례관리와 면접 기술에 관심이 많아 관련 내용을 적극적으로 학습해 왔으며, 실습을 통해 이러한 이론을 실제 현장에서 어떻게 적용하는지를 배우고 싶다.	**(강점)** 나는 공감 능력이 뛰어난 편이라 타인의 감정을 잘 이해하고 상대방의 입장에서 생각하려는 태도를 가지고 있어 어르신들과의 관계 형성을 잘할 수 있을 것이다.
(약점) 아동, 노인, 장애인 등 다양한 대상자에 대한 특성과 접근방식에 대한 이해가 아직 부족한 편이다. 대상자가 겪는 사회적 문제나 욕구에 대해 더 폭넓게 공부할 필요가 있다고 느낀다. 실습을 통해 어르신들을 직접 만나고 소통함으로써, 대상자 중심의 실천기술을 키우고 싶다.	**(약점)** 새로운 환경이나 처음 만나는 사람들과 함께할 때 조금 긴장하는 편이다. 이로 인해 초반에는 소극적으로 보일 수 있다. 하지만, 시간이 지나면 빠르게 적응하고 관계를 형성하는 편이다. 실습을 통해 다양한 사람들과 만나며 더 유연하게 대처하는 능력을 기르고 싶다.

10. 실습기관, 실습지도자, 실습지도교수에게 바라는 점(최소 4줄 이상 작성)

실습기관에서 사회복지사의 실제 업무와 역할에 대해 직접 경험하고 배울 수 있는 기회를 주셔서 감사합니다. 어르신들과의 만남을 통해 사례 개입 과정에 참여해 보고, 이론과 실제의 차이를 이해하고 싶습니다. 실무에 대한 설명과 피드백을 통해 제가 부족한 부분을 인식하고 보완할 수 있도록 잘 가르쳐 주십시오. 실습을 통해 더 성장할 수 있도록 열심히 배우겠습니다.

Chapter 05
실습기관 오리엔테이션 참가와 실습계획 수립

1. 실습기관 OT 참가 시 확인사항

사회복지현장실습의 성공적 수행은 실습 시작 전 진행되는 실습기관 오리엔테이션(OT)에 적극적으로 참여하는 것에서부터 시작된다. OT는 실습기관의 전반적인 운영체계와 실습생의 역할, 주의사항을 이해하는 중요한 자리로, 실습생은 사전에 준비된 질문을 통해 기관 특성을 깊이 파악해야 한다.

실습기관 OT 참가 시 반드시 확인해야 할 사항은 다음과 같다.

- 기관의 비전과 미션: 기관이 추구하는 사회복지 철학과 주요 사업 내용
- 실습 지도체계: 실습지도자의 역할과 연락처, 지도방법, 피드백 방식
- 실습 시간 및 일정: 실습 시작 · 종료일, 실습 시간, 휴게시간, 지각 및 결석 규정
- 업무 내용과 실습 과제: 실습생에게 기대되는 업무, 과제, 실습일지 작성법
- 기관 내 주요 프로그램 및 대상자 특성: 실습생이 참여하게 될 프로그램과 클라이언트 그룹에 대한 정보
- 복무 및 윤리 규정: 기관 내 행동강령, 개인정보 보호, 비밀유지, 안전수칙
- 기자재 및 시설 이용 안내: 컴퓨터, 회의실, 도서관 등 실습생이 이용 가능한 시설
- 실습 평가 및 피드백 절차: 중간 · 종결 평가 방식, 평가기준, 피드백 일정

또한 OT에서 확인해야 할 질문 리스트는 다음과 같다.

- 기관 내 실습생 배치방식과 실습 부서는 어떻게 결정되나요?
- 실습 기간 중 실습지도자의 면담 및 슈퍼비전은 어떤 방식으로 이루어지나요?
- 실습생에게 기대되는 일상 업무와 특별 과제는 무엇인가요?
- 실습 일정 변경, 지각, 결석 시 어떻게 보고해야 하나요?
- 기관 내 안전사고 예방 및 응급처치 체계는 어떻게 되어 있나요?
- 실습생에게 제공되는 자료나 교육 프로그램이 있나요?
- 개인정보와 클라이언트 비밀보호는 어떤 절차로 이루어지나요?
- 실습 종료 후 평가기준과 피드백 절차에 대해 구체적으로 알려주세요.

이러한 질문들을 통해 기관과 실습 내용에 대해 명확히 이해하고, 실습 목표 설정에 도움을 받을 수 있다.

2. 실습일정표 및 실습계획서 작성법

실습기관 OT가 종료되면 실습생은 실습 진행 전반에 대한 구체적인 실습일정표와 실습계획서를 작성하여 실습기관에 제출해야 한다. 이 일정과 계획은 실습지도자 및 실습지도교수와 협의하여 작성하며, 실습목표 달성을 위한 실행 로드맵 역할을 한다.

1) 실습일정표 작성법

실습일정표의 작성은 다음의 항목과 내용으로 구성하여 작성해야 한다. 실습일정표를 작성할 때는 사전에 실습지도자에게 실습지도계획서를 전달받아 이를 토대로 작성하여 하면 된다. 작성한 실습일정표는 실습지도자와 협의하여 최종 결정해야 한다.

- 주별 일정: 주 단위로 실습 주요 활동 및 과제 계획 작성
- 일별 업무 및 활동 내용: 매일 수행할 구체적 업무와 참여 프로그램 기록
- 면담 및 슈퍼비전 일정: 실습지도자와의 정기 면담, 슈퍼비전 예정일 포함
- 교육 및 세미나 참석 계획: 기관 내 · 외부에서 진행하는 관련 교육 및 세미나 참여 일정 명시

2) 실습계획서 작성법

실습생은 개인별로 실습계획서 작성하여야 한다. 실습계획서는 실습기관의 실습지도계획서와 다른 것으로 용어가 비슷하여 많은 실습생들이 혼동을 하게 되니 주의해야 한다. 실습계획서는 실습을 시작하기 전 실습생이 작성하여 기관에 제출하는 것으로 실습기관의 실습수락 회신공문에 첨부되어 온 실습지도계획서를 바탕으로 실습생이 스스로 작성해야 한다.

실습계획서는 실습생으로서 실습의 목표, 해당 실습기관을 선택한 이유와 실습생 자신이 실습을 통해 얻고자 하는 내용, 실습기관과 학교의 실습지도자 및 실습지도교수에게 바라는 점 등을 포괄적으로 담은 계획서이다. 보다 나은 실습을 위하여 본인이 실습하고자 하는 실습기관을 사전에 방문하여 실습지도자와 인사를 나누고 실습계획서를 제출하여 검토를 받으면서 사전에 공감을 형성하는 것이 중요하다. 실습계획서는 실습 시작 후에도 수정 및 보완할 수 있으나, 처음부터 체계적으로 작성하는 것이 실습의 질을 높이는 데 도움이 된다.

- 실습 목표: 단기 및 장기 목표로 나누어 구체적이고 측정 가능하게 기술
- 관심 분야 및 학습 내용: 실습을 통해 배우고자 하는 실천기술, 프로그램, 사례관리 등 구체화
- 실습 중 도전 과제 예상 및 대처 방안: 예상되는 어려움과 이를 극복하기 위한 전략 제시
- 자기 평가 및 피드백 계획: 실습과정 중 자신의 발전을 점검하고 지도자에게 피드백을 요청하는 계획 포함
- 자원 및 지원 요청: 필요한 자료, 지도, 교육 등 지원 사항 명시

〈표 5-1〉 실습계획서 작성 예시

실습계획서

실습기관	ㅇㅇ노인복지센터	실습생	김실습
실습부서	노인복지	실습지도자	송지도
실습기간 (출석 요일)	20ㅇㅇ.6.24.~7.21. 총 20회 중 7회차	실습지도교수	ㅇㅇㅇ

1. 실습을 통해 배우고 싶은 점

어르신들이 겪는 다양한 문제를 파악하고, 이를 해결하기 위한 실질적인 접근 배우고 싶습니다. 이를 통해 복지사로서의 전문성을 높이고, 신뢰를 쌓을 수 있는 기반을 마련하고자 합니다. 어르신들과의 원활한 의사소통을 위한 기술을 배우고, 그들의 감정과 필요를 이해하는 데 필요한 소통 방법을 익히고 싶습니다.

2. 실습지 선택 이유

노인 인구가 급격히 증가하고 있는 지금 앞으로 나이가 들어가면서 어떤 애로 사항이 있는지 실습현장에서 좀 더 자세하게 알고 싶어서 장기요양 노인복지센터를 찾게 되었습니다. 현장에서 배우고 익혀 우리나라 노인들의 삶의 질을 높이고 도움을 드릴 수 있는 복지사가 되고 싶어 선택하게 되었습니다.

3. 실습목표

이론상으로 배운 내용을 사회복지현장에서 어떻게 적용되는지, 이론을 적용할 때 어떤 어려움이 있는지 사회복지사의 전문적인 역할을 직접 경험하면서 배우고 싶습니다. 취업을 목표로 하고 있으며, 노인복지서비스의 전반적인 과정과 시스템에 관련된 서류들을 이용하는 방법과 행정처리 절차도 배우고 싶습니다.

4. 실습기관 및 학교 지도교수에게 바라는 점

실습기간 중 현장에서 진행되는 노인복지 관련 서비스의 계획과정 및 진행과정을 알고 싶습니다. 또한 노인복지시설 운영 및 관리에 필요한 다양한 지식과 기술을 배우고 싶습니다. 배우는 것이 더디고 느리지만 지금이 가장 빠른 시간이라 생각하며 열심히 해 보고 싶습니다.

3. 실습생으로서의 태도와 첫인상 관리

현장실습 초기는 실습생이 실습기관과 클라이언트에게 자신을 알리고 신뢰를 구축하는 중요한 시기이다. 이 시기의 태도와 첫인상은 실습의 전반적 성과에 큰 영향을 미치므로 세심한 자기관리와 프로페셔널한 행동이 요구된다. 실습생으로서 요구되는 기본적인 태도는 다음과 같다.

- 시간 엄수: 약속된 출근 시간과 미팅 시간을 철저히 준수한다.
- 성실성과 책임감: 주어진 업무를 정확하고 신속하게 수행하며, 책임감을 갖고 임한다.
- 적극적 학습 태도: 모르는 부분이나 어려운 점은 주저하지 말고 질문하고 배우려는 자세를 갖는다.
- 존중과 예의: 동료, 실습지도자, 대상자 모두를 존중하는 태도를 유지한다.
- 비밀보장 및 윤리 준수: 실습과정에서 알게 된 개인정보와 사안을 철저히 보호하고 윤리규정을 준수한다.

또한 실습생으로서 첫인상 관리방법은 다음과 같다. 첫인상은 곧 실습생의 전문성 신뢰와 연결되므로, 초반부터 신중한 자기관리를 통해 좋은 관계를 형성하는 것이 중요하다.

- 복장과 외모: 기관의 복장 규정에 맞게 단정하고 깔끔한 모습 유지한다.
- 적극적인 자기소개: 처음 만나는 동료와 실습지도자에게 명확하고 자신감 있게 자신을 소개한다.
- 긍정적인 표정과 태도: 미소와 눈맞춤 등 비언어적 소통으로 친근함을 표현한다.
- 명확한 의사소통: 말을 분명히 하고, 경청하는 자세로 신뢰를 형성한다.

Practice-Based Field Education in **Social Work**

PART 03

실습관련 보고서 작성 및 종합보고서 제출

Chapter 06
단계별 역할과 실습일지 및 기관분석보고서 작성

1. 실습 초기-중기-종결 흐름과 단계별 역할

사회복지현장실습은 단순한 단기 체험이 아니라 발달적 과정으로서, 초기 단계, 중기 단계, 종결 및 평가 단계로 나누어 진행된다. 각 단계는 실습생의 학습 목표와 수행 내용, 슈퍼비전 방식, 평가 항목 등에서 차별화되며, 실습생과 실습지도자 모두가 명확한 역할 인식을 갖는 것이 중요하다.

1) 초기 단계(적응 및 탐색기)

실습 첫 주 또는 초기 기간으로, 실습기관의 전반적 구조와 서비스 체계, 실습 환경에 익숙해지는 시기이다. 실습생은 기관의 조직도, 실무진 역할, 주요 업무 흐름 등을 탐색하며 실습 목표를 구체화한다. 실습지도자는 이 시기에 실습생이 원활히 적응할 수 있도록 기본 안내와 기관의 업무 소개, 실습생의 질문에 적극적으로 응답하며 초기 슈퍼비전을 집중적으로 제공한다.

2) 중기 단계(실무 수행과 전문성 강화기)

기관 업무에 본격적으로 참여하여 사례관리, 프로그램 운영, 행정지원 등 다양한 실무를 경험한다. 실습생은 자신의 강점과 약점을 파악하고, 실무 역량을 심화한다. 실습지도자와 지도교수는 정기적인 슈퍼비전과 중간평가를 통해 실습생의 수행 상태를 점검하고, 피드백과 지도 방향을 조정한다. 성찰적 학습과 문제 해결 능력 강화가 이 시기의 핵심이다.

3) 종결 및 평가 단계(정리와 성찰기)

실습 마지막 주에 해당하며, 실습 활동을 총정리하고 실습목표 달성 정도를 평가한다. 실습생은 보고서 작성과 사례발표, 종결면담 등을 통해 자신의 성장과 한계를 돌아본다. 실습지도자와 지도교수는 종합평가를 실시하여 실습생의 전문성 및 윤리성, 직무 적합성을 종합적으로 판단하며, 향후 진로에 대한 조언도 제공한다.

이처럼 실습 각 단계별 명확한 역할과 흐름을 인지함으로써 실습생은 체계적인 학습 경험을 쌓고, 실습지도자는 효과적인 교육과 지원을 제공할 수 있다.

2. 실습일지 및 기관분석보고서 작성법

실습일지, 기관분석보고서 등 실습과정에서 기록물 작성은 학습 내용을 체계화하고, 슈퍼비전과 평가를 위한 중요한 자료가 된다.

1) 실습일지 작성법

실습일지는 실습일정 및 진행내용, 실습생 의견, 실습지도자의 슈퍼비전과 같은 총평으로 구성된다. 실습생은 실습일지를 매회 작성해야 하며, 작성된 실습일지는 실습기관에 출근하여 바로 실습지도자에게 제출해야 한다. 실습일지는 공식적인 실습지도 시간 전에 실습지도자에게 제출하고 실습지도자는 실습일지 내용에 대한 총평을 제공한다. 실습일지는 실습과정을 매일 기록함으로써 실습의 과정을 분석하고 평가한다. 실습생은 매일의 일정에 따른 활동 경험을 기록함으로써 자신의 활동을 점검하고 보완하며 실습 목표 달성을 위해 어떤 구체적인 노력을 해야 하는지 스스로를 평가할 수 있게 된다. 실습일지는 실습생과 실습지도자가 실습업무를 수행함에 있어 상호 간 질문이나 제언 등을 나누는 소통의 도구로서 역할도 하게 된다.

실습일지 작성의 기본 원칙은 다음과 같다.

- 매일 작성: 실습일지는 매일 매일의 기록이며 자기 점검 및 평가를 위한 공문서이기 때문에 빠짐없이 매일 작성하는 것이 중요하다.
- 사실에 근거해 작성: 실습일지는 내용상 거짓이 없어야 한다. 자신이 수행한 실

습 내용이 아닌 업무를 허위로 기록했다거나 자신이 수행한 실습업무의 실수를 감추기 위해 혹은 미화하거나 과장하여 기록하는 것은 사회복지사 윤리정신에 위배되기 때문이다.

- 구체적, 객관적, 논리적으로 작성하고 문어체로 작성: 실습일지는 쉽고 간결한 문장으로 작성하되 실습한 내용은 구체적으로 상세히 작성해야 한다.
- 감상적인 기록이 되지 않도록 주의: 실습일지는 실습생 개인의 감정이나 주관적 의견, 느낌 등은 되도록 지양하고 실습과정에서 자신이 배운 점과 느낀 점 등을 기록한다.
- 가능한 전문용어를 사용하여 기록하며 약어나 속어는 사용하지 않기: 실습일지는 공식 문서이므로 인터넷 약어나 속어 등은 사용하지 않도록 주의한다.
- 클라이언트에 대한 개인 정보가 노출되지 않도록 하기: 클라이언트에 대한 비밀보장을 위해 클라이언트 이름을 머리글자로 표기하거나, 가명을 기록하고 괄호 안에 가명이라고 명시한다.
- 비심판적인 태도에 근거하여 중립적이고 공손한 문체를 사용: 실습일지를 통해 어려움을 지적하거나 제안할 때 비심판적인 태도를 유지하며 중립적이고 공손한 문체로 기술하도록 한다. 또한 자신이 직면했던 문제점에 대한 대안을 함께 제시하는 것이 바람직하다.
- 부정적인 것보다 긍정적인 내용의 발전 진행적으로 기록: 실습 도중 체험한 부정적인 사실을 기록할 때 그에 대한 긍정적인 변화나 성장하고자 하는 방향성이 느껴지도록 기록한다.

실습일지 작성 시 유의할 점은 다음과 같다.

- 사진촬영: 실습일지를 작성할 시 종종 사진을 첨부하게 된다. 그런데 사진 시 클라이언트에게 동의를 구하지 않고 촬영을 하거나 촬영을 거부하는 클라이언트의 의사를 무시하면서 사진을 무리하게 촬영하는 실습생이 있다. 클라이언트의 인권과 의사가 충분히 보호되고 존중되고 있는 상황에서 사진이 촬영되어야 함을 명심해야 한다. 촬영을 꺼리는 클라이언트는 사진에 나오지 않게

배려해야 하며 설령 사진 촬영을 허락했다 해도 과제를 제출할 때 클라이언트의 얼굴을 모자이크 처리하거나 스티커로 가린 후 제출해야 한다.

- 시간표기: 일과표 작성 시 시간표기를 일관성 있게 작성하도록 한다. 예를 들어 09:00, 13:00로 표기법을 통일하거나 혹은 오전 9시, 오후 1시로 표기법을 통일한다. 시작 시간과 끝나는 시간은 정확히 표기한다. 9시 시작인데 8시 50분 도착했다고 8시 50분으로 표기하면 안 된다. 본래 시작하기로 한 시간과 끝나기로 한 시간을 기록하도록 한다. 단, 지각했다면 이 역시 사실대로 기록하고 추후 지각한 만큼 보충을 해야 하며 지역아동센터의 경우 11시 혹은 12시 출근인 경우가 많은데 실습생이 실제로 출근한 시간으로 기록해야 한다. 실습시간은 1일 최대 8시간을 넘을 수 없으며 최소 4시간 이상을 실습해야 한다. 점심식사 및 저녁식사 시간은 제외하나 식사 시간이 포함될 경우 그에 합당한 사유를 구체적으로 표기해야 한다.

실습일지의 각 항목별 작성방법은 〈표 6-1〉 실습일지 작성 예시와 같이 다음 사항들을 참고하여 작성할 수 있다.

- 실습지도자: 실습지도자의 이름을 기재하고 반드시 도장 날인 또는 서명
- 확인: 실습지도자가 검토 후 서명
- 실습일자와 회차: 실습일자, 요일, (실습 ㅇ회차)
- 오늘의 목표: 실습일 당일에 수행할 과제를 중심으로 1일 목표를 한 줄로 기재
- 실습 진행내용: 일반적으로 1시간 단위 일정으로 활동 제목과 세부내용을 상세히 기재, 통일성 있는 시간 표기(예시 09:00~10:00), 주요 일정과 함께 담당자도 같이 기재
- 실습생 의견: 당일 진행된 실습 내용을 토대로 배운 점, 의문사항, 건의사항 등을 자유롭게 기재
- 실습지도자 의견: 일일평가 시 실습지도자의 슈퍼비전 내용을 실습생이 작성하는 것이 일반적이나, 공란으로 두게 하고 실습일지를 제출하게 되면 실습지도자가 직접 수기로 작성하는 경우도 있음

〈표 6-1〉 실습일지 작성 예시

<table>
<tr><th colspan="5">실습일지</th></tr>
<tr><td>실습 일시</td><td colspan="2">20XX년 07월 02일</td><td>실습 기관명/ 소재지</td><td>ㅇㅇ노인복지센터 / ㅇㅇ시</td></tr>
<tr><td>실 습 생</td><td colspan="2">ㅇㅇㅇ</td><td>실습 기간/ 회차</td><td>20XX.6.24.~7.21./ 총 20회 중 7회차</td></tr>
<tr><td>실습생 소속</td><td colspan="2">XX대학교 사회복지학과</td><td>실습 지도자</td><td>ㅇㅇㅇ (인)</td></tr>
<tr><td rowspan="9">실습일정</td><td>시 간</td><td colspan="3">실습 내용</td></tr>
<tr><td>08:30~09:30</td><td colspan="3">센터 청소 및 정리정돈</td></tr>
<tr><td>09:30~10:30</td><td colspan="3">일정회의 & 노인인권 영상6 시청</td></tr>
<tr><td>10:30 ~11:30</td><td colspan="3">재가복지 방문 교육</td></tr>
<tr><td>11:30~12:30</td><td colspan="3">급여제공 10가지 지침교육</td></tr>
<tr><td>12:30~13:30</td><td colspan="3">점심식사</td></tr>
<tr><td>13:30 ~15:30</td><td colspan="3">재가복지 장기요양정보시스템 교육</td></tr>
<tr><td>15:30 ~16:30</td><td colspan="3">1:1 방문요양 전화상담</td></tr>
<tr><td>16:30~17:30</td><td colspan="3">일일활동 점검 및 실습지도자 슈퍼비전</td></tr>
<tr><td>실습 내용</td><td colspan="4">08:30~09:30 센터청소 및 정리정돈
센터 환기 후 정리 정돈과 청소를 하며 실습준비를 함.

09:30~10:30 일정 회의 및 노인인권 영상시청
사회복지사님과 일정 회의를 가짐. 궁금한 것을 질문하고 답변하는 시간을 가짐. 노인복지의 영상을 시청함. (보건복지인재원-노인학대영상 6)

10:30 ~11:30 재가복지 방문 교육
어르신의 가정을 직접 방문하여 방문요양 서비스를 제공하는 활동을 하였음. 방문요양은 요양보호사가 어르신의 가정을 직접 방문하여 다음과 같이 다양한 서비스를 제공하고 있음을 확인하였음.
• 신체활동 지원: 목욕, 세면, 옷 갈아입기 등 개인위생 관리
• 일상생활 지원: 식사 준비 및 도움, 집안 청소, 세탁 등 가사 활동
• 의료 지원: 병원 방문 시 동행 및 지원, 의료 장비 사용 보조
• 정서적 지원: 대화와 말벗, 정서적 지지 및 상담
• 사회적 활동 지원: 산책 동행, 사회적 활동 참여 지원

11:30~12:30 급여제공 10가지 지침교육
욕창 예방 및 관리, 근골격계 손상 예방, 낙상 사고 예방, 질병 감염 예방 성폭력 및 신체적 학대 예방, 의료적 응급상황 대처 10가지는 주로 요양보호사, 간호사, 사회복지사 등이 팀을 이루어 관리하며, 각 항목은 서비스 제공 기록지나 사례회의, 개별 서비스계획(SPC) 등에서 반영됨.</td></tr>
</table>

실습 내용	12:30~13:30 점심식사 13:30 ~15:30 재가복지 장기요양정보시스템 교육 장기요양정보시스템 안에 있는 교육 재가센터 일일근무계획, 수급자 급여제공계획표, 요양보호사 근무일정표, 서비스별 장기요양급여비용 명세서, 본인부담금 수납대장, 청구서, 납부 영수증 급여비용 종합현황 등을 전산관리하는 방법을 교육받았음. 15:30~16:30 1:1 방문 요양 (전화상담예절) 사회복지사의 전화상담 요령과 예절(1:1 방문요양 포함)에 대하여 교육받았음. 16:30~17:30 일일활동점검 및 실습지도자 슈퍼비전 실습지도자와 함께 일일활동 점검을 진행하며, 실습과정에 대한 피드백과 슈퍼비전을 받았음.
실습생 소감 및 의견	1:1 방문요양과 전화상담을 통해 대상자와 직접 소통하는 일의 중요성을 느꼈다. 전화상담에서는 말투와 속도, 경청의 태도가 신뢰를 형성하는 데 핵심이라는 점을 체험했다. 어르신의 이야기를 들으며 공감하고 정보를 정확하게 전달하는 일이 생각보다 섬세한 기술을 요한다는 것을 알게 되었다. 앞으로도 대상자의 감정과 상황을 이해하고 존중하는 상담 태도를 지속적으로 발전시켜 나가고 싶다.
지도자 조언	실습생은 전화상담 및 방문요양 상황에서 적절한 인사와 자기소개를 통해 상담을 원활히 시작하였으며, 대상자의 말에 귀 기울이고 공감하는 태도가 매우 우수했습니다. 다만, 상담 내용을 정리하고 문서화하는 부분에서는 좀 더 체계적인 기록 연습이 필요해 보입니다. 전체적으로 상담 기본 예절을 성실히 이행하며, 실무에 대한 이해도를 높이기 위한 노력이 돋보인 실습이었습니다.

2) 기관분석보고서 작성법

실습생은 기관분석보고서 작성을 통해 자신이 실습하는 기관에 대한 지식과 정보를 얻고 실습현장에 대한 깊이 있는 이해를 하게 된다. 기관분석보고서를 작성하기 위해서는 기관의 행정 및 업무 전반에 대해 파악해야 하고 기관이 위치한 지역사회의 특성과 그에 따른 기관의 사업 내용에 대한 포괄적인 이해가 선행되어야 한다. 실습생은 실습 시작 전에 수집했던 다양한 정보와 기관에서 제공한 자료를 토대로 기관분석보고서를 작성하되 기관의 홈페이지, 홍보물, 프로그램 안내지, 기관에서 발행한 각종 보고서 등을 다각적으로 활용할 수 있다.

기관분석보고서의 각 항목별 구체적인 방법은 다음과 같다. 작성 예시는 〈표 6-2〉를 참고하기 바란다.

- 기관의 역사 및 목적: 기관의 역사 및 목적은 기관의 설립동기, 미션과 비전, 기관 사업의 역사적 변천 등을 서술한다. 먼저 기관 미션과 비전을 정리해야 하는데, 이는 조직에서 가장 먼저 세우는 것으로서 조직의 존재 이유와 나아가야 할 방향을 제시해 준다. 미션과 비전이 정리되면 기관의 목적은 사업 수행을 위한 기본방향을 설정한 부분을 조사하여 정리한다. 기관 사업의 역사적 변천은 시계열적 나열방법으로 정리하는 것이 바람직하다. 시대적 흐름에 따라 기관 사업의 변화된 모습이 보일 수 있도록 서술하되 도표나 그림을 활용하면 도움이 된다.
- 기관의 주요 사업 및 프로그램: 기관의 주요 사업 및 프로그램에 대해 분석할 때에는 다음과 같은 사항을 고려한다. 주요 클라이언트 대상이 누구이며 서비스 대상 지역은 어디까지인지, 기관이 선호하는 서비스 전달방식이나 업무방식이 존재하는지, 지역적 특성과 여건 그리고 주요 클라이언트 대상의 특성과 여건 그리고 주요 클라이언트 대상의 특성과 욕구를 반영한 특성화된 프로그램이 존재하는지, 다른 기관과 차별화된 사업은 무엇인지 그리고 서비스 전달체계는 어떻게 구성되었는지를 파악하는 것이 중요하다.
- 기관의 행정사항: 기관의 조직구조는 인력에 대한 구성표를 조직도라는 그림을 활용하여 도표화함으로써 수행되고 있는 사업과 그 사업을 수행하는 인력구조와의 연계성이 드러날 수 있도록 서술한다. 예산, 후원 및 지원 사항은 기관의 재정을 파악하는 것이 중요하다. 재정이 확보되어야 서비스를 할 수 있기 때문이다. 기관에서는 부족한 재정을 보완하기 위해 어떤 노력을 하고 있는지 구체적으로 파악해야 한다. 예산은 기관의 사업을 수행하고 성과를 내기 위해 필요한 재정을 기획하는 것으로 세입과 세출로 나누어 수행된다. 사회복지기관의 재정 구성은 크게 유형별로 분류해 보면 정부보조금, 기부금, 이용료 수입금, 그 외 기타 수입으로 나눌 수 있기 때문에 이에 맞추어 파악하면 된다.

- 기관이 속한 지역사회, 물리적 환경의 특징과 지역 내 타 기관들과의 연계: 최근에는 지역사회 변화의 흐름이 빠르고 그 영향력이 크기 때문에 기관이 속한 지역의 지역진단 및 욕구분석이 중요하게 강조되고 있다. 기관 내부의 조직 분석 이외에 그 기관이 속한 지역의 특성과 현황을 파악하는 것은 사회복지실습현장을 깊이 있게 이해하는 데 첫 걸음이 된다. 지역현황 파악을 위해 지역탐방과 지역조사를 할 수 있으며 지역의 인구사회학적 특성, 지역의 사회경제학적 특성을 파악하고 지역의 특성을 활용한 조직의 네트워크 정도를 파악해야 한다. 기관이 속한 지역사회, 물리적 환경의 특징은 지역사회환경, 지역주민의 인구사회학적 특징, 대중교통 편의성, 접근용이성 등을 기술한다. 기관이 위치한 지역적 특성과 접근성에 대해 파악하는 것이 중요하다. 이러한 지역사회 개요와 기관에서 운영하는 서비스 간에는 어떠한 연관성이 존재하는지, 지역사회의 변화와 발전의 영향으로 기관도 어떠한 변화를 겪고 있는지 기술하면 된다. 지역 내 타 기관들과의 연계는 실습기관이 타 기관들과 어떤 관계를 형성하고 그 관계의 질은 어떠하며 이를 통해 클라이언트들은 어떤 이익을 얻을 수 있는지 분석하여 기술하면 된다.
- 기관의 특별한 면이나 전반적인 사항에 대한 인상이나 느낌: 기관분석보고서를 작성하면서 기관의 내 · 외부 환경 분석을 마치고 나면 실습생은 자신이 실습하는 기관의 특성과 타 기관과의 차이점을 알게 될 것이다. 이에 대해 인상 깊었던 점을 정리하고 이를 바탕으로 기관운영이나 서비스 등에 대한 발전적 제언을 하면 된다.

〈표 6-2〉 기관분석보고서 작성 예시

실습기관 분석보고서

실습기관명	ㅇㅇ노인복지센터		
실습기관주소	경기도 ㅇㅇ시 ㅇㅇ로 480, D빌딩 103호		
실습기관연락처	031-888-9999	실습기관장	송관장
실 습 생	ㅇㅇㅇ	실습지도자	김지도

1. 기관의 역사

1) 기관의 설립동기 및 설립목적

신체적, 정신적 이유로 독립적인 일상생활을 영위하기 어려운 어르신 가정에 요양보호사를 파견하여 필요한 각종 서비스를 제공함으로써 재가 어르신들이 지역사회 안에서 건강하고 안정된 노후 생활을 영위할 수 있도록 돕고자 함.

2) 기관연혁

- 2019.02.12. ㅇㅇ노인복지센터 장기요양기관 설립
- 2020.05.15. ㅇㅇ시 노인장기요양재가 협회 협약
- 2020.09.12. ㅇㅇ시 치매안심센터 치매파트너 협약
- 2021.08.05. ㅇㅇ대학교 혁신지원사업 산학협력 협약
- 2022.06.20. ㅇㅇ시 보람병원 요양보호사 파견 협약
- 2022.12.13. ㅇㅇ시 시의원 의장 표창장 수상
- 2022.12.10. ㅇㅇ대학교 가족회사 산학협력 협약
- 2023.01.05. ㅇㅇ시 행복마을관리소 홀몸어르신 지원부문 연계 협약
- 2023.06.12. 서울시의회 의장상
- 2023.07.07. ㅇㅇ시 경로당 지원사업 업무연계 협약
- 2023.10.11. 한국방송통신대학교 ㅇㅇ시 학습관 설립위원회 지원업무 협약
- 2023.11.09. 한국재가장기요양기관 협회장 표창장 수상
- 2024.01.29. ㅇㅇ노인복지센터 상표권 등록(특허청)
- 2024.02.17. ㅇㅇ시 의용소방대 업무연계 협약
- 2024.07.02. 보건복지부 · 한국사회복지사협회 현장실습기관 선정 고시

2. 기관의 목적

1) 기관의 비전 및 미션

ㅇㅇ노인복지센터는 지역사회의 어르신들이 건강하고 안정된 노후 생활을 영위할 수 있도록 지원하는

것을 주된 목적으로 설립되었다. 이 기관은 재가 어르신들에게 필요한 각종 의료, 식사, 거주, 활동 등의 서비스를 제공하여 그들의 삶의 질을 향상시키고, 가정 내에서도 안정적인 생활을 유지할 수 있도록 지원한다. 또한 노인요양재가센타는 지역 내 노인 복지를 증진시키기 위해 다양한 사회적 활동과 프로그램을 운영하며, 노인들의 사회적 연결성을 증대시키고 사회적 고립을 방지하는 데 기여한다. 이를 통해 지역사회 전체의 노인복지 수준을 높이고, 지역 내 모든 어르신들이 안심하고 건강하고 행복한 노후를 즐길 수 있도록 지원하고 있다.

3. 기관의 주요 사업 및 프로그램

1) 클라이언트 및 대상지역

ㅇㅇ시 노인장기 ㅇㅇ노인복지센터는 어르신들의 건강과 복지를 위해 다양한 재가서비스를 제공하는 기관이다. 이 센터는 방문요양과 방문목욕과 같은 프로그램을 통해 어르신들의 신체적, 정신적, 사회적 요구를 충족시키고 있다. 특히, 어르신들의 일상생활을 지원하기 위해 사회복지사와 요양보호사가 협력하여 양질의 돌봄 서비스를 제공한다. 대상 지역은 서울과 경기 지역을 중심으로 하며, 그 외에도 전국적으로 서비스를 확장하여 어르신과 그 가족들이 필요로 하는 돌봄을 제공할 수 있도록 힘쓰고 있다.

2) 주요 사업

ㅇㅇ노인복지센터는 지역사회의 어르신들이 건강하고 안정된 노후 생활을 영위할 수 있도록 지원하는 것을 주된 목적으로 설립되었다. 이 기관은 재가 어르신들에게 필요한 각종 의료, 식사, 거주, 활동 등의 서비스를 제공하여 그들의 삶의 질을 향상시키고, 가정 내에서도 안정적인 생활을 유지할 수 있도록 지원한다.

또한 ㅇㅇ노인복지센터는 지역 내 노인 복지를 증진시키기 위해 다양한 사회적 활동과 프로그램을 운영하며, 노인들의 사회적 연결성을 증대시키고 사회적 고립을 방지하는 데 기여한다. 이를 통해 지역사회 전체의 노인복지 수준을 높이고, 지역 내 모든 어르신들이 안심하고 건강하고 행복한 노후를 즐길 수 있도록 요양서비스를 제공하고 있다.

〈주요 사업 내용〉

① 가사지원서비스
② 개인활동지원서비스
③ 우애서비스
④ 목욕서비스
⑤ 상담 및 교육서비스
⑥ SOS 긴급돌봄서비스
⑦ 신체활동지원서비스
⑧ 일상지원서비스

3) 서비스 전달체계

이용자 접수(본인 또는 보호자, 관련 기관에서 신청) → 가정방문조사(사회복지사 가정방문 조사) → 적격여부 판정(적격/부적격 여부 판정(7일 이내) → 대상자 선정 및 서비스 시작(전문요양보호사 파견, 각종 지원서비스, 후원 금품 지원) → 서비스 종료(사망, 이주, 계약 만료 등)

4) 기관의 주요 사업 및 프로그램에 대한 실습생 의견

○○노인복지센터는 주로 수도권 지역을 중심으로 서비스를 제공하며, 서울과 경기 지역 내에서 어르신들의 신체적, 정신적, 사회적 요구를 충족시키기 위해 방문요양과 방문목욕 같은 재가서비스를 운영하고 있다. 실습생으로서 본 이 센터는 수도권 지역에 거주하는 어르신들에게 양질의 돌봄을 제공하기 위해 사회복지사와 요양보호사가 협력하여 맞춤형 서비스를 제공하는 점이 인상적이었다. 앞으로도 대상층의 요구에 맞춘 세심한 돌봄과 서비스 품질이 매우 높아, 어르신들의 삶의 질 향상에 크게 기여하고 있다.

4. 기관의 행정사항

1) 기관의 조직도

〈○○노인복지센터 조직도〉

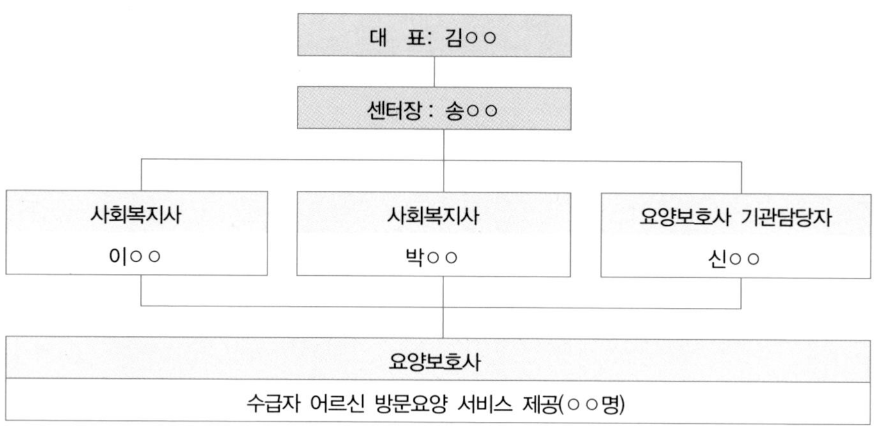

2) 예산, 후원 및 지원현황

세 입				세 출			
항 목	내 역			항 목	내 역		
	전년도(결산)	당해연도(결산)	차기년도(예산)		전년도(결산)	당해연도(결산)	차기년도(예산)
합 계	1,932,598,129	2,031,988,695	2,353,214,821	합 계	1,932,598,129	2,031,988,695	2,353,214,821
전기이월금	72,123,260	106,695,164	165,617,529	사무비	1,411,078,832	1,478,662,524	1,756,029,150
이용자 부담금수입	2,068,680	6,909,610	20,940,000	재산조성비	130,700,060	92,044,664	141,595,164
정부보조금	1,662,789,700	1,662,983,260	1,919,495,907	사업비	271,650,473	278,739,378	419,972,511
법인전입금	14,680,000	23,200,000	16,800,000	후원금지출	10,613,000	12,480,000	15,000,000
과년도지출	1,860,600			과년도지출		4,444,600	5,492,378
후원금	104,172,352	199,261,703	190,861,385	차기이월금	106,695,164	165,617,529	
기타수입	41,206,507	32,938,958	39,000,000	잡지출	10,613,000		1,200,000

* 예산액과 결산액은 사실과 다름으로 항목 예시만 참조 요망

3) 기관의 행정사항 및 예산 사용, 후원 및 지원에 대한 실습생 의견

행정구조는 센터장 아래에 사회복지사와 요양보호사 등으로 구성되며, 각 직무는 체계적으로 역할 분담이 되어 사회복지사는 서비스 계획 수립 및 어르신 가정 방문 상담을 담당하며, 요양보호사는 직접적인 돌봄 서비스를 제공한다. 이러한 협력 구조는 서비스의 품질을 유지하는 데 중요한 역할을 하고 있다. 예산은 주로 공공 및 민간 후원, 이용자의 본인부담금, 정부지원금 등으로 운영되며, 어르신들의 돌봄 서비스 제공에 가장 우선적으로 배정된다. 방문요양 및 목욕 서비스 제공에 필요한 인건비와 물품비 외에도, 직원 교육 및 센터 운영비가 포함되어 있다. 후원은 공공기관, 지역사회 단체 및 개인 후원자로부터 이루어지며, 특히 센터가 지역 내에서 신뢰를 쌓고 있어 꾸준한 후원이 이어지고 있다. 실습생으로서 본 이 센터는 투명하고 효율적인 예산 사용을 통해 어르신 복지 향상에 기여하고 있으며, 후원자와 지역사회의 지원이 센터의 운영과 확장에 중요한 역할을 하고 있다는 점에서 긍정적인 평가를 내릴 수 있다.

5. 기관 및 기관이 속해 있는 지역사회의 환경

1) 지역사회의 인구학적, 사회경제적 특징

인구학적 측면의 특징으로 ㅇㅇ시는 경기도에 위치한 도시로, 현대적인 주거 단지와 상업 시설이 조화를 이루며 지속적으로 발전하고 있다. 특히 서울과 가까운 뛰어난 교통 편의성 덕분에 많은 인구가 유입되고 있으며, 이로 인해 인구가 급격하게 증가하는 추세이다. 이러한 교통 인프라는 ㅇㅇ시 주민들의 생활을 편리하게 하고, 도시의 지속적인 발전에 기여하고 있다. 또한, ㅇㅇ시는 강변공원과 같은 자연 공간을 제공해, 주민들이 여가 시간에 휴식과 스트레스를 해소할 수 있는 환경을 갖추고 있다. 이런 자연과 도시의 조화는 주민들 간의 유대감을 강화시키며, 다양한 지역 행사와 프로그램이 활발하게 진행될 수 있는 원동력이 되고 있다. 이는 지역사회의 복지와 삶의 질 향상에 긍정적인 영향을 미치고 있다.

사회경제적 측면의 특징으로 ㅇㅇ시는 도시 개발과 함께 주거 환경이 현대적으로 개선되고 있으며,

편리한 교통과 함께 다양한 상업 및 산업 인프라가 구축되어 있는 지역이다. 이 중 하나인 ㅇㅇ노인복지센터는 넓고 깨끗한 시설을 유지하고 있으며, 쾌적한 환경에서 이용자들에게 편안함을 제공합니다. XX역에서 10분 거리라는 지리적 이점 덕분에 접근성이 좋으며, 지식산업센터 내에 위치해 있어 주변에 다양한 편의시설이 갖추어져 있다. 이로 인해 지역 주민들뿐만 아니라 인근 지역에서도 많은 이용자가 센터를 쉽게 방문할 수 있다.

2) 지역사회의 주요자원

ㅇㅇ시는 경기도에 위치한 도시로 현대적인 주거단지와 상업시설이 조화를 이루며 급격한 발전을 이루고 있다. 뛰어난 교통 편의성과 서울과의 접근성 덕분에 많은 인구가 유입되고 미사강변공원과 같은 자연공간이 주민들의 여가 활동을 지원합니다. 지역사회의 유대감이 강해 다양한 행사와 프로그램이 활발히 진행되며, 주민 참여가 높습니다. 이러한 특성을 ㅇㅇ시의 재가센터 운영에 긍정적인 영향을 미쳐 복지 수준과 삶의 질을 향상시킬 수 있습니다.

3) 기관의 시설 및 공간 등 물리적 환경

ㅇㅇ노인복지센터는 넓은 공간과 함께 깨끗한 이미지를 유지하고 있어 쾌적한 환경을 제공하고 있다. 이용자들에게 편안함과 접근성을 제공한다. 역에서 10분 거리에 위치하며, 지식산업센터 내에 자리잡고 있어 주변에 대형쇼핑몰과 대형공원 등 다양한 편의시설을 갖추고 있다.

4) 기관의 지역사회 네트워크 활동 내용

ㅇㅇ시 치매안심센터, 행복마을관리소 홀몸어르신 지원, ㅇㅇ시 한궁협회 경로당, ㅇㅇ시 의용소방대, 종합복지관, 주민자치회

5) 기관의 지역사회 환경 및 네트워크 활동에 대한 실습생 의견

ㅇㅇ노인복지센터는 ㅇㅇ시 치매안심센터, 행복마을관리소, ㅇㅇ시 한궁협회, 의용소방대, 종합복지관, 주민자치회 등과 긴밀한 협력 관계를 유지하며, 이를 통해 노인복지 서비스의 질을 높이고 있습니다. 특히, 치매 환자 지원, 홀몸 어르신 돌봄, 경로당 지원 등 다양한 협력 프로그램을 통해 지역 주민들에게 더 나은 복지 혜택을 제공하고 있는 점이 인상적이었다. 실습생으로서 이러한 타 기관과의 유대관계가 사회복지 증진에 중요한 역할을 하고 있음을 깊이 체감했다. 여러 기관이 협력하여 어르신들에게 포괄적이고 체계적인 지원을 제공함으로써, 복지 서비스의 효과가 극대화되는 것을 목격하며, 이러한 협력의 중요성을 다시 한 번 느낄 수 있었다.

6. 기관의 특별한 면이나 전반적인 사항에 대한 인상이나 느낌

ㅇㅇ노인복지센터는 지역 내 다양한 기관들과의 협력을 통해 어르신들에게 포괄적이고 세심한 복지 서비스를 제공하는 점이 매우 인상적이었다. 치매안심센터, 행복마을관리소, 의용소방대 등과의 협력을 통해 다양한 프로그램을 운영하며, 특히 홀몸 어르신과 치매 환자에 대한 특별한 지원이 돋보였다. 실습

생으로서 이러한 유기적인 협력 구조가 노인복지 향상에 실질적인 변화를 가져오는 것을 체감할 수 있었으며, 어르신 개개인에게 맞춘 서비스 제공이 전문적으로 이루어지고 있다는 점이 긍정적이었다. 지역사회와의 긴밀한 연결을 통해 어르신들의 삶의 질을 높이는 데 기여하는 이 센터의 운영방식을 보며, 복지기관의 역할과 책임이 얼마나 중요한지 깨닫는 계기가 되었다.

3. 중간평가서 작성법과 슈퍼비전 활용

중간평가는 실습 중간에 실습생의 수행 상태를 점검하고, 남은 기간의 학습 목표와 방향을 조정하기 위한 중요한 과정이다. 실습생은 자신의 실습 수행 과정과 성과, 어려움 등을 솔직하게 평가한다. 실습지도자는 실습생의 태도, 업무 수행능력, 윤리의식, 문제 해결력, 의사소통 능력 등을 다각도로 평가한다. 중간평가결과는 피드백 자료로 활용되어, 실습생의 강점은 더욱 강화하고 약점은 보완할 수 있는 기회가 된다. 중간평가서는 「실습 중간평가서」 서식의 항목을 토대로 작성하면 된다. 실습생은 실습 중간평가서를 작성하고, 총괄 실습지도자와 영역별 실습지도자가 참석하여, 실습생 전원이 함께 실습 중간평가회의를 진행한다. 평가회의는 실습생이 본인의 중간평가서를 각자 발표하고, 발표 직후 실습지도자가 각 실습생들이 발표한 내용을 토대로 슈퍼비전을 제시하는 순서로 이루어진다. 이때, 발표한 실습평가 내용에 대하여 '실습생 간 동료슈퍼비전'도 가능하지만 실습 중간 단계 진입한 시기이기 때문에 동료 간 피드백은 제한적으로 적용하고 있다.

1) 중간평가서 작성법

중간평가서는 〈표 6-4〉의 작성 예시와 같이 다음 각 항목의 내용의 작성하면 된다.

- 실습목표와 관련된 실습 내용 및 역할에 대한 평가: 중간평가일 전까지 본인이 수행하였었던 실습 내용 및 역할에 대해 간략히 작성하고, 본인의 실습에 대해 자기평가를 하여 작성하면 된다. 앞으로의 계획란에는 남은 실습기간 동안에 어떻게 실습을 진행할지에 대해 작성하면 된다. 역할에 대한 평가는 전문적 발달 측면의 목표, 즉 사회복지사로서의 정체감 형성, 개인적 전문적 성장, 자아인식, 가치 및 철학, 윤리적 사명감 등이다.
- 실습에 임한 자세 및 노력: 본인이 사실적으로 실습에 임하는 자세와 실습에 대해 노력했던 모든 점들을 기록해야 한다. 본인이 작성하는 평가이기 때문에 과장하여 작성하거나 하지 않았던 점들을 작성해서는 안 된다.
- 실습을 통해 배운 점: 실습을 통하여 본인이 배운 점들을 솔직하게 작성한다. 또한 현장실습 교육을 통해 사회복지를 이해하는 데 도움이 되는 것들을 구체적으로 작성하는 것이 기록의 핵심이다.
- 앞으로 더 필요한 지식과 기술: 그동안 사회복지학을 공부하면서 배운 사회복지 지식과 기술을 예비 사회복지사로서 실습에 어떻게 적용할 것인지 서술하면 된다. 아울러 앞으로 현장에서 사회복지사로 활동하게 되면 본인이 운영하고 싶거나 또는 본인이 취업하기를 원하는 분야에 대하여 관련된 지식과 기술, 법 규정과 복지정책 등을 기술하면 된다.
- 실습에서 어려웠던 점: 실습을 진행하면서 본인 스스로 어렵게 생각했던 공문서 작성, 서비스, 프로그램, 행정업무, 정보시스템 관리, 대인관계 등 여러 내용 중 어려웠던 점을 작성하면 된다.
- 기관 및 실습지도자에게 건의할 점: 실습기관의 실습운영 및 실습지도, 실습일정 등에 관한 내용이나 실습기관의 서비스 제공, 업무지침과 규정에 관련된 문제, 실습기관의 윤리, 가치, 도덕 등에 대한 내용들도 자유롭게 건의하면 된다.

〈표 6-4〉 중간평가서 작성 예시

중간평가서[1)]

실습생명	○○○	기관명	○○노인복지센터
실습기간	20XX.06.24.~07.31	실습지도자	○○○
실습평가일	20XX.07.18.	실습지도교수	○○○

1. 실습목표와 관련된 실습 내용 및 역할에 대한 평가

1.1. 수행한 실습 내용 및 역할의 요약

노인장기재가센터에서의 실습은 매회마다 다양한 프로그램으로 이론과 실전을 습득하여 훈련, 강화해 나가는 방식으로 진행되었다. 첫 주에는 센터의 운영 및 서비스에 대한 이론교육을 배우는 것을 시작으로 매회 현장실습을 통해 실질적인 역할과 자세를 수행하는 시간을 가졌다. 어르신들 식사 시 보조와 위생관리를 비롯한 운동과 물리치료 지원을 담당하여 일상생활을 지원했다. 다양한 프로그램에 참여하여 어르신들을 대면하면서 상담을 통해 요구사항과 불편 요소들을 점검하여 보고하였다. 어르신들의 건강상태와 프로그램 결과를 기록하고 보고서를 작성하는 행정 업무까지 배웠다.

1.2. 평가

이번 실습의 기회를 통해 노인장기재가센터의 업무를 구체적으로 배울 수 있었다. 실습지도교수님과 선생님들이 운영하는 진행 프로그램에 맞춰 지도를 받으며 대상자인 어르신들의 일상을 지원하기 위한 다양한 프로그램을 접할 수 있었다. 다양한 어르신들의 식사를 보조하고 위생관리를 하는 기본적인 업무부터 다양한 프로그램 참여를 통해 실무 능력을 키울 수 있었으며 상담을 하고 행정적인 기록을 작성함으로써 소통 능력뿐만 아니라 행정적인 능력까지 배울 수 있었다. 실습 기간을 통해 노인장기재가센터를 어떻게 운영해 가야 하는지를 이해하고 이와 관련한 필요한 기술과 자세를 접하며 성장할 수 있는 계기가 되었다.

1.3. 앞으로의 계획

앞으로의 실습 기간에서는 그동안 배워왔던 노인장기재가센터의 서비스와 프로그램들을 다시 점검해 보면서 실무적인 능력을 강화할 수 있는 데 주력할 것이다. 무엇보다 어르신들과의 원활한 소통을 바탕으로 대상자별 욕구를 토대로 맞춤형 서비스를 지원할 수 있도록 하고자 한다. 그리고 어려웠던 행정 업무에 집중하여 기록 작업에 주의를 기울이며 다양한 프로그램 기획과 실행에 참여하여 실무경험을 확대해 갈 것이다. 실습과정에서 부족했던 점을 보완하고 사회복지사로서의 전문적인 자질과 소양을 갖추기 위해 계속 노력할 것이다.

2. 실습에 임한 자세 및 노력

실습에 임할 때 매 순간 다시 오기 힘든 시간이라는 생각으로 어르신들을 만나는 시간들을 소중히 생각하며 적극적으로 즐겁게 임했다. 실무경험이 부족하다 보니, 때론 마음만 앞서고 어떻게 지원해야 하는지 당황스럽기도 했지만, 실습이 지속되면서 피드백을 통해 보완해 가면서 자신감을 키워갈 수 있었다.

3. 실습을 통해 배운 점

사회복지사는 사명감만으로 할 수 있는 게 아니라는 것을 느끼며 윤리적 딜레마에 대한 이해가 필요하다는 것을 알 수 있었다. 클라이언트를 대할 때 방법과 수단에서도 윤리성에 입각해야 한다는 것을 배울 수 있었다.

4. 앞으로 더 필요한 지식과 기술

앞으로 사회복지 분야에서의 활동을 효과적으로 하기 위해서는 실전 경험뿐만 아니라 행정 및 재무관리에 대한 지식, 지역사회에 대한 전반적인 이해, 프로그램 기획 및 평가 기술을 접목해야 한다는 것을 알았다. 이러한 기술들이 클라이언트의 욕구를 충족시키고 기관의 목표를 달성하는 데에도 매우 중요하게 작용한다는 것이다.

5. 실습에서 어려웠던 점

사회복지가 원하는 현장에서의 요구와 문제들을 명확히 이해하지 못하고, 필요성과 중요성을 제대로 인식하지 못한 채 현장에 임하게 되었을 때, 난감해지는 상황이 발생할 수밖에 없었다. 사회복지 분야의 현실적 욕구와 복잡한 구조를 제대로 파악하지 못해 실습 진행에 어려움이 있을 수밖에 없기 때문이었다. 수집된 데이터들을 사회보장통합시스템에 기입할 때, 시스템이 복잡하고 정보가 방대하여 이해하고 활용하는 데에도 시간이 상당히 소요되었다.

6. 기관 및 실습지도자에게 건의할 점

실습 기간 내내 지도자님께서 실습생과의 소통을 원활히 하기 위해 피드백을 정기적으로 주셔서 감사했다. 앞으로도 꾸준한 피드백과 지도를 통해 남은 실습시간에도 더욱 성장하는 시간이 되면 좋겠다.

2) 슈퍼비전 활용

슈퍼비전은 행정적, 교육적, 정서적 지원을 포괄하며 실습의 질을 좌우한다. 실습지도자는 슈퍼비전을 통해 실습생의 업무 조정, 전문성 교육, 심리적 지지 등을 제공한다. 실습생은 슈퍼비전을 적극적으로 활용해 자기성찰과 전문성 개발에 집

1) 본 중간평가서는 사회복지현장실습 지침서를 참고하여 실습생 본인이 작성하며, 서술양식으로 작성한 뒤 실습 실습지도자와 평가회를 갖는 것을 추천함.

중해야 한다. 실습지도자와 실습지도교수는 실습생과 정기적인 면담과 세미나를 통해 전반적인 실습과정을 점검하고 보완한다. 중간평가를 통해 제시되는 실습지도자 슈퍼비전의 유기적 활용과 반영은 나머지 실습계획에 대한 성공적인 수행과 예비 사회복지사로서의 성장에 결정적 역할을 하게 된다.

Chapter 07
실습 슈퍼비전과 실습 평가

1. 개별 · 집단 슈퍼비전 이해

사회복지현장실습에서 슈퍼비전은 실습생의 전문성 향상과 정서적 지원을 위해 필수적인 교육적 과정이다. 슈퍼비전은 크게 개별 슈퍼비전과 집단 슈퍼비전으로 나뉜다. 이 두 형태의 슈퍼비전은 상호 보완적이며, 실습 교육과정에서 균형 있게 운영되어야 한다. 실습지도자와 실습지도교수는 슈퍼비전 계획을 명확히 세우고, 실습생이 적극적으로 참여할 수 있도록 독려해야 한다.

1) 개별 슈퍼비전

실습지도자가 실습생 한 명 한 명과 개별 면담을 통해 실습과정에서의 경험과 고민, 역량 개발 상황을 집중적으로 다룬다. 실습생은 자신의 실무 능력, 윤리적 문제, 대인관계 등 구체적인 주제에 대해 깊이 있는 피드백을 받고, 실천 전략을 모색한다. 개별 슈퍼비전은 맞춤형 지도와 정서적 지지를 제공하므로 실습생의 성장에 매우 효과적이다.

2) 집단 슈퍼비전

여러 실습생이 모여 자신의 실습 경험을 공유하고 토론하며 집단적 학습과 성찰을 촉진한다. 집단 슈퍼비전은 동료 학습의 장으로서, 다양한 관점과 사례를 접할 수 있어 전문적 시야를 넓히고 협력적 문제 해결 능력을 키우는 데 도움이 된다. 또한 동료 간 지지와 격려가 강화되어 실습 스트레스 해소에도 기여한다.

2. 실습 중 슈퍼비전과 피드백에 대한 수용과 적용

실습생은 실습지도자의 슈퍼비전과 실습동료 등으로부터 받는 피드백을 적극적으로 수용하고, 자기 발전의 기회로 삼아야 한다.

1) 슈퍼비전과 피드백에 대한 수용의 태도

슈퍼비전과 피드백이 때로는 비판적으로 느껴질 수 있으나, 이를 개인에 대한 공격으로 받아들이기보다 전문성 향상을 위한 도움으로 인식하는 태도가 중요하다. 개방적이고 겸손한 마음으로 슈퍼비전과 피드백 내용을 수용하며, 구체적인 개선 방안을 모색하는 자세가 요구된다.

2) 슈퍼비전과 피드백 적용방법

슈퍼비전과 피드백을 토대로 자신의 실습계획이나 업무 수행방식을 조정한다. 예를 들어, 클라이언트와의 의사소통 방식, 사례관리 절차, 윤리적 판단 기준 등을 개선하는 데 활용할 수 있다. 또한, 실습지도자와의 상담을 슈퍼비전과 피드백의 적용과정에서 어려운 점이나 추가 도움이 필요한 부분을 명확히 요청하여 보완한다.

피드백을 효과적으로 활용하는 실습생은 자기주도적 학습능력과 문제 해결능력이 뛰어나며, 사회복지사로서의 전문성도 빠르게 성장한다.

3. 실습 종결평가서 작성법

실습의 마지막 단계인 종결평가는 실습생이 실습 기간 동안 달성한 학습 목표와 성장 정도를 종합적으로 점검하는 절차다. 종결평가서는 이러한 평가결과를 공식적으로 기록하는 문서이다.

실습지도자와 실습지도교수는 실습생의 태도, 실무 수행 능력, 윤리 준수, 문제해결력, 의사소통 능력, 전문성 향상 정도 등 실습 성과를 객관적이고 공정한 근거에 기반하여 종합적으로 점검하고 평가해야 한다.

실습 종결평가서의 구성내용은 〈표 7-1〉의 작성 예시와 같이 실습일정에 대한 평가, 실습 내용 및 역할에 대한 평가, 실습목표에 대한 평가, 서비스 실천과정에 대한 평가, 자원 활용에 대한 평가, 실습에 임하는 자세에 대한 평가, 전문적 태도에 대한 평가 등 포괄적인 내용을 포함하고 있다.

〈표 7-1〉 실습 종결평가서 작성 예시

실습 종결평가서

실습생명	ㅇㅇㅇ	기관명	ㅇㅇ장애인복지관
실습기간	20XX.07.07(월)~.08.01(금)	실습지도자	ㅇㅇㅇ
실습평가일	20XX.08.01(금)	실습지도교수	ㅇㅇㅇ

1. 실습일정에 대한 평가

ㅇㅇ시 ㅇㅇ장애인복지관에서 현장실습을 진행하면서 체계적인 실습 일정을 통해 기관에 대해 자세히 배울 수 있었다. 적절한 날에 실습 일정이 배치되어 있어 본 기관의 실습이 얼마나 실습생 교육을 위해 신경 쓰고 있는지 느낄 수 있었다. 직접 프로그램 계획서를 작성함으로써 사회복지사의 일을 체험할 수 있었고, 실습지도자의 슈퍼빈전과 팀장님들의 피드백을 통해 부족한 점들을 수정하여 완성도 있는 계획서를 만들 수 있었다. 일정 중간중간 실습생들이 이용자와 직접 대면할 수 있게 시원한 여름나기 가정방문, 낮주간활동 참관, 사례지원 가정방문, 프로그램 참관 등을 통해 사회복지사의 업무뿐만 아니라 실습생 스스로 사회복지사의 꿈을 다질 수 있는 시간이 적절하게 배치되어 더욱 열심히 실습을 진행할 수 있었다고 생각한다.

2. 실습 내용 및 역할에 대한 평가

1) 지역사회현황조사

지역사회현황조사를 통해 ㅇㅇ시의 인구학적 특성, 욕구, 지역자원, 거주시설, 이용시설 등의 자료를 파악해 보았다. 그리고 자료를 해석하여 ㅇㅇ에서 진행하고 있는 사업 하나를 선정하여 이 사업이 왜 ㅇㅇ에 필요한 사업인지 해석하는 시간을 가졌다. 나는 중증장애인주택개조사업에 대해 조사했다. 조사를 하면서 필요한 데이터 자료를 시청, 경기도 데이터 드림, 통계청 등의 사이트에서 직접 찾는 법을 배울 수 있었고 데이터 자료를 해석하는 방법을 알 수 있어서 좋았다. 또한, 자신이 찾은 데이터 자료가 대표성이 있는지 설득력이 있는지도 파악해야 한다는 것을 알았다.

2) 장애인식개선 교육

장애인식개선 교육 시간에 영화 "미 비포 유"를 시청하고 토론하는 시간을 가졌습니다. 영화 시청 후, 장애인에 대한 인식 개선 및 장애인 존엄사 제도에 대해 이야기를 나누었다. 후천적으로 장애를 가지게 된 사람들이 느끼는 박탈감은 굉장히 크다는 사실을 다시금 느꼈고 이들이 다시 사회에 적응하여 살기 위해 장애인들이 편하게 생활할 수 있는 사회적 환경 개선 및 인식개선이 필요하다고 생각했다.

3) 프로그램 기획 및 진행

프로포절 기획회의 모둠활동을 통하여 실습생들이 직접 진행할 프로그램을 기획해보고 사업계획서를 작성하였다. 동료 실습생과 발달장애 아동의 에너지 발산 및 사회성 향상을 위한 신체활동 프로그램 "작은 운동회"를 기획해 보고 사업계획서를 작성해 보았다. 사업 필요성에 대해 작성할 때 그 필요성에 대한 근거를 논문과 설문조사 등에서 내용을 찾아 설득력 있게 스토리텔링을 해야 한다는 것을 알았다. 또한, 목적과 목표를 설정할 때는 목표가 이루어지면 자연스럽게 목적이 달성될 수 있게끔 설정을 해야 한다는 것을 알았다. 따라서 목표는 목적보다 다 자세하고 세밀하게 작성되어야 한다. 프로그램을 기획하고 진행해 보면서 이용자의 특성을 파악하여 이용자가 진행하기 적합한 프로그램을 기획하는 것이 중요하다고 느꼈다.

4) 사례지원 가정방문

사례지원 가정방문시간을 통해 ㅇㅇ읍에 거주하고 있는 이용자의 가정에 직접 방문하여 상담하는 것을 참관하였다. 가정에 방문하여 상담을 진행하면서 이용자와 이용자의 어머니의 현재의 상황과 필요한 지원 등을 파악하였고 상담기록서를 작성하면서 그들의 강점이 무엇인지 고민해 보았다. 이용자의 강점을 파악하고 역량을 강화하여 재능과 자원을 개발하는 것도 중요하지만 그들이 가지고 있는 현재의 문제를 파악하여 이에 맞는 제도나 서비스를 연계하는 것도 중요한 부분이라고 느꼈다.

3. 실습목표에 대한 평가

1) 구체적이고 적절한 목표 설정 여부

목표의 측면	실습목표	목표성취 전략들	평가방법	진행사항
실습지도에 대한 태도	1. 자신의 가치관을 적립하고 역량을 강화한다.	실습을 통해 복지현장을 경험해보고 나의 적성이 복지 관련 업무에 적합한지 스스로를 분석해 보고 자신의 강점과 약점을 파악해 본다.	실습을 진행하면서 사회복지사로서 실습생 자신의 장점과 단점을 파악해 보고 자신의 장점을 현장에서 활용할 방안, 단점을 보완할 방안을 작성해 본다.	중간평가에서 자신의 성격의 장단점을 파악하였다. 종결평가에서는 장점은 현장에서 어떤 방식으로 활용할지 단점은 어떤 방식으로 보완 및 극복 할지 작성하였다.

전문적 태도와 관계 형성	2. 장애인 분야에 관한 흐름을 이해한다.	장애 관련 이슈 2개를 찾아본다.	장애 관련 이슈 두 가지를 찾아보고 그 이슈에 관한 기사를 찾아 읽어보고 스크랩하여 개인 블로그에 업로드한다.	중간평가에서 장애인주차관련 이슈에 대한 기사 3개를 스크랩하여 블로그에 기재하였다. 종결평가에서는 장애아동 교육권 보장에 대한 내용의 기사를 스크랩하여 블로그에 업로드하였다.
정책 및 행정 분야	3. 장애인복지제도에 대해 이해한다.	장애인복지제도 5개를 조사하고 파악한다.	장애인복지제도 건강지원분야 정책 5가지를 수급요건, 혜택, 신청방법을 조사한다.	건강지원 분야 장애인복지제도를 조사하여 엑셀 파일로 정리 및 ppt를 작성하여 발표를 진행했다.
개인에 대한 개입	4. 클라이언트의 강점을 파악할 수 있다.	실제 클라이언트와 상담을 진행하는 것에 어려움이 있다. 그러므로 실습생들 간 상담을 통해 타인의 강점과 특성을 파악하는 훈련을 해본다.	동료 실습생들과의 상담을 통해 타인의 강점과 특성을 파악해 보고 상담기록서를 작성해 본다.	직접 클라이언트의 가정에 방문하여 상담에 참관할 기회가 생겨 직접 상담에 참여하여 상담일지를 작성해 보는 것으로 목표를 수정하여 진행하였다.

2) 목표의 달성 여부

목표 1. 자신의 가치관을 적립하고 역량을 강화한다. (사회복지사로서 성격 장단점 파악)

타인의 이야기를 들어주는 것을 좋아하는 장점은 현장에서 클라이언트와의 상담을 진행할 시 경청하는 자세를 통해 공감과 필요한 반응을 함으로써 클라이언트와의 초기 관계 형성에 도움이 될 수 있다고 생각한다. 침착한 성격은 기관에서 돌발상황 발생 시 당황하지 않고 차분하게 대처할 수 있다는 점에서 장점을 현장에 녹여낼 수 있다고 생각한다.

나의 의견을 남들에게 어필하는 것을 어려워한다. 소심한 성격이 단점이라고 할 수 있다. 사회복지는 사람을 만나는 직업이기에 이러한 성격은 고쳐야 한다고 생각한다. 앞으로도 복지시설에서 꾸준히 자원봉사를 하며 사람들과 만남으로써 타인에게 먼저 다가갈 수 있는 성격이 되도록 노력할 예정이다.

목표 2. 장애인 분야에 관한 흐름을 이해한다.

교육받을 권리는 장애인이 비장애인과 같이 진정한 사회인으로 성장하고 발전하기 위한 필수적인 권리이다. 특히 장애인에게 교육은 자주적인 생활 능력을 기르고 사회참여를 돕는 중요한 통로라는 점에서 장애인 교육권을 보장해야 한다고 생각한다. 따라서 장애학생이 입학하는 학교는 필수적으로 특수학급을 설치해야 하고 이를 거부할 시 일반 학급을 감축하는 등의 방안을 강화해야 한다.

목표 3. 장애인복지제도에 대해 이해한다.

건강지원 부분 장애인복지정책을 지원내용, 지원대상, 신청방법, 문의처 등을 조사해보고 정책을 엑셀 파일로 정리 및 발표를 진행하였다. 복지정책에 관한 내용을 찾는 방법 및 실습생들이 조사한 정책의 내용도 발표를 통해 서로 공유하는 시간을 가짐으로써 여러 장애 관련 정책들을 파악할 수 있었다. 현재 사회서비스를 필요로 하는 사람에게 일종의 이용권을 발급해서 서비스를 받을 수 있는 바우처 형식의 정책이 많다는 사실을 알았다.

목표 4. 클라이언트의 강점을 파악할 수 있다.

상담에 실제로 참여해 보면서 이용자의 강점을 파악하고 역량을 강화하여 재능과 자원을 개발하는 것도 중요하지만 클라이언트와 가족들이 가지고 있는 현재의 문제와 강점을 파악하여 이에 맞는 제도나 서비스를 연계하는 것도 중요한 부분이라고 느꼈다.

4. 서비스 실천과정에 대한 평가 / 정책 및 행정 실습에 대한 평가

구분	내용
문제 파악 및 자료수집능력/ 문제인식능력	장애인복지정책을 조사하기 위하여 복지로, 00청, 사회서비스 전자바우처 사이트를 통해 정보를 수집하였다. ㅇㅇ시의 인구학적 특성, 욕구조사, 이용시설, 거주시설 등 00시의 지역사회현황을 조사하기 위해 남양주 시청, 통계청, 경기데이터드림, KOSIS 국가통계포털 사이트를 통해 데이터 자료를 검색하고 필요한 자료를 수집하였다. 위와 같은 활동으로 필요한 데이터 자료를 수집하는 방법을 배웠고 그 자료를 해석하여 설득력 있는 근거를 제시하는 법을 알았다.
클라이언트와의 전문적인 관계 형성/ 유관기관 및 관련된 사람들과 전문적인 관계 형성	프로그램 초등부/중 · 고등부 활동 보조로 참여하여 이용자들과 관계를 형성하였다. 전문적 지식과 경험이 부족하다 보니 이용자들의 전문적인 관계를 형성하여 객관적으로 상황을 판단하기보다는 감정적인 유대관계 형성에서 그쳤다고 생각한다. 추후 자원봉사를 꾸준히 진행하면서 이용자와 대면하는 경험을 많이 쌓아 전문적인 관계를 형성할 수 있는 기술을 배양하고자 한다.
기록 기술	실습일지 및 상담기록서와 같은 과제물은 활동 당일 기억이 생생한 상태에서 기록해야 더 좋은 결과물이 나온다고 생각하여 당일에 바로 작성하고자 노력하였다. 사례지원 가정방문을 통해 직접 이용자의 가정에 방문하여 상담을 참관하고 상담기록서를 작성하였다. 상담기록서를 작성할 때는 본인의 주관이 들어가지 않게 최대한 객관적으로 기록해야 하지만 상담기록서를 작성하면서 나의 주관이 들어가는 부분이 많았다. 따라서 상담을 통해 얻은 자료를 객관적으로 정리하는 훈련이 필요할 것 같다.

5. 실습생의 자원 활용에 대한 평가(인적, 물적 자원)

1) 기관 외의 자원 활용

- 장애인 관련 정책을 조사하면서 복지로, ㅇㅇ시청, 사회서비스 전자바우처 사이트를 통해 정책을 조사하였다.
- ㅇㅇ시 인구학적 특성을 파악하기 위해 남양주 시청, 통계청, 경기데이터드림, KOSIS 국가통계포털 사이트를 통해 통계 데이터 자료를 탐색하였다.
- 중증장애인주택개조사업의 필요성을 제시하기 위하여 국토교통부 통계연보의 자료를 해석하였다.
- 발달장애 아동의 에너지 발산 및 사회성 향상을 위한 신체활동 프로그램 계획서 작성 중 전국장애인부모연대에서 발달장애자녀를 둔 부모를 대상으로 한 설문조사 자료를 해석하였다.

2) 실습과 관련된 참고서적의 활용

- 발달장애 아동의 에너지 발산 및 사회성 향상을 위한 신체활동 프로그램 계획서 작성 중 관련 전문서적을 활용하였다.

6. 실습에 임하는 자세에 대한 평가

1) 시간 준수, 과제 제출

주어진 과제를 시간 내에 제출하기 위하여 일의 순서를 매기며 과제를 진행하였다. 처음 일지를 작성하였을 때에는 작성하는 것이 익숙하지 않아 많은 시간을 들여 작성하였으나, 실습이 진행될수록 일지 작성 시간이 줄어 빠르게 제출할 수 있었다. 초반에는 교육 중간 비는 시간을 이용하지 못했지만 후반부에는 중간에 비는 시간을 활용하여 보다 효율적으로 과제를 수행할 수 있었다.

2) 주어진 일에 대한 업무조절 능력

실습을 진행하면서 지역사회현황 조사, 장애인 정책 조사, 프로포절 기획회의 등 팀별로 진행되는 과제가 많았다. 서로 의견을 조율하는 점에 있어 개인 과제보다 소요 되는 시간은 길었다. 하지만, 그 안에서 서로의 역할을 분담하고 책임감 있게 각자의 역할을 수행함으로써 보다 효율적으로 과제를 수행할 수 있었고 더 높은 수준의 과제를 완성할 수 있었다.

7. 전문적 태도에 대한 평가

1) 사회복지사로서 실습생 자신의 장·단점에 대한 인식

타인의 이야기를 들어주는 것을 좋아하는 장점은 현장에서 클라이언트와의 상담을 진행할 시 경청하는 자세를 통해 공감과 필요한 반응을 함으로써 클라이언트와의 초기 관계 형성에 도움이 될 수 있다고 생각한다. 침착한 성격은 기관에서 돌발상황 발생할 시 당황하지 않고 차분하게 대처할 수 있다는 점에서 장점을 현장에 녹여낼 수 있다고 생각한다. 나의 의견을 타인에게 어필하는 것을 어려워하는 성격, 즉

소심한 성격이 단점이다. 앞으로 사회복지사로 활동하기 위해서는 성격은 고쳐야 한다고 생각한다. 그 동안 성격을 바꾸기 위해 많은 노력을 해 왔지만, 앞으로도 복지시설에서 꾸준히 자원봉사를 하며 사람들과 만남으로써 타인에게 먼저 다가갈 수 있는 성격이 되도록 계속해서 노력할 예정이다.

8. 실습지도 활용 정도에 대한 평가

1) 실습생 자신의 실습지도 활용 정도에 대한 평가

지역사회현황 조사를 통해 통계 자료를 찾아 직접 해석해 봄으로써 대표성이 있는 자료를 설득력 있는 근거로 제시할 수 있는 방법에 대해 알 수 있었다. 이러한 점을 배우고 프로그램에서 진행할 사업계획서를 작성할 때 설문조사를 토대로 한 데이터 자료를 기반으로 하여 설득력 있는 필요성을 제시할 수 있었다. 이러한 활동을 통해 대표성이 있는 자료를 찾아 설득력 있는 근거를 드는 방법을 알게 되었고 이는 복지관이 아니어도 다양한 업무를 볼 때 활용 가능하다고 생각되어 굉장히 유익한 시간이었다.

2) 실습지도 자체에 대한 평가

체계적인 실습 일정과 팀별 사업소개를 통해 복지관에서의 사회복지사의 업무에 대해 자세히 배울 수 있었다. 또한, 시원한 여름나기 가정방문, 사례지원 가정방문, 프로그램 참관 등 이용자와 직접 대면할 수 있는 경험을 쌓을 수 있어 좋았다. 기관에서 실습생에게 해줄 수 있는 최대한의 교육과 경험을 제공해 주려 한 점이 매우 감사했다.

9. 기관 시설에 대한 느낀 점

실습 첫날 장애인복지관 라운딩을 해보면서 정말 규모가 크고 시설이 잘 갖추어진 기관이라고 생각이 들었다. 올해 개관한 신설 기관이다 보니 여러 가지 측면을 많이 신경 쓴 것이 보였다. 우선 문에 턱이 없는 설계로 휠체어를 사용하거나 걸음걸이가 불편한 이용자가 편하게 출입할 수 있는 설계가 좋았다. 그리고 기둥이 있는 벽의 바닥 부분을 질감을 다르게 하게 시각장애가 있는 이용자가 충돌할 수 있는 위험을 사전에 방지한 설계도 아주 좋았다. 이러한 점은 기관을 이용하는 이용자를 위한 세심한 배려가 기관의 시설에서 나타나고 있는 것이라 느꼈다.

10. 실습 기간 중 가장 유익했던 내용

실습하면서 가장 유익했던 내용은 장애 인식개선교육, 장애의 사회적 관점과 장애운동의 의미 교육이다. 교육을 통해 장애가 무엇인지 이해하고 장애에 대한 나의 관점을 바꿀 수 있는 시간이었다. 장애란 사회적 환경이 만드는 것이란 생각을 하게 되었다. 즉, 비장애인이 만든 시스템에 장애인을 적응시키려 하는 사회적 환경이 장애를 만든다고 생각하게 되었다. 따라서 장애에 관한 사회적 · 물리적 환경개선이 중요하다고 느꼈다. 이러한 교육을 통해 장애에 대해 바른 이해를 할 수 있었기에 유익했던 시간이라고 생각한다.

11. 실습 기관, 실습 지도자, 대한 건의사항

현장실습 160시간을 진행하면서 시원한 여름나기 가정방문, 사례지원 가정방문, 늘해랑 프로그램 참관, 보호작업장 실습 등 이용자들과 만날 기회를 제공해 주었으며, 기관이 실습생에게 지원해줄 수 있는 모든 현장교육을 지원해 주었다고 생각한다. 그러므로 건의사항은 없다.

12. 기타 하고 싶은 말

나에게 있어서 다른 사람들 앞에 서서 말하는 것은 굉장히 어려운 일이라고 생각했다. 그래서 항상 학교에서 수업을 들을 때도 발표가 없는 수업을 골라 듣는 등 발표를 하는 것을 회피해왔다. 하지만 실습은 내가 조사한 내용을 발표하고 나의 의견을 말해야 하는 날들의 연속이었다. 잘 할 수 있을까 하는 걱정과 함께 이번 기회에 부족함을 채우자는 마음으로 적극적으로 임했다. 이번 실습은 장애인복지관 현장에서의 경험뿐만 아니라 나의 부족한 점을 채울 수 있는 좋은 기회였다고 생각한다. 그 동안 실습생들을 위해 고생하신 슈퍼바이저와 직원들에게 감사하다고 전하고 싶다.

실습 종결평가서의 구체적인 작성법은 다음과 같다.

- 실습일정, 실습목표와 내용 및 역할에 대한 평가: 현재까지 경험한 실습의 경험을 검토하는 부분이다. 이 부분에서 실습지도자는 실습생이 실습일정과 내용에 대한 이해정도를 평가할 수 있으며, 사회복지실습생이 아닌, 사회복지사로서의 역할에 초점을 맞춰서 평가하게 된다. 따라서 실습생은 일정에 따라 어떤 목표와 내용으로 실습이 진행되었는지 정리하고 각 일정에 따른 실습생의 역할을 정리, 평가해 봄으로써 실습 기간 동안 느꼈던 성취감과 만족감을 회상하고 클라이언트와의 상호작용을 돌이켜 보면서 작성해야 한다.
- 실습목표에 대한 평가: 실습 초기에 설정한 실습생의 개별적인 실습목표가 적절하게 설정되었다고 판단되는지, 실습목표는 어느 정도 달성이 되었는지에 대해서 항목별로 실습생 스스로 세부적이고 구체적으로 평가해 보고, 미충족된 부분이 있다면 그 원인을 명확히 제시하는 것이 좋다.
- 서비스 실천과정에 대한 평가(혹은 정책 및 행정실습에 대한 평가): 전문가로서 실습생 자신이 수행한 사회복지서비스 실천의 전 과정을 단계별로 평가한다. 접

수면접부터 종결까지 클라이언트를 위해 개입했던 서비스 실천과정에서 발생했던 상호작용과 역동, 실습생 자신의 개입 등을 서술하고 평가해야 한다. 실습생의 업무 역량에 대한 평가로, 문제파악 및 자료수집 능력(문제인식능력), 문제 사정(분석)능력, 개입기술, 면접기술, 기록기술, 클라이언트와의 전문적인 관계 및 네트워크와 관련된 평가를 하면 된다. 능력에 대한 평가인 만큼 평가가 부정적이기보다는 강점 중심으로, 발전 지향적으로 작성하는 것이 좋다.

- 실습생의 자원 활용에 대한 평가(인적, 물적 자원): 실습생이 실습을 수행하기 위해 활용했던 자원을 인적 자원과 물적 자원으로 나누어 평가한다. 인적 자원으로는 실습생 주변의 인적 네트워크를 떠올려 보며 실습에 도움을 주었던 사람들을 평가한다. 여기에는 슈퍼바이저의 실습지도 및 대학에서의 실습교육 혹은 세미나 등이 포함된다. 물적 자원으로는 실습을 수행하기 위해 활용한 서적, 장비 등 다양한 기자재 및 도구, 금전적 자원 등을 정리하고 평가해야 한다.
- 실습에 임하는 자세에 대한 평가: 업무관리, 직원과의 관계, 동료 실습생과의 관계, 실습에서의 적극성 및 자발성을 긍정적인 측면에서 적극적으로 표현하는 것이 좋다.
- 전문적 태도에 대한 평가: 실습생이 클라이언트와의 상호작용에서, 슈퍼바이저와의 관계에서, 동료 실습생과의 교류에서 전문가로서 어떠한 자세와 태도를 가지고 이들을 대하였는지 평가한다. 전문적 태도 중 실습생이 특별히 유용하게 사용했던 태도나 역할이 있었다면 이를 명시하고 그에 따른 상황을 묘사하면서 평가하는 방법도 바람직하다.
- 실습지도 활용 정도에 대한 평가: 실습생 자신의 실습지도자와 실습지도교수를 어느 정도 자원으로 활용하였는지, 각각의 슈퍼비전을 어느 정도 반영하였는지에 대해 객관적으로 평가하는 것이 좋다.
- 기관 이해도에 대한 평가: 실습생의 과업과 관련된 기관의 목적, 행정 절차에 대한 이해를 평가하고, 실습생으로서의 기관 내의 권한과 한계에 대한 인식이나 느낀 점을 객관적으로 평가하면 된다.

- 실습 기간 중 가장 유익했던 내용과 가장 안 좋았던 내용: 실습 경험에 대한 긍정적 혹은 부정적 경험에 대해 회상하고 정리한다. 안 좋았던 내용을 서술할 경우에는 이에 대한 대안을 함께 제안하는 것이 좋다.
- 실습기관, 실습지도자, 대학에 대한 건의사항: 실습과정 전반에 대한 느낌과 경험을 토대로 자유롭게 의견을 제시하되, 감정적이거나 부정적인 표현보다는 논리적이고 발전적인 입장에서 건의하는 것이 좋다.

Chapter 08
실습기관의 종결면담과 현장실습 종합보고서 학교 제출

1. 종결면담의 의의와 준비사항

현장실습의 마지막 과정인 종결면담은 실습생과 실습기관의 실습지도자가 실습 전반에 대해 심도 있게 평가하고 피드백을 주고받는 중요한 소통의 장이다. 이 종결면담은 실습생이 현장에서 경험한 실천과정과 학습 내용을 종합적으로 되돌아보며, 자신의 강점과 보완점, 전문적 성장 가능성을 명확히 파악하는 기회가 된다. 또한, 실습지도자는 실습생의 역량 발달 정도를 객관적으로 평가하고, 향후 발전 방향에 대한 조언을 제공함으로써 실습을 교육적 의미로 마무리한다.

종결면담을 준비할 때는 실습생이 자신이 작성한 실습일지, 활동기록, 기관 분석보고서 등 실습 관련 문서들을 충분히 복습하고, 중간평가 및 슈퍼비전 과정에서 받은 피드백을 반영하여 자기성찰과 성장 과제를 정리하는 것이 중요하다. 또한 종결면담에서 효과적인 의사소통을 위해 실습생은 다음 사항을 점검하고 준비하는 것이 바람직하다.

- 실습 중 달성한 목표와 실천한 활동을 체계적으로 요약한다.
- 어려웠던 점과 그 극복 과정, 배운 점을 구체적으로 정리한다.
- 앞으로의 보완점과 전문적 성장 방향에 대해 스스로 계획을 세운다.
- 실습지도자에게 묻고 싶은 질문이나 의견을 미리 준비하여 면담에 적극 참여한다.

2. 현장실습 종합보고서 학교 제출 및 유의사항

실습생은 실습을 종료한 후 실습지도교수의 안내에 따라 반드시 대학의 학과사무실 실습담당 조교에게 '사회복지현장실습 종합보고서 필수서류 9종'을 제출해야 한다. 현장실습 종합보고서 필수서류의 제출은 학점이수는 물론이고 사회복지사

자격증 취득과도 직결되는 중요한 행정 절차이므로 표지[1)]와 함께 필수서류에 잘못된 부분이 없는지 세밀하게 점검한 후 제출해야 한다. 사회복지현장실습 종합보고서 필수서류 제출 9종은 다음과 같다.

1) 사회복지현장실습기관 선정 확인서
2) 실습생 출근부
3) 실습일지
4) 실습기관 분석보고서
5) 실습 중간평가서
6) 실습 종결평가서
7) 실습평가서(교육기관 발송용)
8) 실습지도자(슈퍼바이저) 평가척도
9) 사회복지현장실습 확인서

3. 실습 이후의 진로 설계와 성장 방향

현장실습은 예비 사회복지사로서 전문적 첫발을 내딛는 중요한 단계이며, 실습을 마친 후에는 자신만의 진로 설계와 지속적 성장 계획을 구체적으로 세우는 것이 필요하다. 우선, 실습 경험을 바탕으로 자신이 관심 있는 사회복지 영역을 명확히 하여 해당 분야의 전문성을 심화하는 방향을 모색해야 한다. 예를 들어 아동복지, 노인복지, 장애인복지, 지역사회복지 등 다양한 분야 중에서 자신의 적성과 목표에 맞는 분야를 선정하고, 관련 자격증 취득, 심화 학습, 인턴십 등의 추가 경험을 계획하는 것이 바람직하다.

또한 실습과정에서 발견한 자신의 강점과 보완점에 대해 자기성찰을 지속하며,

1) 이 책의 부록 2 참조.

전문성 향상을 위한 학습 목표를 설정한다. 예를 들어 상담기술 강화, 사례관리 역량 개발, 윤리적 의사결정 능력 향상 등을 중점적으로 발전시킬 수 있다. 진로설계 과정에서는 이력서 작성, 자기소개서 작성법, 면접 준비, 네트워킹 등 취업 활동에 필요한 실질적인 준비도 병행해야 하며, 실습 경험을 적극적으로 활용해 자신의 경쟁력을 높여야 한다.

마지막으로, 멘토링이나 슈퍼비전 관계를 유지하여 현장 실무에서 발생하는 어려움을 조언받고 지원받는 체계를 마련하는 것이 중요하다. 이를 통해 지속적인 전문성 개발과 직무 만족도를 높일 수 있다. 이처럼 실습 이후의 체계적인 진로설계와 자기 성장 노력은 사회복지사로서 성공적인 경력 개발과 평생학습의 기반이 된다.

Practice-Based Field Education in **Social Work**

PART 04

실습생에게 필요한 사회복지현장실무

Chapter 09
사회복지실천기술의 가치와 윤리

1. 사회복지사의 기본가치와 개정 윤리강령의 핵심 내용

사회복지실천의 핵심 가치는 인간 존엄성의 존중, 사회정의의 실현, 인간관계의 중요성, 클라이언트에 대한 신뢰, 그리고 전문직으로서의 윤리적 책임에 기반한다. 사회복지사는 다양한 환경에서 서비스 이용자의 권리를 보호하고, 지역사회와 사회 전반의 공익을 증진시키는 역할을 수행한다.

2023년 개정된 사회복지사 윤리강령은 이러한 가치와 역할을 구체적으로 반영하며, 변화하는 사회 환경과 실천 현장의 복잡성을 고려하여 다음과 같은 핵심 영역과 관련 조항을 강조하고 있다.

1) 인간 존엄성과 권리 보호에 대한 책무 강화

사회복지사는 모든 인간의 존엄성과 고유한 가치를 존중하며, 차별 없이 평등하게 대우할 의무가 있다. 특히 사회적 소수자와 취약계층에 대해 적극적 권익옹호를 수행해야 하며, 클라이언트의 자율성과 자기결정권을 우선시한다.

- **윤리강령 조항** [1-1] "사회복지사는 인간의 존엄성과 가치를 최우선으로 존중하며, 모든 사람을 차별 없이 공정하게 대우해야 한다."
- **조항** [1-2] "사회복지사는 클라이언트의 자기결정권을 존중하고, 자율적인 선택을 지지한다."
- **조항** [1-5] "사회복지사는 사회적 약자와 소수자의 권리를 옹호하고, 불공정한 제도나 차별적 구조에 맞서야 한다."

2) 비밀보장과 개인정보 보호에 대한 책임 명확화

개정 윤리강령은 정보화 사회의 특성을 반영하여 클라이언트의 개인정보 보호와 비밀보장을 보다 엄격히 규정하고 있다. 실습생을 포함한 사회복지사는 디지털 기록, 사진, 영상, 온라인 커뮤니케이션에서 발생할 수 있는 정보 유출을 방지할 책임이 있다.

- **윤리강령 조항 [1-8]** "사회복지사는 클라이언트의 개인정보를 보호하고, 정당한 사유나 동의 없이 제3자에게 공개해서는 안 된다."
- **조항 [1-9]** "디지털 문서, 사진, 영상, 전자기기를 통한 정보 수집 및 저장 시에도 비밀보장의 원칙이 동일하게 적용된다."

3) 전문성 유지와 지속적 자기계발에 대한 의무 강조

사회복지사는 전문직으로서 자신의 실천 역량을 유지 · 강화하기 위해 지속적인 학습과 교육을 이수해야 한다. 특히 윤리적 판단능력, 법적 지식, 사회 변화에 대한 민감성을 기르기 위해 정기적인 슈퍼비전과 동료 피드백을 활용해야 한다.

- **윤리강령 조항 [2-1]** "사회복지사는 자신의 전문성을 유지하기 위해 최신 이론, 실천기술, 윤리기준에 대해 지속적으로 학습한다."
- **조항 [2-3]** "윤리적 판단 능력 향상을 위해 정기적 교육과 슈퍼비전에 적극 참여해야 한다."

4) 윤리적 갈등 상황에 대한 체계적 대응 지침 마련

현장에서는 다양한 윤리적 딜레마가 발생할 수 있다. 이에 개정 윤리강령은 의사결정의 절차와 책임 있는 대응을 강조하며, 단독 판단이 아닌 팀 기반의 논의와 보고 체계를 활용할 것을 권장한다. 실습생은 이러한 상황에서 지도교수나 실습지도자에게 즉시 알리고 도움을 요청해야 한다.

- **윤리강령 조항 [2-5]** "사회복지사는 윤리적 딜레마가 발생했을 때 관련 규정과 동료, 기관의 지원체계를 통해 투명하게 문제를 해결해야 한다."

- **조항 [2-6]** "문제 해결의 모든 과정을 문서화하고, 관련 기관의 윤리적 기준과 법률을 검토해야 한다."

5) 사회적 책임과 공공성의 실천 강조

사회복지사는 단순히 개인을 대상으로 서비스를 제공하는 데 그치지 않고, 보다 넓은 사회적 맥락 속에서 공공선과 사회정의 실현에 기여해야 한다. 제도적 불평등이나 사회적 소외 문제를 개선하는 데에도 책임이 있으며, 사회 변화와 구조개혁을 위한 실천이 요구된다.

- **윤리강령 조항 [3-2]** "사회복지사는 사회적 불평등, 차별, 억압의 구조에 대해 비판적으로 성찰하고, 이를 개선하기 위해 노력해야 한다."
- **조항 [3-4]** "사회복지사는 지역사회 발전과 사회 정의 실현을 위한 공익활동에 적극적으로 참여해야 한다."

이러한 2023년 개정 윤리강령은 실습생에게도 동일하게 적용되어야 할 기준이며, 실습과정에서 발생할 수 있는 다양한 윤리적 상황에 대해 명확한 행동지침을 제공한다. 실습생은 이 강령을 단순한 규칙이 아닌 전문직으로서의 태도와 판단을 위한 내면화된 기준으로 삼아야 하며, 이를 바탕으로 신뢰받는 예비 사회복지사로 성장해 나가야 할 것이다.

2. 현장에서 마주치는 윤리적 딜레마와 실천기술

사회복지현장은 가치가 충돌하거나 선택의 기준이 명확하지 않은 윤리적 딜레마 상황이 빈번하게 발생하는 공간이다. 실습생 역시 이러한 상황에서 적절한 판단을 요구받을 수 있으며, 때로는 교육기관이나 실습기관의 지침 사이에서 혼란을 겪기도 한다. 가장 흔한 갈등은 비밀보장의 원칙과 클라이언트 안전 보호 의무 간의 충돌이다.

1) 위기상황에 처한 청소년 클라이언트의 사례

실습생이 청소년 클라이언트와의 면담 중 자해 충동이 있다는 진술을 듣고도, 클라이언트가 이를 부모나 타인에게 알리지 말 것을 강하게 요구하는 경우를 생각해보자. 이 상황은 클라이언트의 자기결정권과 비밀보장, 그리고 클라이언트의 생명 보호라는 두 가치가 충돌하는 전형적인 윤리적 딜레마다.

이러한 상황에서 실습생은 다음의 단계를 거쳐 윤리적으로 대응할 수 있다.

① 현장의 규정과 2023년 윤리강령 검토: "사회복지사는 타인의 생명과 안전에 중대한 위험이 있다고 판단되는 경우, 클라이언트의 동의 없이도 정보를 공유할 수 있다." (윤리강령 조항 [1-9] 참조)

② 실습지도자와의 즉각적인 논의: 윤리적 판단은 독자적으로 내리는 것이 아니라 전문가와 함께하는 의사결정 체계를 통해 해결해야 한다.

③ 투명한 문서화 및 클라이언트와의 신뢰 유지: 정보를 공유해야 할 경우, 사전에 그 이유를 설명하고, 가능한 한 클라이언트의 참여를 유도하는 방식으로 접근해야 한다.

2) 로웬버그와 돌고프의 윤리적 결정 7대 원칙

사회복지실천에서는 서로 충돌하는 가치 사이에서 판단을 내려야 하는 윤리적 딜레마가 빈번히 발생한다. 특히 실습생은 현장 경험이 부족한 상태에서 이러한 갈등 상황에 직면할 경우, 가치 판단과 결정 과정에서 어려움을 겪을 수 있다. 이럴 때 윤리적 결정 7대 원칙은 실천적 판단을 위한 구조화된 기준을 제공한다.

이 원칙들은 적용에 있어 다음과 같이 명확한 우선순위가 있으며, 우선순위에 따라 다음과 같이 해석하고 적용해야 한다. 이 기준에 따라 실습생은 클라이언트의 생명과 안전을 최우선으로 보호하는 방향에서 비밀보장을 제한하는 것이 윤리적으로 정당화될 수 있다.

① 순위: 인간 생명의 보호(Protection of Life)

가장 최우선으로 고려해야 할 원칙은 인간의 생명을 보호하는 것이다. 클라이언트가 자해, 자살, 타인에 대한 위해 가능성을 드러낼 경우, 실습생은 비밀보장보다 생명 보호를 우선시해야 하며, 즉각적인 조치와 보고가 필요하다(예: 실습 중 한 청소년 클라이언트가 자해 충동을 표현한 경우, 실습생은 이를 비밀에 부쳐야 할지 고민하기보다 즉시 실습지도자에게 보고하고 위기 개입을 요청해야 한다).

② 순위: 인간의 자유와 자율성 보호(Equality and Autonomy)

클라이언트가 자신의 삶과 선택에 대해 최대한 자율적으로 결정할 수 있도록 존중해야 한다. 다만 이 자율성은 ①의 생명 보호와 충돌하는 경우 제한될 수 있다. 실습생은 클라이언트의 자기결정권을 최대한 보장하면서도, 그 선택이 타인이나 본인의 생명 · 안전에 위해가 될 경우 적절히 개입해야 한다(예: 클라이언트가 치료 거부를 선택했을 때, 자율성을 존중하되 그 결정이 생명에 심각한 영향을 미친다면 개입의 정당성이 부여된다).

③ 순위: 최소 피해(Least Harm)

선택 가능한 행동들이 모두 일정한 피해를 수반할 때, 그중 가장 피해가 적은 쪽을 선택하는 것이 이 원칙의 핵심이다. 실습생은 비밀보장, 자율성, 정직성 등 여러 가치가 충돌하는 상황에서, 피해를 최소화할 수 있는 결정을 추구해야 한다(예: 중독 문제를 가진 클라이언트의 음주 사실을 보호할 것인지 가족에게 알릴 것인지 고민할 때, 클라이언트의 신뢰를 해치지 않으면서도 치료적 개입이 가능한 절충안을 모색해야 한다).

④ 순위: 삶의 질(Quality of Life)

사회복지사는 클라이언트가 단순히 생존을 넘어 삶의 질을 향상시킬 수 있도록 돕는 것을 목표로 한다. 실습생은 현장에서 클라이언트의 주거, 건강, 인간관계, 심리적 안녕 등 삶 전반의 질적 요소를 고려하여 판단하고 개입해야 한다(예: 복지 서비스를 신청할 때 최소 기준만 충족시키는 접근이 아니라, 클라이언트의 삶이 실질적으로 개선되도록 추가 자원이나 대안을 함께 모색한다).

⑤ 순위: 사생활 보호 및 비밀보장(Privacy and Confidentiality)

사회복지사는 클라이언트의 사적인 정보와 이야기, 상황을 외부에 누설하지 않을 의무가 있다. 그러나 이 원칙은 앞의 ① 생명 보호나 ② 자율성과 충돌할 경우, 일정한 조건 아래 제한될 수 있다. 실습생은 기관의 비밀보장 정책과 학대, 자살 위험 등에서 법적 예외 상황을 정확히 숙지해야 한다(예: 가정폭력을 암묵적으로 고백한 여성 클라이언트의 말을 비밀에 부쳐야 할지 고민될 경우, 생명과 안전에 관한 원칙이 우선됨을 고려해야 한다).

⑥ 순위: 진실성과 정보 제공(Truthfulness and Full Disclosure)

클라이언트가 스스로의 삶을 결정할 수 있도록 충분하고 정확한 정보를 제공하는 것은 윤리적 실천의 기본이다. 실습생은 지나친 조언이나 조작 없이, 클라이언트가 판단할 수 있도록 정보를 제공하되, 그 정보가 해를 끼치지 않도록 신중하게 전달해야 한다(예: 서비스 자격 조건, 권리, 의무 등에 대해 왜곡 없이 알리고, 결정은 클라이언트가 내릴 수 있도록 돕는다).

⑦ 순위: 전인적 성장 기회 보장(Protection of Personal Development)

사회복지실천은 단기적 문제 해결에 그치지 않고, 클라이언트가 자아를 실현하고 사회적 역할을 수행하며 성장할 수 있도록 돕는 것을 목표로 한다. 실습생은 클라이언트를 문제의 대상으로 보는 것을 넘어, 잠재력과 성장 가능성을 지닌 인격체로 바라보아야 한다(예: 취업지원 실습 중 청년 클라이언트에게 단순 구직정보 제공을 넘어서 진로 탐색, 역량 개발 기회를 제안하는 것이 이 원칙의 실천이다).

이러한 윤리적 충돌 사례는 실습생에게 다음과 같은 윤리적 성찰을 요구한다.

첫째, 우선순위에 따른 판단: 윤리적 가치가 충돌할 경우, 어떤 원칙이 더 본질적인지 판단하고 이를 우선시해야 한다.

둘째, 전문가와의 논의: 혼자서 결정하기보다, 실습지도자나 실습지도교수와의 협의, 법적 근거 검토 등을 통해 신중하게 판단해야 한다.

셋째, 정당한 의사결정 과정 기록: 결정의 과정과 기준을 문서화함으로써 사후 설명의 근거를 마련하고, 전문성을 입증할 수 있다.

넷째, 신뢰 회복의 노력: 윤리적 개입이 클라이언트의 신뢰를 일시적으로 해칠 수 있음을 인식하고, 지속적인 관계 회복 노력도 병행해야 한다.

이와 같이 윤리적 결정 7대 원칙은 선택이 어려운 윤리적 상황에서 실습생이 어떤 가치가 우선되는지를 판단하는 나침반 역할을 한다. 실습생은 이러한 원칙을 바탕으로 자신의 판단과 행동을 정당화하고, 실습지도자와의 논의나 피드백 과정에서도 명확한 기준을 가지고 소통할 수 있게 된다. 또한 윤리적 결정은 단지 개인적 신념이 아닌, 전문직 윤리기준과 실천적 지혜의 결합이라는 점을 이해하는 것이 중요하다.

3) 비에스텍(Biestek)의 사회복지실천 7대 원칙

① 개별화(Individualization)

모든 클라이언트를 하나의 고유한 인격체로 인정하고, 개인의 삶의 맥락과 상황에 맞춘 실천을 전개해 나가는 것을 의미한다. 사회복지사는 문제의 유사성에 기초하여 동일한 접근을 하는 것이 아니라, 각 클라이언트의 배경과 특성을 존중하며 개별화된 서비스를 제공해야 한다. 실습생 역시 클라이언트를 대상화하지 않고, 각기 다른 삶의 이야기와 욕구를 가진 존재로 대하며 진정성 있는 관계를 형성해야 한다.

② 의도적 감정표현 허용(Purposeful Expression of Feelings)

클라이언트가 자신의 감정과 정서를 자유롭게 표현할 수 있도록 지지하고 수용하는 실천 태도를 말한다. 사회복지사는 클라이언트의 분노, 두려움, 슬픔 등 다양한 감정이 문제 해결의 실마리가 될 수 있다는 점을 인식하고, 이를 억압하거나 회피하지 않는다. 실습생은 감정을 무시하거나 판단하기보다 클라이언트가 감정을 안전하게 표현할 수 있는 환경을 조성해야 하며, 그 감정의 의미를 함께 탐색할 수 있어야 한다.

③ 통제된 정서적 관여(Controlled Emotional Involvement)

클라이언트에 대한 공감과 정서적 반응을 갖되, 전문적인 거리를 유지하여 자신의 감정에 휘둘리지 않고 도움을 제공하는 실천 자세이다. 실습생은 클라이언트의 고통에 감정적으로 지나치게 동조하거나, 반대로 감정을 차단하지 않도록 균형을 유지해야 한다. 이 원칙은 감정이입과 객관성 사이의 건강한 균형을 통해 효과적인 원조관계를 유지하는 데 핵심적인 역할을 한다.

④ 수용(Acceptance)

클라이언트를 있는 그대로 받아들이고, 그 사람의 가치와 존엄성을 존중하는 실천 자세를 뜻한다. 이는 클라이언트의 외모, 언행, 문화적 배경, 과거의 선택 등을 비난하거나 조건부로 받아들이는 것이 아니라, 변화 가능성을 전제로 한 무조건적인 존중을 기반으로 한다. 실습생은 편견이나 도덕적 판단 없이 클라이언트를 전인적으로 이해하려는 자세를 갖추어야 한다.

⑤ 비심판적 태도(Nonjudgmental Attitude)

사회복지사가 자신의 도덕적 기준이나 사회적 통념을 기준으로 클라이언트를 평가하거나 판단하지 않고, 열린 자세로 그들의 경험과 삶의 선택을 받아들이는 태도를 의미한다. 실습생은 다양한 삶의 방식이 존재함을 인정하고, 자신의 가치관이 클라이언트의 의사결정에 부정적인 영향을 미치지 않도록 주의해야 한다. 이는 신뢰를 형성하고 클라이언트의 자율성을 존중하는 데 중요한 역할을 한다.

⑥ 자기결정 존중(Client Self-Determination)

클라이언트가 자신의 삶에 대한 결정을 스스로 내릴 수 있는 권리를 존중하는 원칙이다. 사회복지사는 조언이나 개입을 최소화하고, 클라이언트가 자신의 선택에 따른 결과를 경험하며 성장할 수 있도록 지원한다. 실습생은 자신의 생각을 강요하지 않고, 클라이언트가 충분한 정보에 기반한 선택을 할 수 있도록 도우며, 실수와 성공 모두를 학습의 과정으로 존중해야 한다.

⑦ 비밀보장(Confidentiality)

클라이언트와 관련된 모든 정보를 보호하고, 정당한 사유나 동의 없이는 외부에 공개하지 않는 윤리적 책임을 의미한다. 이는 클라이언트의 신뢰를 얻는 데 필수적인 요소이며, 사회복지사는 법적 의무나 위험 상황이 아닌 한, 개인의 사생활을 철저히 보호해야 한다. 실습생은 기관의 정책과 관련 법령에 따라 비밀보장의 예외 상황도 숙지하고, 정보 활용 시 적절한 동의 절차를 반드시 거쳐야 한다.

이와 같은 7대 원칙은 실습생이 사회복지사의 전문성과 윤리성을 배우는 과정에서 중심이 되는 사회복지실천의 기본적인 태도이자 실천적 지침이라고 할 수 있다.

3. 실습생으로서 지켜야 할 태도와 책임

실습생은 예비 사회복지사로서 윤리적 책임과 전문적 태도를 갖춘 성숙한 학습자로서 실천 현장에 참여해야 한다. 실습은 단순한 체험이 아니라, 전문직 윤리와 정체성을 내면화하는 훈련의 장이기 때문이다.

1) 정직성과 신뢰성 유지

모든 실습보고서, 일지, 과제 수행은 정직하게 이뤄져야 하며, 실습생은 허위 보고나 기록 조작, 임의작성 등을 절대 해서는 안 된다. 이는 사회복지사로서의 신뢰성과 전문성을 결정짓는 기본 윤리다.

- **윤리강령 조항 [2-2]** "사회복지사는 진실된 정보를 기록하고 보고할 책임이 있으며, 허위나 조작된 정보를 제공해서는 안 된다."

2) 클라이언트와의 윤리적 관계 유지

실습생은 클라이언트를 동등한 인격체로 대하며, 존중과 공감의 태도를 유지해야 한다. 개인정보는 철저히 보호하고, 클라이언트의 사적 공간이나 생활을 침해하지 않도록 주의해야 한다.

- **윤리강령 조항 [1-8]** "사회복지사는 클라이언트의 사생활을 존중하고, 정보를 비밀로 보호할 책임이 있다."

3) 피드백 수용과 자기성찰

실습 중에는 다양한 피드백과 슈퍼비전을 통해 자신의 실천을 점검하고 개선하는 기회를 갖게 된다. 실습생은 이러한 조언을 열린 자세로 수용하고, 이를 자기성찰과 전문성 향상에 적극적으로 활용해야 한다.

- **윤리강령 조항 [2-3]** "사회복지사는 자신의 전문성을 유지하고 발전시키기 위해 피드백과 슈퍼비전을 적극적으로 수용해야 한다."

4) 윤리적 판단에 대한 책임 있는 행동

윤리적 문제가 발생했을 때 실습생은 즉시 지도교수나 실습기관의 슈퍼바이저에게 보고해야 하며, 독자적으로 판단하거나 침묵해서는 안 된다. 특히 딜레마 상황에서의 적절한 보고와 기록은 책임 있는 행동의 기본이다.

- **윤리강령 조항** [2-5] "윤리적 갈등 상황이 발생했을 때, 사회복지사는 동료나 조직 내 전문가의 조언을 구하고, 책임 있는 방식으로 대응해야 한다."

이처럼 실습생은 사회복지사의 윤리강령과 실천 원칙을 바탕으로 매 순간 윤리적 선택을 요구받는 상황에 놓이게 된다. 따라서 실습생 스스로가 윤리적 자기관리 능력을 갖추고, 실천과 윤리를 연결하는 사고 훈련을 지속해야 하며, 그것이 바로 성숙한 사회복지사로 성장하는 토대가 된다.

Chapter 10
상담 및 사례관리의 실제

1. 기초 상담기술과 클라이언트 대응

사회복지현장실습에서 실습생이 처음 접하게 되는 핵심 기술 중 하나는 기초 상담기술이다. 상담은 클라이언트의 문제를 함께 탐색하고 해결방안을 모색하는 전문적인 소통과정이며, 실습생은 이를 통해 클라이언트 중심의 접근법을 체득하게 된다. 기초 상담기술에는 다음과 같은 요소들이 포함된다.

- 적극적 경청은 상대방의 말뿐 아니라 그 이면의 감정과 의미를 파악하는 능력이다. 단순히 고개를 끄덕이거나 맞장구치는 것이 아니라, 클라이언트의 감정을 비언어적으로 수용하고 공감하는 자세가 필요하다.
- 반영(Reflection)과 요약(Summarizing)은 클라이언트의 진술을 간결하게 정리하거나 감정을 되돌려주는 기술로, 클라이언트가 자신의 생각과 감정을 더 명확히 인식하도록 돕는다.
- 개방형 질문(Open-ended Questions)은 '예/아니오'로 대답하지 않는 질문을 통해 클라이언트의 이야기 흐름을 유도하며, 클라이언트의 자발적 표현을 끌어낼 수 있도록 한다.
- 침묵(Silence)의 활용도 중요한데, 적절한 침묵은 클라이언트에게 사고와 감정 정리의 시간을 제공하며 깊은 성찰을 유도할 수 있다.

실습생은 이러한 기술을 현장에서 실습지도자의 모델링을 통해 관찰하고, 실제 사례 인터뷰나 모의상담에서 반복적으로 연습하며 익히게 된다. 다만, 실습 초기에는 질문이 지나치게 많아지거나 피상적인 공감으로 흐르기 쉬우므로, 상담기술 습득은 단기적 목표가 아니라 점진적 학습과정임을 인식하고 꾸준한 피드백을 통해 성장해 나가야 한다.

2. 사례관리 단계와 실습생 역할

사례관리는 클라이언트의 복합적인 욕구를 충족시키기 위해 다양한 자원을 연결하고, 서비스 과정을 체계적으로 조정하는 전문적인 개입 방식이다. 실습생은 실습기관의 사례관리 시스템을 이해하고, 사례관리의 각 단계에서 관찰자 또는 실무보조자로 참여하게 된다. 일반적으로 사례관리는 다음의 5단계를 통해 진행된다.

1) 사례 발굴 및 초기면접

클라이언트를 발견하거나 접수한 후, 초기면접을 통해 주 호소 문제와 주요 욕구를 파악한다. 실습생은 초기면접 시 관찰자로 참여하거나 사전 인터뷰를 작성하는 데 도움을 줄 수 있다.

2) 사정

사정(Assessment)은 클라이언트의 상황을 전반적으로 평가하는 단계로, 가족관계, 경제상황, 심리 · 정서적 상태 등을 포함한다. 이 과정은 생태체계적 관점에서 클라이언트를 둘러싼 환경과 자원을 함께 고려하는 것이 중요하다.

3) 서비스 계획 수립

사정 결과를 바탕으로 개입 목표와 구체적인 서비스 내용을 설정한다. 실습생은 회의에 참여하거나 사례노트 작성, 관련 정보 조사 등의 실무보조 역할을 수행할 수 있다.

4) 서비스 제공 및 조정

클라이언트에게 실제 서비스를 제공하고, 진행 상황에 따라 계획을 조정한다. 실습생은 기관 프로그램 지원, 서비스 연계 업무를 통해 사례관리의 실무를 간접 체험할 수 있다.

5) 종결 및 평가

목표가 달성되었거나 서비스 종료가 필요할 경우, 사례를 종결하고 평가한다. 이 과정에서 실습생은 종결면담에 참관하거나 종결보고서 초안을 작성하며 클라이언트의 변화 과정을 이해하게 된다.

사례관리에서 실습생은 단순한 관찰자에 그치지 않고, 체계적인 기록과 윤리적 태도를 기반으로 한 적극적인 학습자로서 역할을 수행해야 한다. 특히 개인정보 보호, 클라이언트에 대한 존중, 개입 내용의 투명한 공유 등 전문적 윤리기준을 준수하는 자세가 요구된다.

3. 사례회의 참관 시 유의점

사례회의는 사회복지실천의 전문성과 협업능력을 가장 잘 보여주는 장면 중 하나다. 다양한 전문직 종사자들이 모여 클라이언트의 문제 해결을 위한 개입 방향을 논의하며, 실습생은 이를 통해 실천의 다각성과 협업의 중요성을 실제로 경험하게 된다. 실습생이 사례회의를 참관할 때는 다음과 같은 점을 유의해야 한다.

- 비밀보장 유지: 회의에서 공유되는 클라이언트 정보는 모두 민감한 개인정보에 해당한다. 회의 내용을 무단 녹음하거나 외부에 언급하는 것은 윤리적으로 매우 심각한 위반이다.

- 경청과 필기 중심의 자세: 실습생은 회의에 주도적으로 참여하기보다는 담당자의 설명과 논의를 집중해서 경청하고, 핵심 내용을 기록하며 실무 흐름을 파악하는 데 중점을 둬야 한다.
- 회의 전 기본 정보 사전 숙지: 회의에 참여하기 전 해당 사례에 대한 최소한의 배경지식(사례요약서 등)을 미리 파악해 두면 회의 내용을 더 잘 이해할 수 있다.
- 회의 후 피드백 요청: 회의가 끝난 후에는 실습지도자나 담당자에게 회의 과정에서 이해되지 않았던 내용이나 사례 개입 방향에 대해 질문하고 피드백을 받는 것이 학습에 효과적이다.

사례회의 참관은 실습생에게 단순한 관찰이 아닌, 전문적 의사결정과정에 대한 통찰과 실천 전략의 실제 적용을 배우는 소중한 기회다. 실습생은 이를 통해 이론과 현장의 차이를 이해하고, 나아가 사회복지사의 다차원적 역할을 실감할 수 있다.

다음 〈표 10-1〉 실습생을 위한 상담 활동 체크리스트와 〈표 10-2〉 실습생을 위한 사례관리 활동 체크리스트의 내용은 실습생이 현장에서 상담 및 사례관리 활동에 참여하며 자기점검을 할 수 있도록 항목별로 구성된 체크리스트이다. 실습일지 작성 전, 또는 실습지도자의 슈퍼비전을 받기 이전에 활용하면 자기성찰 및 실습 질 향상에 도움이 된다.

사례관리 활동을 참관하였다면 〈표 10-3〉과 같이 실습일지 작성 예시를 참고할 수 있다.

〈표 10-1〉 실습생을 위한 상담 활동 체크리스트

항목	확인
• 클라이언트의 말을 경청하고 있는가?	☐
• 감정 반영과 요약 기술을 적절히 사용하고 있는가?	☐
• 클라이언트의 자율성을 존중하는 질문을 사용했는가?	☐
• 침묵의 의미를 이해하고 적절히 활용했는가?	☐
• 클라이언트의 비언어적 표현(표정, 몸짓)을 관찰했는가?	☐

〈표 10-2〉 실습생을 위한 사례관리 활동 체크리스트

항목	확인
• 사례관리 5단계를 인지하고 있는가? (발굴-사정-계획-개입-종결)	☐
• 사례요약이나 사례기록을 정확하고 간결하게 작성했는가?	☐
• 실습기관의 사례관리 회의에 참관하거나 자료정리를 지원했는가?	☐
• 클라이언트의 민감정보를 신중히 다루었는가?	☐
• 실습지도자에게 정기적으로 피드백을 요청하고 수용했는가?	☐

〈표 10-3〉 사례관리 활동 참관 실습일지 작성 예시

항목	내용
실습일	20XX년 8월 5일 (화)
기관명	ㅇㅇ종합사회복지관
참관한 사례관리 단계	사례사정(Assessment) 단계
참여 활동	– 사례요약서 초안 작성 보조 – 가족관계도 및 생활력지도 작성 보조 – 사례기록지 작성 기준 교육 받음
배운 점	사례사정 시 클라이언트 개인만이 아니라 가족 구성원, 주거환경, 지역사회 자원 등 다양한 맥락을 함께 고려해야 함을 배움. 특히 생태체계적 관점에서 문제를 다차원적으로 파악하는 것이 중요하다는 것을 느꼈다.
실습지도자 슈퍼비전	"기록지 작성 시 객관적인 사실과 주관적 평가를 구분할 것. 클라이언트의 표현을 있는 그대로 정리하고, 실습생의 해석은 따로 정리하도록."
자기평가	오늘 활동을 통해 사례관리의 실제 흐름과 클라이언트 중심 접근의 중요성을 더 잘 이해하게 되었음. 다음 회의에서는 클라이언트의 문제 진술 요약을 직접 해보고 싶다.

Chapter 11
사회복지 실무기록 작성법

1. 사례기록지 작성법

사회복지현장실습은 단순한 참여나 관찰을 넘어, 사회복지사의 전문 실무기록을 직접 작성해 보는 중요한 학습과정이다. 실습생은 현장에서 이루어지는 다양한 문서 작성 활동을 통해 실천현장의 언어를 습득하고, 클라이언트 중심의 문제 이해와 기록기술을 내면화하게 된다.

사례기록은 클라이언트와의 면접, 상담, 사례관리 활동 등을 문서화한 것으로, 객관성 · 정확성 · 연속성이 매우 중요하다. 기록 시에는 감정표현이나 추정은 배제하고, 실제 상황과 발화를 구체적으로 기술한다. 실습생의 의견은 객관적 사실과 구분하여 명시해야 하며, 다음과 같은 구성으로 작성한다.

〈표 11-1〉 사례기록지 작성 예시

<table>
<tr><th colspan="4">사례기록지 (실습생용)</th></tr>
<tr><td>클라이언트 성명</td><td>○○○</td><td>생년월일</td><td>XXXX. XX. XX.</td></tr>
<tr><td>면접일시</td><td>20XX.07.10.(목) 14:00~14:45</td><td>장소</td><td>상담실 2</td></tr>
<tr><td>1. 면접 목적</td><td colspan="3">주거환경 개선 관련 욕구 사정</td></tr>
<tr><td>2. 주요 내용</td><td colspan="3">• 클라이언트는 현재 공공임대 신청을 희망하고 있으나 정보 부족으로 어려움을 겪고 있음
• 자녀 2인과 거주 중이며, 건강 악화로 외부 활동이 제한됨</td></tr>
<tr><td>3. 실습생 소견</td><td colspan="3">• 임대주택 신청 절차 안내 필요
• 지역 내 주거복지센터 연계 가능성 검토</td></tr>
<tr><td>4. 실습지도자 슈퍼비전</td><td colspan="3"></td></tr>
</table>

2. 활동보고서 작성법

활동보고서는 기관 내에서 이루어진 각종 프로그램이나 외부 활동에 대해 실습생이 수행한 역할, 관찰 내용, 소감 등을 보고하는 문서이다. 단순 참여보고가 아닌, 실천적 관점에서 관찰한 점과 제언을 포함해야 한다. 활동기록지 작성 시에는 비밀유지와 윤리 준수에 유의하며, 전문적 용어와 실무 절차를 정확히 반영하도록 노력해야 한다.

〈표 11-2〉 활동보고서 작성 예시

활동보고서 (실습생용)			
활동명	지역아동센터 여름캠프 지원	담당자	김ㅇㅇ 사회복지사
일시	20XX.07.11.(금) 10:00~17:00	장소	ㅇㅇ청소년수련관
1. 활동 개요	대상 아동 25명을 대상으로 한 물놀이 체험 및 협동놀이 진행		
2. 실습생 역할	안전관리 보조, 놀이활동 진행, 점심 배식 등		
3. 느낀 점 및 개선 제안	• 아이들과의 관계 형성을 통해 또래 관계의 중요성을 체득함. • 프로그램 전 아동별 특성과 주의사항에 대한 사전 공유 필요		
4. 실습지도자 슈퍼비전			

3. 상담일지 작성법

클라이언트 면접 시 작성하는 실무기록으로, 비밀보장을 기반으로 한 사실 중심 기술이 중요하다. 상담일지는 객관적인 사실과 실습생의 개입 내용을 구분하여 명확히 기록해야 하며, 사적인 평가나 감정표현은 피하고, 클라이언트의 반응을 행동 중심으로 기술해야 한다. 아울러

비밀보장 원칙을 지키며 가명 처리 등 개인정보 보호에 유의해야 한다.

〈표 11-3〉 상담일지 작성 예시

<table>
<tr><td colspan="4">상담일지 (실습생용)</td></tr>
<tr><td>클라이언트 성명</td><td>김ㅇㅇ</td><td>생년월일</td><td>19XX.XX.XX</td></tr>
<tr><td>성별</td><td>여</td><td>면담자</td><td>실습생 홍길동</td></tr>
<tr><td>연락처</td><td>010-XXXX-0000</td><td>실습지도자</td><td>박상담 사회복지사</td></tr>
<tr><td>상담일시</td><td>20XX.07.09.(수) 14:00~14:45</td><td>장소</td><td>상담실 3</td></tr>
<tr><td>1. 상담 내용 요약</td><td colspan="3">클라이언트는 최근 배우자의 실직과 자녀의 학업 문제로 인한 가족 갈등을 호소하였다. 경제적 어려움과 심리적 스트레스로 인해 불면과 식욕 저하 등의 증상을 겪고 있으며, 감정 조절이 어렵다고 보고하였다. 상담자는 클라이언트의 현재 상황을 정리하고, 위기 개입의 일환으로 긴급 지원제도 안내 및 정서지지 상담을 실시하였음.</td></tr>
<tr><td>2. 클라이언트 반응 및 태도</td><td colspan="3">상담 중 클라이언트는 차분하면서도 감정적으로 고조되는 순간이 있었으며, 특히 자녀 이야기를 할 때 울먹이는 모습을 보임. 자신의 이야기를 공감받고 이해받는 느낌을 받는다고 표현하였고, 상담 후 표정이 다소 밝아지는 모습이 관찰됨.</td></tr>
<tr><td>3. 실습생의 개입 및 질문 내용</td><td colspan="3">• 실습생은 클라이언트의 현재 정서 상태를 파악하기 위해 “요즘 가장 많이 드는 생각은 무엇인가요?”라고 질문함.
• 클라이언트의 생활 리듬에 대해 “최근 수면 패턴은 어떠신가요?”라고 확인함.
• 긴급 지원제도 안내 전, “혹시 현재까지 도움을 요청해 보신 적이 있으신가요?”라고 질문하여 서비스 이용 경험 파악함.
• 정서적 지지와 공감을 위해 “많이 힘드셨겠어요. 그 상황에서 누구라도 버티기 힘들었을 거예요”라고 반응함.</td></tr>
<tr><td>4. 향후 개입 방향 제언</td><td colspan="3">• 클라이언트의 경제적 어려움 완화를 위해 긴급복지지원제도 및 지역 내 후원 서비스 연계 필요
• 가족 갈등과 정서적 불안 완화를 위한 지속적인 개별상담 연계
• 필요시 정신건강복지센터에 초기상담 의뢰 검토
• 자녀와의 의사소통 문제에 대한 부모교육 프로그램 참여 권유 예정</td></tr>
<tr><td>5. 실습지도자 슈퍼비전</td><td colspan="3"></td></tr>
</table>

4. 문서 작성 시 주의사항과 개인정보 보호

사회복지 실무기록은 단순한 행정문서가 아닌, 전문적 개입 과정과 서비스를 명확히 전달하고 공유하는 수단이다. 따라서 모든 기록은 정확성, 객관성, 전문성을 갖추어야 하며, 실습생은 다음의 사항을 반드시 유념하여 작성해야 한다. 먼저, 기록에는 주관적인 판단이나 추측, 감정적 표현을 배제해야 한다. 클라이언트에 대한 평가나 해석을 할 때는 관찰된 사실에 근거한 내용만 기술해야 하며, 개인적인 감정이나 단정적인 표현은 지양해야 한다. 가능한 한 구체적인 행동과 대화 내용을 중심으로 기술하고, 관찰된 사실과 해석을 명확히 구분해야 한다.

문장 구성에는 구어체, 은어, 축약어, 전문용어의 남용을 피하고, 정확하고 간결한 문장으로 작성하는 것이 원칙이다. 실무기록은 다른 전문가와 정보를 공유하는 도구이므로 문장의 흐름이 자연스럽고, 의미 전달이 명확해야 한다. 불필요하게 복잡한 문장 구성이나 과도한 수식은 오히려 혼란을 초래할 수 있다. 기록 작성에 있어 가장 중요한 사항 중 하나는 개인정보 보호에 관한 원칙이다. 모든 실무기록은 「개인정보 보호법」 및 사회복지 관련 법령에 근거하여 관리되어야 한다. 실습생은 클라이언트의 실명, 주민등록번호, 주소, 전화번호 등 민감 정보는 반드시 익명 처리하거나 약호로 대체해야 하며, 클라이언트를 특정할 수 있는 구체적인 정보는 사전에 동의 없이 기록하거나 공개해서는 안 된다. 또한, 작성한 문서를 복사하거나 개인적으로 저장하는 행위는 금지되며, 기록물은 반드시 실습기관의 보안 지침에 따라 보관하고 폐기하여야 한다. 실습 종료 후 개인용 보고서 제출이나 과제 작성 시에도 기관 내부 문서를 무단으로 활용하거나 외부에 노출하는 일이 없어야 하며, 이를 위해 지도자의 사전 승인을 반드시 받도록 한다.

기록은 사회복지사의 실천을 문서화한 중요한 근거이며, 실습생에게는 전문직으로서의 기본 태도를 형성하는 훈련의 일부다. 실무기록의 정확성과 책임감은 실습 전 과정을 통틀어 매우 중대한 평가 요소이자, 이후 전문 현장에 투입되었을 때의 업무 역량과도 직결된다.

5. 실습생 기록작성 체크리스트

실습생 기록작성 체크리스트는 사회복지현장실습 중 실습생이 작성하는 사례기록지, 활동보고서, 상담일지 등 실무 문서의 품질을 점검하고 자기점검(Self-Assessment)하는 도구이다. 〈표 11-4〉의 실습생 기록작성 체크리스트는 실습생이 문서 작성 시 기본적으로 지켜야 할 항목을 사전에 인지하고, 작성 후 점검할 수 있도록 안내하는 기준표 역할을 한다.

〈표 11-4〉 실습생 기록작성 체크리스트

점검 항목	구체적 내용	확인(✓)
1. 기록 목적에 부합하는 내용인가?	문서의 작성 목적(예: 사례기록, 활동기록 등)에 맞는 핵심 내용이 포함되어 있는가?	□
2. 구체적 행동 중심으로 기술했는가?	관찰된 사실, 대화, 행동 등이 구체적으로 기술되었는가?	□
3. 주관적 판단이나 추측이 배제되었는가?	실습생의 개인 의견이나 감정이 아닌, 객관적 사실 중심으로 작성했는가?	□
4. 감정적 표현이나 가치 판단이 배제되었는가?	'좋다', '나쁘다', '문제 있다' 등의 모호하거나 감정적인 표현이 배제되었는가?	□
5. 간결하고 명확한 문장 구성인가?	문장이 간결하고, 이해하기 쉽게 작성되었는가?	□
6. 구어체, 은어, 약어를 사용하지 않았는가?	구어체(예: "~했어요"), 은어, 줄임말 없이 정중하고 전문적인 용어를 사용했는가?	□
7. 개인정보 보호 기준을 지켰는가?	실명, 주민번호, 연락처 등 민감 정보가 가려졌거나 보호 조치가 되었는가?	□
8. 기록 보관 및 보안 지침을 준수했는가?	기관의 보관 지침을 준수하며, 기록물의 무단 복사·유출을 방지했는가?	□
9. 실습지도자의 피드백을 반영했는가?	이전 회차 피드백을 적용하여 수정·보완한 기록인가?	□
10. 문서 형식과 서식을 준수했는가?	서식에 맞게 제목, 날짜, 기관명, 작성자, 서명 등을 정확히 기입했는가?	□

Chapter 12
지역사회 조사·자원개발 보고서 작성법

1. 지역 욕구조사의 기초와 실습생 참여 방법

지역사회조사는 특정 지역 주민의 삶의 질, 복지 욕구, 문제 상황 및 자원을 체계적으로 파악하기 위한 활동이다. 특히 실습생에게 지역사회조사는 주민의 목소리를 직접적으로 듣고, 현장의 요구를 구체적으로 이해할 수 있는 중요한 실천 경험이다. 욕구조사는 개인이나 집단이 필요로 하는 서비스와 그 중요도를 파악하고, 현재 제공되는 자원과의 격차를 분석하는 데 목적이 있다. 실습기관에서는 종종 다음과 같은 방식으로 욕구조사를 수행하며, 실습생은 이 과정에 조력자로 참여한다.

- 문헌 및 선행자료 조사: 지역 통계, 정책자료, 과거 조사보고서 검토
- 인터뷰 및 면접: 지역주민, 유관기관 종사자와의 반구조화 면담
- 설문조사 기획 및 실행: 욕구 우선순위 파악을 위한 질문지 구성 및 응답 수집
- 현장 관찰: 지역의 공간, 시설, 환경, 주민 활동 등을 직접 관찰하고 기록 등

실습생은 욕구조사의 준비단계(주제 선정, 조사계획 수립)부터 실행(자료수집, 분석), 정리(보고서 작성, 제안 도출)까지의 전 과정을 실습기관 실무자의 지도 아래 경험할 수 있다. 이 과정에서 조사윤리, 주민과의 소통 기술, 자료 정리 역량도 함께 습득된다.

2. 자원개발과 연계 활동의 실제

지역사회복지는 욕구 충족을 위한 서비스 제공뿐 아니라, 자원의 개발과 연계를 통해 복지 시스템을 확장하는 데 핵심적 의미를 가진다. 실습생은 기관의 자원개발 활동에 직접 또는 간접적으로 참여함으로써 다음과 같은 경험을 쌓을 수 있다.

- 지역자원 목록화 작업: 기관이 활용 가능한 지역 내 복지 자원(공공기관, 민간 단체, 기업, 자원봉사 조직 등)을 조사하고, 목록을 정리한다.
- 자원봉사자 연계 활동: 정기 또는 일회성 자원봉사자의 모집, 교육, 배치 과정에 참여한다.
- 기관과 외부 단체 간 연계 사례 파악: 기업 후원, 지역언론 홍보, 마을활동가 협업 등 실제 사례를 조사하고, 연계 방안을 모색한다.
- 자원개발 캠페인 또는 기획서 보조 작성: 후원 요청서, 협조 공문, 기부 제안서 등을 기초 수준에서 작성하거나 편집한다.

자원개발은 단순한 후원 요청이 아니라 지역사회의 관심과 참여를 이끌어내는 전략적 활동이다. 실습생은 기관이 수행하는 자원개발 활동에 실무 보조자로 참여하면서 현장의 네트워크 역량과 협업 기술을 익힐 수 있다.

3. 지역조사 보고서 또는 자원연계 제안서 작성법

실습생은 실습 후반부에 다음과 같은 실무기반 문서를 작성하게 된다. 이는 실습기관에서 수행한 조사나 자원개발 활동을 정리하고, 실천적 제안으로 이어지도록 구성된다.

1) 지역조사 보고서

지역조사 보고서는 실습기관이 위치한 지역사회의 특성, 자원, 문제 및 복지 욕구 등을 조사하여 정리한 문서로, 실습생이 지역사회에 대한 이해를 높이고, 실천현장을 객관적으로 분석할 수 있도록 돕는 교육적 도구이다. 이 보고서는 지역 주민의 삶의 질에 영향을 미치는 환경적 · 사회적 요인을 파악하고, 기관의 서비스 방향성 설정이나 프로그램 기획의 기초 자료로 활용될 수 있다.

작성 시에는 지역 인구구조, 사회복지 자원 현황, 복지 관련 통계, 주민 인터뷰나 설문조사 등을 근거로 〈표 12-1〉과 같이 구체적인 자료와 분석 내용을 포함해야 한다.

〈표 12-1〉 지역조사 보고서 항목 예시

항목	내용
① 표지	제목, 실습기관명, 실습생 이름, 작성일 등
② 조사 개요	조사 목적, 조사 대상, 조사 방법, 조사 기간 등
③ 지역 현황 분석	인구 구성, 복지 인프라, 환경 조건 등
④ 주요 조사 결과	응답 통계, 주민 의견, 현장의 관찰 내용 등
⑤ 결론 및 제언	문제점 요약, 정책·서비스 개선 제안 등
⑥ 참고문헌 및 부록	관련 자료, 조사 도구, 사진, 설문지 등

2) 자원연계 제안서

자원연계 제안서는 실습생이 지역 내 유관기관, 기업, 단체 등 외부 자원과 실습기관을 연결하기 위한 실천적 문서이다. 기관이 운영하는 프로그램 또는 클라이언트의 필요에 맞는 자원을 발굴하고, 그 자원과 협력할 수 있는 방안을 제시하는 데 목적이 있다. 자원연계 제안서에는 〈표 12-2〉와 같이 연계 대상 기관, 자원 활용 목적, 협력 방식, 기대 효과 등을 논리적으로 서술하며, 실현 가능성을 고려한 실천 계획이 포함되어야 한다. 이 과정을 통해 실습생은 사회복지사의 자원개발 및 네트워크 구축 역량을 실제로 체득할 수 있다.

〈표 12-2〉 자원연계 제안서 항목 예시

항목	내용
① 제안 배경	지역 또는 기관 내 필요 자원 및 현황
② 제안 목적	자원 연계의 기대 효과와 필요성
③ 제안 내용	제안 자원(기관, 인력, 재정 등)과 활용 방안
④ 운영 방안	추진 절차, 일정, 역할 분담
⑤ 예산안	필요 경비 추계 (가능한 경우)
⑥ 기대효과 및 마무리	지역사회 및 기관에 미치는 긍정적 영향

3) 보고서 및 제안서 작성 시 유의사항

실습생이 작성하는 지역사회 조사보고서나 자원연계 제안서는 단순한 글쓰기 과제가 아니라, 실제 현장 실천을 바탕으로 한 전문 문서이다. 따라서 내용의 타당성과 논리, 표현의 명확성뿐 아니라 윤리적 기준까지 충족해야 한다. 따라서 다음 사항을 반드시 유의하여 작성해야 한다.

① 작성 목적과 대상에 적합한 구성과 언어를 사용해야 한다. 지역사회 조사보고서는 실습기관 실무자나 지역 유관기관 관계자도 참고할 수 있는 문서로 활용될 수 있기 때문에, 감정이나 주관적 표현이 아닌 구체적 자료와 객관적 분석을 중심으로 작성해야 한다. 특히 문제 상황이나 욕구를 서술할 때는 단정적 표현을 피하고, 조사 자료를 근거로 하여 사실에 기반한 내용을 기술하는 것이 바람직하다.

② 정보의 출처와 자료의 신뢰성을 확보해야 한다. 지역 현황이나 통계자료는 가급적 공신력 있는 기관(예: 통계청, 보건복지부, 지방자치단체 등)의 데이터를 활용하고, 인용한 경우에는 반드시 출처를 명확히 밝혀야 한다. 개인 인터뷰나 설문조사 내용은 가명 또는 이니셜을 사용하여 개인 정보가 드러나지 않도록 해야 한다.

③ 지역의 고유한 문화와 특성을 반영하되, 편견 없이 서술한다. 특정 지역이나 주민 집단에 대한 선입견이 드러나지 않도록 주의하고, 지역사회의 강점과 자원을 함께 조명하는 균형 잡힌 시각이 요구된다. 예를 들어, 문제 중심 분석만 나열하기보다는 지역의 복지 가능성과 발전 방향도 함께 제안하는 실천적 접근이 필요하다.

④ 문서는 간결하고 명확하게 작성하며, 형식과 문법 오류를 최소화해야 한다. 조사보고서나 제안서는 공식 문서이므로 지나치게 장황한 문장이나 추상적인 용어는 피하고, 가능한 한 명확하고 직접적인 표현을 사용하는 것이 좋다. 초안 작성 후에는 반드시 실습지도자 또는 슈퍼바이저의 검토를 받고, 피드백을 반영하여 수정 · 보완한 뒤 최종본을 제출해야 한다.

⑤ 작성 과정에서 정보보호와 조사윤리를 철저히 준수해야 한다. 실습생은 클라이언트, 지역주민, 기관 종사자 등으로부터 수집한 정보에 대해 비밀보장을 의무적으로 지켜야 하며, 민감한 내용은 익명 처리하고 문서의 무단복사, 유출, 외부 공개를 금지한다. 문서 보관 및 폐기 또한 기관의 보안 지침에 따라 신중하게 이행해야 한다.

⑥ 조사과정에서 실습생 본인의 의견을 지나치게 개입하지 말고, 현장의 목소리와 자료에 기반한 분석을 제시한다. 이는 실천현장에서 요구되는 객관적 판단과 전문적 문서작성 능력을 함양하는 훈련이기도 하다.

⑦ 실습생은 지역사회 조사나 자원개발 활동을 단순한 과제가 아닌 실천 기회로 삼아야 한다. 조사 문서 작성은 지역을 이해하고, 문제를 발견하며, 해결을 모색하는 실천적 과정의 일환임을 인식하고, 그 속에서 자신의 성장과 전문성을 발견하는 것이 중요하다.

Chapter 13
사회복지 행정실무와 공문서 작성법

1. 사회복지 행정실무

사회복지 행정실무는 사회복지기관이 원활하게 운영되도록 지원하는 다양한 행정 활동을 말한다. 기관 운영에 필요한 조직관리, 인력 배치, 예산 집행, 사업 계획 수립과 평가, 자료 관리 및 대외 협력 등 여러 업무가 포함된다. 실습생은 행정실무 경험을 통해 사회복지기관의 운영체계와 행정 절차를 이해하게 되며, 행정 지원 업무에 참여함으로써 전문 사회복지사로 성장하는 데 필요한 실무 능력을 기를 수 있다. 사회복지 행정실무는 단순한 서류 작업을 넘어 기관 내·외부 소통과 협력, 서비스 질 관리를 위한 핵심 기능으로, 실습생은 이를 통해 사회복지현장의 다양한 역할과 책임을 실감하게 된다.

2. 공문서의 개념 및 실습생이 경험할 수 있는 공문서 업무

공문서는 기관과 기관, 또는 기관과 개인 간의 공식적인 의사소통을 위해 작성되는 문서로, 업무 협조, 안내, 요청, 보고 등의 목적을 가진다. 사회복지기관에서는 후원 요청, 행사 안내, 회의 소집, 자원봉사자 모집 등 다양한 공문서를 작성하고 활용한다. 실습생은 공문서 업무를 보조하며 다음과 같은 활동을 경험할 수 있다.

- 기존 공문서 검토 및 정리
- 담당자의 지시에 따른 공문 초안 작성 지원
- 공문서 출력, 복사, 문서철 정리 업무
- 회신된 공문의 분류 및 보관
- 행사 계획서나 감사장 작성에 필요한 자료 조사 등

이 과정은 실습생이 행정 문서 작성의 중요성을 이해하고, 공식적인 문서 커뮤니케이션 방법과 절차를 습득하는 데 매우 유익하다. 또한 문서 작성에 요구되는 정확성, 정리력, 책임감을 체험하는 기회가 된다.

3. 공문서의 형식과 구성 요소

공문서는 기관과 외부 기관 혹은 내부 부서 간의 공식적인 의사소통 수단으로 사용되며, 형식과 절차에 맞춰 작성되어야 신뢰성과 법적 효력을 갖는다. 사회복지기관에서는 다양한 목적의 공문서를 빈번히 활용하며, 실습생은 이 과정에서 공문서 작성의 형식과 내용을 익히는 기회를 갖는다. 공문서는 반드시 간결하고 정확한 문장으로 작성되며, 사적인 어투, 구어체, 약어, 감정적 표현은 삼가야 한다.

1) 공문서의 형식과 구성요소

공문서는 신뢰성과 공식성을 보장하기 위해 정해진 형식과 구성 요소를 갖추어야 한다. 공문서의 일반적인 형식은 다음과 같은 구성요소를 포함한다.

- **문서번호**: 기관별 고유 번호 체계로 정리되며, 발신부서와 작성연도, 일련번호 등으로 구성된다.
- **시행일자**: 문서가 시행된 날짜를 기입한다.
- **수신**: 공문을 전달받는 기관 또는 담당자의 명칭을 표기한다.
- **참조**: 공문과 관련된 기관 또는 인물을 기재한다.
- **제목**: 공문의 핵심 내용을 간략하고 명확하게 표현한다.
- **본문**: 문서 작성 목적, 요청사항, 세부 내용 등을 정중하고 논리적으로 작성한다.

- **붙임:** 문서에 첨부된 관련 자료를 표기한다.
- **결재란:** 문서의 결재 흐름(기안, 검토, 승인 등)을 기록한다.
- **발신부서 및 담당자 정보:** 문서를 작성한 부서와 담당자의 이름, 연락처, 이메일 등을 명시한다.

2) 현장에서 많이 사용하는 공문서의 종류

사회복지기관에서는 목적과 용도에 따라 다양한 공문서를 활용한다. 실습생이 경험할 수 있는 주요 공문서의 종류는 다음과 같다.

① 후원 및 홍보 관련 공문

- **후원 요청 공문:** 기업, 단체, 개인에게 프로그램 운영을 위한 재정 또는 물품 후원을 요청할 때 작성한다.
- **행사 안내 공문:** 후원자, 자원봉사자, 지역주민 등을 대상으로 기관 주관 행사의 일시, 장소, 프로그램 내용을 안내할 때 사용된다.
- **언론사 보도 요청서:** 기관의 주요 행사나 사회적 이슈를 지역 언론에 보도해 달라고 요청할 때 작성한다.

② 행정 실무 관련 공문

- **회의 소집 공문:** 실무회의나 실습 평가회의 등을 위해 참석 대상자에게 회의 일시와 장소를 안내한다.
- **자원봉사자 요청서:** 행사나 프로그램에 필요한 자원봉사자 모집을 위해 외부 기관이나 단체에 협조를 요청한다.
- **협력기관 회신 요청 공문:** 실습확인서, 평가서, 업무협조 결과 등에 대한 회신을 요청하는 문서이다.

③ 기타 공문서 예시

- **감사장:** 후원자나 협력기관에 대한 감사의 뜻을 전할 때 사용한다.
- **의뢰공문:** 기관 간 협력 관계를 요청하거나 실습생 파견 관련 사항을 공식적으로 의뢰할 때 활용된다.
- **결과보고서 제출 공문:** 행사나 사업 수행 후 결과 보고서를 제출하며 그에 대한 개요와 첨부자료를 안내하는 공문이다.

실습생은 이러한 공문서를 직접 작성하지 않더라도, 기초 초안을 도우며 관련 실무를 보조하거나, 기존 공문서를 정리 · 검토하면서 실제 공적 문서 작성의 흐름과 절차를 자연스럽게 익힐 수 있다.

실습생이 다양한 공문서를 이해하고 체험하는 과정은 단순한 행정업무 보조가 아닌, 공적 커뮤니케이션의 방식과 사회복지 행정의 운영 원리를 학습하는 실천적 기회로 작용한다. 특히 실습 지도자의 지시를 통해 공문 초안을 작성하거나 회신된 문서를 분류 · 정리하는 활동은, 정서적 배려뿐 아니라 정확성과 책임감을 요구하는 중요한 교육 경험이 된다.

4. 후원요청 공문서 작성 예시

〈표 13-1〉은 사회복지기관에서 자주 작성하게 되는 '후원요청 공문서'의 작성 예시이다.

〈표 13-1〉 후원요청 공문 작성 예시

문서번호: 복지-20XX-후원-023 시행일자: 20XX.09.10.
수신: ○○기업 대표이사 귀하
참조: 총무부장

제목: 저소득 아동을 위한 후원물품 지원 요청의 건

1. 귀 기관의 무궁한 발전을 기원합니다.
2. 저희 참사랑복지관은 지역 저소득 가정 아동을 위한 '희망나눔 어린이축제'를 20XX년 10월 15일에 개최할 예정이며, 본 행사의 성공적인 운영을 위해 귀 기관의 후원 참여를 요청드립니다.
3. 귀 기관의 후원이 아동들에게 큰 힘과 격려가 될 것으로 기대하며, 다음과 같이 후원 참여를 요청드립니다.
   가. 요청 후원 내용
   - 물품 종류: 학용품 세트 또는 간식박스 100세트
   - 후원 기한: 20XX년 10월 10일까지 복지관 도착
   - 전달 방식: 방문 전달 또는 택배 발송 가능
   - 활용 용도: 행사 당일 저소득 아동에게 전달 예정
4. 보내주신 물품은 행사 결과보고와 함께 정산 · 기부금영수증을 발급해 드릴 예정입니다.
5. 아동의 건강한 성장과 지역사회의 따뜻한 나눔 문화 확산을 위한 귀 기관의 관심과 협조를 부탁드립니다.

붙임: 후원요청 개요서 1부. 끝.

20XX년 09월 10일
참사랑종합사회복지관장 김복지 (직인)

주소: (12345) 경기도 ㅇㅇ시 ㅇㅇ구 ㅇㅇ로 100, 참사랑종합사회복지관
담당자: 이나눔 사회복지사 전화: 031-123-4567 이메일: love@welfare.or.kr

결재란	기안(담당자)	검토(부서장)	관장
	이나눔 (서명)	한사랑 (서명)	김복지 (서명)

※ 본 공문은 기관 내부 사무처리 지침에 따라 문서철 보관 및 전자결재 시스템 등록 후 발송합니다.

Chapter 14
프로그램 계획서와 공동모금회 프로포절 작성법

1. 사회복지 프로그램의 구조 이해

사회복지 프로그램은 클라이언트의 욕구를 해결하고 삶의 질을 향상시키기 위한 사회복지사의 목적 지향적 활동이다. 실습생이 이해해야 할 사회복지 프로그램의 기본 구조는 일반적으로 다음의 6가지 요소로 구성된다.

① 문제 정의(Needs Identification): 지역사회 또는 대상자의 욕구를 객관적인 자료와 근거를 통해 정의한다.

② 대상자 설정(Target Population): 프로그램이 개입할 구체적 대상자(연령, 특성, 수혜 인원 등)를 명확히 한다.

③ 목표 및 세부목표 설정(Objectives): 궁극적으로 달성하고자 하는 목표와 이를 위한 단계별 실천 목표를 설정한다.

④ 내용 및 활동 구성(Contents & Activities): 목표 달성을 위한 구체적인 활동과 실천 전략을 계획한다.

⑤ 예산 계획(Budget Planning): 인건비, 운영비, 홍보비, 간접비 등 세부 예산을 산출하고 항목별로 정리한다.

⑥ 평가 계획(Evaluation): 과정평가와 결과평가의 항목 및 도구, 평가 일정 등을 포함한다.

사회복지 프로그램은 단순한 활동 기획이 아닌, 대상자에 대한 전문적 분석과 실현 가능성, 효과성을 기반으로 설계되어야 한다. 실습생은 이러한 구조를 바탕으로 프로그램 계획서를 작성해 봄으로써 실제 사회복지 실무의 전 과정을 모의 체험하게 된다.

2. 실습생의 프로그램 계획서 작성법

실습생은 실습기관에서 관찰한 문제 상황이나 미충족된 욕구를 바탕으로 소규모 프로그램 계획서를 작성하게 된다. 실습생은 〈표 14-1〉과 같이 프로그램의 구성의 6가지 기본 요소를 중심으로 계획을 수립해야 한다. 전체적인 맥락을 이해하고 각 요소가 논리적으로 연결되도록 구성하는 것이 중요하다.

〈표 14-1〉 실습생용 프로그램 계획서 작성 예시

항목	내용
1. 프로그램명	"노인 마음돌봄 프로그램 - 함께 웃는 시간"
2. 문제 인식 및 배경	지역 내 독거노인의 고립감, 우울감, 외로움이 증가함. 최근 방문 상담을 통해 정서적 지지 필요성이 높게 나타남
3. 대상자	지역 독거노인 65세 이상 남녀 10명
4. 목적 및 세부목표	목적: 정서적 안정감 제공 및 사회적 소속감 향상 목표1: 감정표현 및 자기 이해 기회 제공 목표2: 타인과의 관계 형성을 위한 소집단 활동 제공
5. 세부 일정 및 활동 내용	〈표 14-2〉 프로그램 내용 및 회기별 일정표 참조
6. 예산 계획 (총 200,000원)	간식비 50,000 / 교재 및 준비물 100,000 / 인쇄비 30,000 / 기타 20,000
7. 기대효과 및 평가계획	전후 우울감 자가점검지 검사 / 회기별 만족도 체크리스트 활용 / 종결 후 소감문 수합

〈표 14-2〉 프로그램 내용 및 회기별 일정표

회기(시행일)	주제	주요 활동 내용	담당자 역할
1회기(10.15)	서로 인사해요	자기소개, 프로그램 안내	관계 형성 유도
2회기(10.22)	내 마음 알아보기	감정 카드로 나의 감정표현	공감적 경청, 표현 격려
3회기(10.29)	함께 추억 나누기	사진이나 물건으로 인생 이야기 나누기	회상 유도, 정서 공유
4회기(11.5)	나를 위한 선물	내 마음을 담은 손거울 만들기	창의 활동 지원
5회기(11.12)	웃으며 마무리	우리들의 이야기 책 만들기, 수료식	소감 공유, 격려

3. 사회복지공동모금회 프로포절 작성법

사회복지공동모금회는 배분사업 기획제안서가 갖는 한계를 극복하고자 프로그램의 특성에 따라 배분신청 유형을 세분화하여 '성과확산형', '성과중심형', '산출중심형', '기능보강형'으로 제시하고 있다. 이러한 배분신청 유형의 세분화는 각 사업의 특성에 따른 기획과 평가의 틀을 제시하고 있다는 것에서 기존과는 차별화된 접근이라 할 수 있다. 성과확산형은 지역사회와 사회에 파급력(impact)을 지향하는 사업이며, 성과중심형은 사업 참여자의 문제해결과 역량강화 혹은 삶의 조건개선을 목표로 하는 성과지향 사업이다. 그리고 산출중심형은 성과측정은 어렵지만 다양한 기회의 제공이나 지원을 통해 프로그램 참여자에게 도움을 줄 수 있는 사업이고, 기능보강형은 장비와 개보수 등의 기능보강을 지원하는 사업이다[1].

사회복지공동모금회 프로포절은 기관이 외부 재원을 유치하기 위해 공식적으로 제출하는 제안서로, 실습생은 공동모금회 프로포절을 분석하거나 작성 보조에 참여함으로써 실제 기획안이 어떻게 구성되고 평가되는지를 체험할 수 있다. 이는 졸업 후 사회복지사의 행정적 실무 능력을 기르는 데 매우 유익한 경험이 된다. 서식은 공동모금회에서 제공한 기준에 따라 작성된다. 각 항목의 해설과 작성방법은 〈표 14-3〉과 같다.

〈표 14-3〉 사회복지공동모금회 프로포절 기본 항목별 해설 및 작성 예시

항목	의미 해설	작성 예시
① 사업명	사업 목적과 내용을 간결하게 드러내는 명칭. 대상자, 핵심 키워드를 포함하면 효과적임	"홀몸 어르신의 식사와 정서 지지를 위한 도시락+돌봄 사업"
② 사업의 필요성	지역 사회 또는 대상자의 문제 상황을 통계, 현황, 사례 등을 통해 구체적으로 제시. 문제의 심각성과 해결 필요성 강조	"ㅇㅇ동은 65세 이상 독거노인이 34%로, 식생활 불균형과 우울감이 높게 나타나고 있음(ㅇㅇ구청, 20XX). 본 기관 사례관리 결과, 조리능력과 정서교류가 모두 부족한 고위험군 노인이 증가하고 있음."

1) 실제 현장에서 사회복지공동모금회로 제출된 프로포절의 작성 예시는 부록 참조

③ 사업의 목적 및 목표	사업의 방향성과 구체적 결과를 구분하여 명시. 목적은 포괄적, 목표는 측정 가능해야 함(SMART 원칙)	– 목적: 고립된 노인의 식사 지원 및 정서 안정 도모 – 목표: 3개월간 도시락 주 3회 제공 및 1:1 방문 말벗 활동 실시, 만족도 80% 이상 달성
④ 사업 대상	구체적인 대상자 수, 선정 기준, 특성, 지역 등을 기술. 선정방법과 참여 경로 포함	ㅇㅇ동 거주 70세 이상 독거노인 중 식사 제공이 필요한 자 30명
⑤ 세부 사업 내용 및 일정	활동명, 일시, 장소, 주요 내용 등을 세부적으로 서술. 주간 또는 월별 일정표로 구성 가능	도시락 배달: 주 3회(오전 10시~12시)/말벗 상담: 주 1회(오후 2시~4시) 등
⑥ 인력 구성 및 운영체계	사업 총괄, 실무담당자, 자원봉사자 등의 역할 분담 및 조직 체계 기술. 기관의 행정지원도 포함	사회복지사 1명 총괄/실습생 2명 배치/조리 자원봉사자 연계/행정지원 인력 1명 배정
⑦ 예산 계획	총예산과 세부 항목(인건비, 운영비, 재료비 등)을 표 형식으로 산출근거와 함께 명시	도시락 재료비 300,000원(30명×10,000원×1개월) 자원봉사자 교통비 100,000원 등
⑧ 평가 계획	성과지표, 평가도구, 시기 등을 구체화하여 결과 측정 방안 제시. 정량·정성 평가 병행 권장	사전·사후 만족도 설문/말벗 활동기록/도시락 배달 횟수 및 정시성 확인 등
⑨ 지속 가능성	사업 종료 후 후속 연계나 내부 자원 확보 방안 등 장기계획 서술	기관 정기후원자 및 자원봉사자 연계 유지/지역단체 협약 체결로 지속적 식사지원 확대 계획

사회복지공동모금회로 제출된 프로포절(프로그램)은 현장전문가나 대학교수로 구성된 배분위원이 심사를 하게 되는데, 프로포절 서류·면접 심사표(성과형) 표준(안) 작성 가이드는 〈표 14-4〉와 같다. 이러한 배분심사 기준의 세부사항을 사전에 숙지하고 프로포절을 작성하게 되면 사업비 지원심사에서 선정될 확률이 매우 높아질 것이다.

〈표 14-4〉 프로포절 서류 · 면접 심사표(성과형) 표준(안) 작성 가이드

20XX년 서류(면접)심사표	접수번호	사업명-접수번호 예) 기획_XX사업-001	기관명	기관명 입력
	사업분야	대상분야 기입 예) 아동/청소년	사업명	사업명 입력

※ 점수 구간에 따라 배점표 참조

구분	매우 우수(%)	우수(%)	보통(%)	보통 이하(%)
점수 구간	90	70~89	50~69	~49
30점	27~30	21~26	15~20	~14
15점	13~15	10~12	7~9	~6
10점	9~10	7~8	5~6	~4
5점	5	4	3	~2

심사기준		세부 검토사항	검토서류
사업 평가 (80)	사업 내용 및 추진전략의 적절성 (30)	• 핵심참여자와 주변참여자의 이해를 통해 적절한 참여자로 타깃팅 하였는지 검토 • 사업의 성격과 참여자의 욕구, 규모 등을 고려하여 선정기준을 마련하였는지 검토 • 참여자 모집방법을 구체적으로 마련하였는지 검토	사업계획서의 2. 사업 내용 및 추진전략 1) 사업 참여자 모집전략 2) 사업 내용 및 사업집행전략 3) 기관연계협력전략
		• 목표달성에 유의미하도록 세부 하위 사업 간의 연계성이 있는지 검토 • 문제의식을 사업에 반영하여 목표를 달성하는데 충분하도록 핵심사업을 구성했는지 검토 • 세부 사업별 시행방법, 시행시기 및 횟수, 사업 진행 일정 등 구체적으로 작성되었는지 검토	
		• 수행기관과 협력기관 간의 역할이 명확히 나타나 있는지 검토	
	예산편성의 적합성 (10)	• 신청한 사업과 예산의 관계가 연계되도록 사업 투입 비용에 대해 빠짐없이 작성되었는지 검토 • 예산편성기준표를 준수하여 작성되었는지, 예산편성이 과대포장되지 않았는지 검토 • 예산을 통해 사업 내용을 알 수 있도록 단위사업과 일치시켜 작성되었는지 검토 • 세목, 세세목, 산출근거 등 구체적으로 작성되었는지 검토 • 사업 내용에 따른 인건비 지원의 필요성 검토	사업계획서의 3. 예산편성

		• 자부담이 필수인 경우, 자부담 비율을 준수하여 적절하고 타당하게 작성되었는지 검토	
사업 평가 (80)	사업의 필요성 (10)	• 사업계획 배경은 참여자(또는 지역사회)의 욕구와 문제점을 중심으로 객관적 자료가 제시되었는지 검토 • 문제원인에 대한 분석이 정확한지 검토 • 유사사업의 장점, 시행착오, 상황의 상이성 등을 분석하여 새로운 관점으로 기관의 여건을 반영하였는지 검토 • 기관의 인적 자원 물적 자원, 관계자원 등은 사업을 진행하기에 충분한지 검토 • 담당자(혹은 슈퍼바이저가 신청한 사업 내용과 관련한 전문성이 있는 지 검토 • 제안한 사업 내용과 (유사 혹은 동일한 사업) 관련한 경험 검토	사업계획서의 4. 문제의식(사업 필요성) 1) 사업계획 배경 2) 기존 유사사업과의 차별성 3) 신청기관의 강점
	목표 및 평가의 타당성 (15)	• 목적 달성을 위해 설정한 성과(산출)목표가 구체적이고, 합리적으로 구성되었는지 검토 • 제시된 목표에 대한 평가계획(모니터링 방법, 평가도구 및 방법, 측정시기 등)이 적합한지 검토 • 성과(산출)목표가 측정 가능하고, 실현 가능성이 있는지 검토	사업계획서의 5. 목표 및 평가 1) 산출목표 2) 성과목표 및 평가방법
	사업종료 후 지향점의 적정성(5)	• 본 사업이 개인과 지역의 문제를 해결하고, 긍정적인 변화를 이끌어낼 수 있는지 검토 • 성공적인 사업수행 이후에 얻게 되는 결과물(지식, 경험 등 포함)을 어떻게 활용한 것인지 적정성 검토	사업계획서의 6. 사업종료 후 지향점 1) 사업수행으로 인한 기대효과
	일관성 및 체계성(10)	• 성과목표, 산출목표 사업 내용, 예산편성 등이 일관성 있게 구성되었는지 확인 • 사업계획서가 전반적으로 논리적 체계성을 갖고 있으며, 실현 가능한지 검토	
강점 항목 (−40)	기관 운영 준수성 (−40)	• 아래 두 가지 사항 중 한 가지 이상 해당할 시 40점 감점 – 회계부정이나 이용인(생활인)에 대한 학대 · 성폭력 등의 인권침해 사건이 발생하여 조사/수사/재판이 진행 중인 경우 – 회계부정이나 이용인(생활인)에 대한 학대 · 성폭력 등의 인권침해 사건이 발생하여 형사 또는 행정 처분을 받은 후 조치 이행이 완료되지 않은 경우)	– 신청기관 신뢰성 점검표 작성본

<table>
<tr><td colspan="2">필요 심사(해당란 ㅇ표)
※심사계획에 따라 선택적으로 사용</td><td>면접심사</td><td>필요/불필요</td><td>현장심사</td><td>필요/불필요</td></tr>
<tr><td rowspan="3">총평</td><td>면접/현장 심사 시 확인사항</td><td colspan="4">– 면접/현장심사 시 확인이 필요한 사항에 대해 기록하여야 함
– 추가심사가 없을 경우, 심사 생략에 대한 사유를 명시하여야 함</td></tr>
<tr><td>사업/예산/조정내역</td><td colspan="4">– 사업 및 예산 조정이 필요한 경우 해당사항을 기록함
– 조정사유에 대한 명확한 근거를 명시하여야 함
– 사업 및 예산 조정이 필요한 경우 해당사항을 기록함
– 조정내역에 대한 명확한 근거를 명시하여야 함
– 감액(증액)규모 및 내역 근거제시</td></tr>
<tr><td>종합의견</td><td colspan="4">– 적격여부 체크 및 세부심사내용, 사업/예산 조정내역 등 재검토 후 평가내용에 대한 전반적인 사항, 지원에 대한 의견 등을 기록함</td></tr>
</table>

20 년 월 일	심사위원	(인)

Chapter 15
사회복지시설정보시스템 사용법

1. 정보시스템 구조와 주요 기능

사회복지시설정보시스템(이하 '정보시스템')은 복지기관의 행정 및 서비스 업무를 전산으로 관리하기 위한 종합 시스템이다. 특히 클라이언트 정보와 서비스 제공 현황, 사례관리 활동을 효과적으로 기록 · 관리할 수 있는 기능이 탑재되어 있다. 실습생은 시스템의 구조와 용도를 이해하고, 슈퍼바이저의 지도 아래 제한적 접근을 통해 업무를 보조하게 된다.

1) 클라이언트 정보관리 기능

대상자의 인적사항, 가구 정보, 경제상태, 서비스 수급 이력 등을 입력 및 조회하는 기능으로, 이용자 등록과 자료 업데이트의 기초가 된다. 실습생은 이 기능을 통해 정보 정리 및 누락 여부 확인 업무를 보조할 수 있다.

2) 사례관리(CM) 기능

클라이언트별 문제 및 욕구 진단, 개입계획 수립, 서비스 연계, 평가과정까지 전반적인 사례관리 기록을 입력하는 기능이다. 특히 목표 설정, 개입전략, 평가기록을 입력하는 과정은 사례관리 실무 역량을 기르는 데 중요한 학습 기회를 제공한다.

3) 서비스 제공 및 일정 관리 기능

상담, 교육, 프로그램 등 각종 서비스의 일정과 참여자 정보를 등록 · 관리한다. 반복적인 서비스 일정의 자동 생성 기능과 프로그램별 인원 구성, 결석 처리 등도 함께 지원한다.

4) 상담일지 및 기록관리 기능

개별 상담 또는 사례회의 내용을 입력하고, 상담일지의 누적 내용과 피드백을 종합 관리할 수 있다. 실습생은 초안 작성 보조, 상담일지 내용 점검 등 기록 실습을 할 수 있다.

5) 통계 및 보고서 출력 기능

기관의 연간 이용자 통계, 프로그램 참여율, 사례관리 성과 등을 다양한 항목별로 집계할 수 있으며, 공문 보고용 자료로 출력할 수 있는 기능도 함께 포함되어 있다.

2. 실습생이 경험할 수 있는 정보시스템 실습 기능

실습생은 기관에서 허용된 범위 내에서 정보시스템을 직접 조작해 보거나, 슈퍼바이저의 지시 아래 기록 업무를 보조하는 형태로 실습을 수행한다. 아래는 실습생이 체험할 수 있는 대표적인 기능이다.

1) 이용자 등록 실습

신규 내방자 또는 기존 대상자의 개인정보를 양식에 따라 입력하거나, 누락된 정보를 점검하여 보완하는 업무에 참여한다. 이때 실습생은 기입 정확성, 비식별 정보 관리의 중요성을 함께 학습해야 한다.

2) 사례관리 입력 실습

실제 사례관리 업무의 입력과정을 참관하거나, 계획 수립 · 개입 기록 · 평가 입력의 예시를 참고하여 실습용 화면에 모의 작성해 보는 실습을 진행한다. 이 활동은 문제 분석과 개입논리의 정리 능력을 키우는 데 효과적이다.

3) 상담일지, 사례회의 기록 작성 실습

상담 직후 일지 초안을 작성하거나, 사례회의 내용 중 일부를 회의록 양식에 따라 정리하는 실습을 할 수 있다. 이를 통해 실습생은 객관적인 사실 기록과 요약 능력을 체득하게 된다.

4) 전산 통계 간단 조회 실습

프로그램 참여 인원 수, 출석률, 월간 사례 수 등의 간단한 통계를 시스템에서 조회하고, 이를 요약 보고서 형태로 정리하는 실습도 가능하다. 행정적 사고와 숫자 기반 보고 능력을 함께 길러주는 활동이다.

3. 정보시스템 사용 절차와 실습 적용

실습생이 정보시스템을 사용하는 과정에서 반드시 숙지해야 할 절차와 윤리적 기준은 다음과 같다.

1) 로그인 및 개인정보보호 약속

정보시스템 접근 전, 실습생은 기관이 지정한 보조 ID 또는 관리자 동행을 통해 로그인한다. ID 공유 금지, 비밀번호 유출 방지, 화면 캡처 금지 등 개인정보보호 약속을 문서로 서약하는 경우도 많다.

2) 실제 기관에서의 시스템 접근방식

기관에 따라 실습생은 조회 전용 계정을 부여받거나, 실습 전용 더미(Dummy) 계정을 통해 훈련용 기록 실습을 수행할 수 있다. 실무 기록은 반드시 슈퍼바이저의 사전 확인 후 입력하도록 제한된다.

3) 슈퍼바이저와의 협의를 통한 안전한 실습 참여

실습생이 다룰 수 있는 정보의 범위와 기록 내용은 반드시 슈퍼비전하에 진행되어야 하며, 실습생 단독 기록은 원칙적으로 금지된다. 담당 지도자는 실습생의 작성 내용에 대해 수정, 삭제 권한을 가지고 검토 후 반영한다.

4) 기록 내용의 객관성, 사실성 유지

모든 기록은 사실에 근거하고, 정서적 표현이나 판단적 언어를 배제해야 한다. 예를 들어 “어르신이 불안해 보였다”는 대신 “어르신이 계속 다리를 떨며 주변을 두리번거림”과 같은 행동 중심 기술이 요구된다.

5) 현장에 필요한 디지털 역량의 중요성

정보시스템 실습은 단순 전산 조작이 아니라, 디지털 윤리, 데이터 정리력, 문서 작성 역량을 함께 요구한다. 실습생은 사회복지사가 갖추어야 할 디지털 역량의 기초를 형성하는 데 이 기회를 적극 활용해야 한다.

APPENDIX

부록

부록 1. 현장실습협약서

현장실습협약서

제1조(목적) 이 현장실습 교육 협약서는 ________________(이하 "실습기관"이라 한다)과 현장실습생 (이하 "학생"이라 한다. : 첨부의 참여학생 명단 참조)과 서정대학교(이하 "대학"이라 한다) 상호간의 현장실습 교육에 관한 필요한 사항을 정하고, 이를 성실하게 준수할 것을 약정함을 그 목적으로 한다.

제2조(협약의 효력 및 기간) 본 협약의 효력은 협약체결일로부터 발생하며 협약기간은 협약체결일로부터 1년으로 한다. 단, "실습기관" 또는 "학생" 중 이의를 제기하지 않을 경우 자동 갱신되는 것으로 한다.

제3조(교육 방법 및 내용) 교육은 "실습기관"과 "대학"이 협의하여 작성한 현장실습 수행계획에 따라 실시하며 "대학"은 실습계획, 준수사항, 관련법 등을 포함한 사전교육을 실시하고 수강신청 처리한다.

제4조(실습기관의 의무) "실습기관"은 교육이 내실 있게 실시될 수 있도록 다음 각 호의 사항을 준수하여야 한다.

1. "학생"의 전공과 희망을 고려하여 배치하고 교육에 필요한 시설, 장비 등을 제공하여 다양하고 폭넓은 현장 경험을 쌓을 수 있도록 최선의 기회를 제공한다.
2. 교육을 지도할 자격을 갖춘 실습지도자를 배치하여 "학생"의 실습을 성실하게 지도한다.
3. "대학"의 현장 방문 지도 및 협약 이행 여부 등을 확인하고자 할 경우 이에 협조한다.

제5조(대학의 의무) "대학"은 "학생"에 대하여 다음 각 호의 사항을 주지시켜야 한다.

1. 교육과제를 성실하고 근면하게 수행하도록 한다.
2. 교육기간 중 "실습기관"의 사규 및 안전관리규정 등 제반 수칙을 준수하도록 한다.
3. 교육을 위한 시설의 장비가 파손되거나 분실되지 않도록 주의 깊게 사용하도록 한다.
4. 교육 도중 알게 된 "실습기관"의 기밀을 누설하지 않도록 한다.

제6조(교육 기준시간) 교육 기준시간은 1일 8시간, 1주 40시간, 4주를 기준으로 연속으로 운영함을 원칙으로 한다. 단, 정부의 사회복지현장실습 완화기준에 따른 실습시간 조정 및 학생의 특성에 따라 주말실습 등으로 달라질 수 있다.

제7조(실습비) "실습기관"은 "학생"에게 실습비를 받을 수 있다. 실습비는 보건복지부장관이 실습기관 선정 시에 고시한 금액을 원칙으로 하되, 변동사항이 있을 경우 '대학" 및 "학생"과 합의하여 조정할 수 있다.

제8조(보험의 부담 등) "실습기관"은 "학생"이 교육에 의해 상해를 입은 경우 "학생" 또는 "대학"에서 가입한 상해보험에 의한 보상금 청구 절차 이행에 필요한 서류의 제출 등 적극 협조하여야 한다.

제9조(교육의 평가) "실습기관"은 "대학"이 정한 기준에 따라 "학생"의 교육 및 출근 상황 등에 대한 실습기관 평가서를 교육 종료 즉시 "대학"에 제출하며 "대학"은 기준에 따라 학점을 부여한다.

제10조(제경비 지원) 교육기간 동안 발생하는 제 경비는 "실습기관" 및 "학생" 부담을 원칙으로 한다.

제11조(교육 협약의 해지) "실습기관"과 "학생"은 교육기간 동안에 협약을 해지해야 할 부득이한 사유가 있을 때에는 협약 당사간의 협의에 의해 해지할 수 있으며, 이 경우 협약해지일 10일 전까지 협약 당사자에게 그 사실을 통보하여야 한다.

제12조(기타) 이 협약서에 명기되지 아니한 사항에 대하여는 대학생 현장실습 운영규정 및 상호 협의를 준용한다. 본 협약서는 3부를 작성하여 기명날인 후 "실습기관", "학생", "대학"이 각 1부씩 보관한다.

20XX년 월 일

실습기관	• 기관명 :
	• 주 소 :
	• 대표자 : (인)
학 생	• 실습신청서 및 실습생 프로파일로 기명날인 대체
대 학	• ㅇㅇ대학교 총장 (인)

부록 2. 사회복지현장실습 종합보고서 필수서류 제출(실습생 안내 자료)

(표지) 20XX학년도

사회복지현장실습 종합보고서 필수서류 제출

<table>
<tr><td rowspan="3">실습
기관</td><td>기관명</td><td></td></tr>
<tr><td>실습지도자명</td><td></td></tr>
<tr><td>실습기관연락처</td><td></td></tr>
<tr><td colspan="2">실습기간</td><td>20XX. . . ~ 20XX. . .</td></tr>
<tr><td>대학</td><td>실습지도교수</td><td></td></tr>
<tr><td rowspan="2">실습생</td><td>성명</td><td></td></tr>
<tr><td>학년/반(학번)
연락처</td><td>2학년/( )반, ( )교육장,
학번:
(연락처) 010 –</td></tr>
<tr><td colspan="3">○○대학교 사회복지학과</td></tr>
</table>

사회복지현장실습 종합보고서 필수서류 제출 유의사항

1. 현장실습이 끝나면 반드시 가장 최근 개정된 '사회복지현장실습확인서' 서식으로 현장실습 확인서를 받아야 합니다(※ 이 서식을 사용하지 않으면 자격증 신청 시 보류처리 되며, 관련서류 추가제출 판정을 받게 됩니다).
2. 제출서류는 절대로 풀이나 스프링으로 제본하지 마시고, 목차 순서별로 정리한 다음 집게로 집어서 대봉투에 넣어 실습지도교수나 학과사무실 실습담당 조교에게 제출하기 바랍니다(※ 제출서류는 2학기가 종강되면 현장실습확인서에 대학의 실습세미나 시간을 기록해야 하며, 제출서류 일체를 스캔하여 보관하는 등 후속 행정작업이 필요하니 실습종료 직후에 제출 바랍니다).
3. 표지 작성 후 필수서류 9가지를 연번 순서대로 모두 빠짐없이 첨부해야 합니다(※ 필수서류 이외의 각종 보고서나 프로그램 계획서 등의 기타 서류 및 사진은 제출하지 마시고 본인이 보관하시기 바랍니다).
4. 실습일지에 실습장면 등의 사진을 꼭 첨부하실 필요는 없습니다. 또한 현장실습 중 실습지도자, 실습동료, 실습지도교수 등과 함께 촬영한 사진은 사회복지사 자격증을 발급받기 전까지 본인이 직접 보관하시기 바랍니다.
5. 실습생 출근부 및 실습일지 등 제출서류 양식은 첨부자료의 서식을 활용하시기 바랍니다.

※ 필수서류 제출과 관련하여 궁금한 사항은 실습지도교수 또는 학과사무실 실습담당 조교에게 문의하시기 바랍니다.

사회복지현장실습 종합보고서 필수서류 제출 9가지 목록

1. 사회복지현장실습기관 선정 확인서(실습기관제공 사본) 1부.
2. 실습생 출근부(첨부서식 사용) 1부(※확인란에 실습생과 실습지도자의 서명 또는 도장날인을 받은 원본을 제출해야 함).
3. 실습일지(실습생 서식3) 전체 1부(※확인란에 실습지도자의 서명 또는 도장날인을 받은 원본을 제출해야 함).
4. 실습기관 분석보고서(첨부서식 사용) 1부.
5. 실습 중간평가서(첨부서식 사용) 1부.
6. 실습 종결평가서(첨부서식 사용) 1부.
7. 실습평가서(교육기관 발송용, 첨부서식 사용) 1부(※기관제공 밀봉 상태로 제출해야 함).
8. 실습지도자(슈퍼바이저) 평가척도 1부(※실습생이 서명 또는 도장날인하여 제출해야 함).
9. 사회복지현장실습 확인서(2025년 변경서식 사용) 2부(※기관에서 발급하는 원본을 제출해야 함).

[필수서류 1] 사회복지현장실습기관 선정 확인서[1)]

관리번호 제 호

사회복지현장실습기관 선정 확인서

1. 명 칭:

* 사업자등록번호:

2. 대 표 자:

3. 소 재 지:

4. 실 습 지 도 자 :

5. 유 효 기 간 :

위 기관은 「사회복지사업법 시행규칙」 제3조 제2항에 따라 사회복지현장실습의 기관실습 실시기관으로 선정되었음을 확인합니다.

년 월 일

한국사회복지사협회장 **직인**

210mm×297mm[백상지(150g/㎡)]

1) 기관실습 실시기관 선정 및 선정취소 등 사회복지현장실습 운영에 관한 고시 [별지 제5호서식]

[필수서류 2] 실습생 출근부

실습생 출근부

ㅁ 성명 :　　　　　　긴급연락처 :　　　　　　전자우편 :

월 일	출근시간	퇴근시간	실습생 확인	실습지도자 확인	지각, 조퇴, 결근 여부	사유

* 기입요령: 출근시간, 퇴근시간 표시, 퇴근 시 실습생 및 실습지도자가 확인하며, 지각, 조퇴, 결근 시 그 사유를 함께 기록함

[필수서류 3] 실습일지

실 습 일 지 (회차)

<table>
<tr><td>실 습 일</td><td>20XX.   .   . (요일)</td><td>실습생</td><td>○○○</td><td>실습지도자</td><td>○○○ (인)</td></tr>
<tr><td>실습목표</td><td colspan="5"></td></tr>
<tr><td rowspan="8">실습진행</td><td>시 간</td><td colspan="4">핵심 주제</td></tr>
<tr><td>09:00~10:00</td><td colspan="4"></td></tr>
<tr><td>10:00~11:00</td><td colspan="4"></td></tr>
<tr><td>11:00~12:00</td><td colspan="4"></td></tr>
<tr><td>12:00~13:00</td><td colspan="4"></td></tr>
<tr><td>13:00~15:00</td><td colspan="4"></td></tr>
<tr><td>15:00~17:30</td><td colspan="4"></td></tr>
<tr><td>17:30~18:00</td><td colspan="4"></td></tr>
<tr><td>실습 내용</td><td colspan="5">⊙ 09:00~10:00(괄호 안에 실습 진행 핵심 주제를 다시 기록)

⊙ 10:00~11:00(괄호 안에 실습진행 핵심 주제를 다시 기록)

⊙ 11:00~12:00(괄호 안에 실습진행 핵심 주제를 다시 기록)</td></tr>
<tr><td colspan="6">점심식사</td></tr>
<tr><td>실습 내용</td><td colspan="5">⊙ 13:00~15:00(괄호 안에 실습진행 핵심 주제를 다시 기록)

⊙ 15:00~16:00(괄호 안에 실습진행 핵심 주제를 다시 기록)</td></tr>
</table>

실습 내용	⊙ 16:00~17:00(괄호 안에 실습진행 핵심 주제를 다시 기록) ⊙ 17:00~18:00(괄호 안에 실습진행 핵심 주제를 다시 기록)
실습소감 및 의견	
실습지도자 슈퍼비전	

※ 실습진행은 1시간 단위로 구분하여 시간대별 실습의 핵심 주제를 작성함.
※ 실습 내용은 시간대별로 핵심주제에 대한 세부내용을 개조식으로 요약하여 작성함.
※ 실습소감 및 의견은 배운 점, 느낀 점, 건의사항 등을 서술식으로 작성함.
※ 실습지도자 슈퍼비전은 실습평가 시간에 받은 슈퍼비전 내용을 실습생이 작성할 경우 반드시 실습지도자의 확인과 아울러 서명 또는 날인을 받아야 함.

[필수서류 4] 실습기관 분석보고서

실습기관 분석보고서

실습생명		기관명	
기관주소	(전화:)		
기관소개자	(부서: 직책:)		

1. 기관의 역사
  1) 기관 설립동기 및 설립목적
  2) 기관 사업의 역사적 변천
  3) 기관 역사에 대한 실습생의 평가

2. 기관의 목적

3. 기관의 주요 사업 및 프로그램
  1) 클라이언트 및 대상 지역
  2) 주요 사업
  3) 서비스 전달체계
  4) 기관의 대상층 및 주요 사업에 대한 실습생의 평가

4. 기관의 행정사항
  1) 기관의 조직구조
  2) 예산, 후원 및 지원 사항
  3) 기관의 행정구조와 예산 사용 및 후원에 대한 실습생의 평가

5. 기관이 속한 지역사회, 물리적 환경의 특징
  1) 지역사회
  2) 물리적 환경(시설, 공간 등)

6. 사회복지기관으로서 지역 내 타 기관들과의 연계
  1) 관계 유형 및 내용
  2) 기관의 타 기관과의 관계유지에 대한 실습생의 평가

7. 기관의 특별한 면이나 전반적인 사항에 대한 인상이나 느낌

[필수서류 5] 실습 중간평가서

실습 중간평가서

실습생명		기관명	
실습기간		실습지도자	
실습평가일		실습지도교수	

1. 실습목표와 관련된 실습 내용 및 역할에 대한 평가

1) 수행한 실습 내용 및 역할의 요약
2) 평가
3) 앞으로의 계획

2. 실습에 임한 자세 및 노력

3. 실습을 통해 배운 점

4. 앞으로 더 필요한 지식과 기술

5. 실습에서 어려웠던 점

6. 기관 및 실습지도자에게 건의할 점

※ 본 평가서는 사회복지현장실습 지침서를 참고하여 실습생 본인이 작성하며, 서술양식으로 작성한 뒤 실습 실습지도자와 평가회를 갖는 것을 추천함.

[필수서류 6] 실습 종결평가서

실습 종결평가서

실습생명		기관명	
실습기간		실습지도자	
실습평가일		실습지도교수	

1. 실습일정에 대한 평가

2. 실습 내용 및 역할에 대한 평가

3. 실습목표에 대한 평가

1) 구체적이고 적절한 목표 설정 여부
2) 목표의 달성 여부

4. 서비스 실천과정에 대한 평가 / 정책 및 행정 실습에 대한 평가

1) 문제 파악 및 자료수집 능력 / 문제 인식 능력
2) 문제 사정 능력 / 문제 분석 능력
3) 개입 기술 / 문제해결을 위한 대안제시능력
4) 면접 기술 / 기존지식과 정보의 사용능력
5) 기록 기술 / 기록 기술
6) 클라이언트와의 전문적인 관계 형성 / 유관 기관 및 관련된 사람들과 전문적인 관계 형성

5. 실습생의 자원 활용에 대한 평가(인적, 물적 자원)

1) 기관 외의 자원 활용
2) 실습과 관련된 참고서적의 활용

6. 실습에 임하는 자세에 대한 평가

1) 업무관리
   (1) 시간 준수, 과제제출
   (2) 주어진 일에 대한 업무조절 능력
2) 직원과의 관계(실습지도자, 타직원, 타 전문직 직원)
3) 다른 실습생과의 관계
4) 실습에 있어서의 적극성 및 자발성

7. 전문적 태도에 대한 평가

1) 사회복지사로서 실습생 자신의 장 · 단점에 대한 인식

2) 전문가로서 윤리 및 가치관의 이행

8. 실습지도 활용 정도에 대한 평가

1) 실습생 자신의 실습지도 활용 정도에 대한 평가

(1) 기관 실습지도

(2) 대학 실습지도

2) 실습지도 자체에 대한 평가

(1) 기관 실습지도

(2) 대학 실습지도

9. 기관 이해도에 대한 평가

1) 실습생의 과업과 관련된 기관의 목적, 정책, 행정 절차에 대한 이해

2) 실습생으로서의 기관 내의 권한과 한계에 대한 인식

10. 실습 기간 중 가장 유익했던 내용

11. 실습기간 중 가장 안 좋았던 내용

12. 실습 기관, 실습 지도자, 대학에 대한 건의사항

13. 기타 하고 싶은 말

※ 본 평가서는 사회복지현장실습 지침서를 참고하여 실습생 본인이 작성하며, 서술양식으로 작성한 뒤 실습 실습지도자와 평가회를 갖는 것을 추천함.

[필수서류 7] 실습평가서(교육기관 발송용)

실습평가서 (교육기관 발송용)

기관명		실습지도자	
실습부서		실습지도교수	
실습기간			
실습생		평 가 일 시	

* 출석상황

□ 무단결석 없음 □ 무단결석 1회 □ 무단결석 2회 □ 무단결석 3회 이상

* 다음은 실습생에 관한 평가입니다. 실습생이 실습지도 기간 동안 보여주었던 태도와 행동을 기준으로 아래 항목에 솔직하게 평가해 주시기 바랍니다.

실습 내용에 포함되어 있는 사항에 관해서만 평가하여 주시고, 평균에는 평가항목 총점을 평가항목 개수로 나눈 점수를 기입하면 됩니다(1점: 매우 그렇지 못하다 ~ 5점: 매우 그렇다).

▶ 점수 기준

평가항목 중 해당되는 항목을 평가하여 평가한 문항으로 나누면 5점 만점 중 학생의 점수 평점이 됨. 5점~4.5점 사이는 A대의 점수 부여, 4.4~4.0점 사이는 B점수 대, 3.9~3.5 사이는 C점수 대, 3.4~3 사이는 D점수 대 2.9 이하는 F. / 각 점수대의 +, 0, –는 점수범위의 분포에 따라 적절히 부여할 수 있음

항목	내용	1	2	3	4	5
실습 지도에 대한 태도	1. 실습지도 시간을 엄수한다.					
	2. 적극적이고 긍정적인 자세로 실습지도에 참여한다.					
	3. 실습지도에서 지적된 내용을 수용한다.					
	4. 배우는 입장에서 진지하게 노력하고 발전하려는 태도를 갖는다.					
	5. 실습지도자와 실습생으로서 공식적 관계를 형성한다.					
기관 이해 및 관계 유지	6. 동료실습생과 긍정적이고 원만한 협력 관계를 유지한다.					
	7. 기관의 목적, 정책, 규칙, 사업 내용을 이해한다.					
	8. 기관 내에서 실습생으로서의 권한과 한계를 알고 일한다.					
	9. 기관 내 타직원과 협조적인 대인관계를 형성, 유지하여 업무를 처리한다.					

기본적 태도와 자질	10. 일의 우선순위를 결정하는 능력이 있다.					
	11. 할당된 시간 안에 일을 계획하고 수행한다.					
	12. 자신의 장점과 단점을 잘 인식하고 대응한다.					
	13. 사회복지실천 지식을 실습 내용에 적용한다.					
	14. 사회복지실천의 가치와 윤리를 갖고 임한다.					
	15. 전문가로서의 편견, 선입견, 고정관념을 인식하고 객관성을 유지한다.					
	16. 실습지도 내용을 실행에 옮긴다.					
	17. 실습과정을 책임감 있게 수행한다.					
기록	18. 기록, 보고서 등을 정해진 일시에 제출한다.					
	19. 실습 내용을 사실에 근거하여 정확하게 기록한다.					
	20. 실습 내용을 체계적이고 구체적으로 기록한다.					
	21. 클라이언트와의 상호작용 및 실습생의 사고와 감정을 기록한다.					
	22. 실습지도를 통해 지적된 사항 및 배운 것을 정확히 기록한다.					
전문적 태도와 관계 형성	23. 클라이언트와 전문적 관계를 형성하고 활용한다.					
	24. 전문적 관계형성에서 동정과 감정이입을 구별하여 적용한다.					
	25. 주변의 자원을 파악하고 그것을 활용하려고 노력한다.					
	26. 비심판적이며 경청과 수용의 태도를 갖는다.					
	27. 클라이언트의 능력과 동기의 한계를 수용한다.					
	28. 실습지도자가 지시한 것을 잘 파악하여 실행에 옮긴다.					
개인에 대한 개입	29. 클라이언트가 표현한 의사소통과 암시적인 의사소통을 이해한다.					
	30. 실습생이 의도한 바를 클라이언트에게 명확하게 전달한다.					
	31. 클라이언트의 문제와 상황에 관련된 정확한 자료를 수집한다.					
	32. 수집된 자료를 체계적으로 종합하고 이론에 기초하여 사정한다.					
	33. 클라이언트 가족 등 주변의 지지자원을 활용한다.					
	34. 클라이언트와 환경의 상호역동성의 이해아래 개입목표와 전략을 수립한다.					
	35. 개입목표에 따라 클라이언트의 긍정적인 변화를 유도한다.					
가족에 대한 개입	36. 가족의 역동성을 파악하고 가족상황에 관련된 정확한 자료를 수집한다.					
	37. 가족의 구조를 명확히 이해하여 필요한 가족개입의 기술을 활용한다.					
	38. 가족의 상호역동성의 이해아래 개입목표와 전략을 수립한다.					
	39. 가족 구성원을 개별화하고 성원들이 긍정적으로 변화하도록 유도한다.					

집단에 대한 개입	40. 집단 역동을 파악하여 의미 있는 개입으로 집단을 지도한다.					
	41. 집단에서 주진행자와 보조진행자의 의미와 역할을 알고 실천한다.					
	42. 집단의 구조를 명확히 하고 필요한 집단지도의 기술을 활용한다.					
	43. 집단 성원을 개별화하고 성원 간 의미 있는 관계를 형성하도록 한다.					
	44. 집단의 목적에 대해 정확히 사정한다.					
	45. 정확한 사정에 입각하여 적절한 프로그램을 계획하고 실행한다.					
	46. 집단의 상호작용이 목적 지향적이고 성원들이 긍정적으로 변화하도록 한다.					
지역 사회에 대한 개입	47. 지역주민들이 지역사회의 요구와 문제를 파악하도록 돕는다.					
	48. 파악된 지역사회요구를 사회행동으로 계획하고 실행한다.					
	49. 지역사회구조와 권력에 대해 이해하고 그 지역사회 상황을 정확히 파악한다.					
	50. 지역사회자원을 정확히 파악하고 접근한다.					
정책 및 행정 분야	51. 정책형성 및 개선과 관련된 이해집단들의 문제 상황 및 요구와 정책발의자들 및 집행자들의 이해관계를 정확하고 객관적으로 이해한다.					
	52. 정책형성 및 개선과 관련된 이해집단과 건설적이고 전문적인 관계를 맺는다.					
	53. 문제 상황에 적합한 정책대안을 개발하는데 적극적으로 참여한다.					
	54. 기본정보를 정확히 사용하며 실증적인 자료 분석의 지식을 갖고 문제를 분석한다.					
	55. 사회복지행정체계 및 전달체계에 대해 정확하게 이해한다.					
기관 고유 항목	56.					
	57.					
	58.					
	59.					
	60.					

* 기관 고유 항목에는 기관의 특성과 실습상황에 맞는 평가항목을 실습지도자가 추가적으로 직접 기입하고 평가할 수 있습니다.

<table>
<tr><td>총평</td><td colspan="5">(※ 실습생의 실천가로서의 장단점 및 대학에 대한 건의)</td></tr>
<tr><td>평가문항 개수</td><td colspan="2"></td><td colspan="2">총점</td><td></td></tr>
<tr><td>평균
(총점 ÷ 평가문항개수)</td><td colspan="5">(※ 기록 후 테이프 부착 후 실습지도자 서명 요망)</td></tr>
<tr><td rowspan="4">평점부여</td><td colspan="5">※ 여기에 부여하는 평점은 실습생이 받게 되는 성적표상의 최종 평점은 아닙니다. 교육기관 실습지도 점수와 함께 사회복지현장실습 평점 부여 시 주요 고려사항이 됩니다.</td></tr>
<tr><td>□ A^{+}</td><td>□ B^{+}</td><td>□ C^{+}</td><td>□ D^{+}</td><td rowspan="3">□ F</td></tr>
<tr><td>□ A^{0}</td><td>□ B^{0}</td><td>□ C^{0}</td><td>□ D^{0}</td></tr>
<tr><td>□ A^{-}</td><td>□ B^{-}</td><td>□ C^{-}</td><td>□ D^{-}</td></tr>
</table>

실습지도자 : (인)
기 관 장 : (인)

[필수서류 8] 실습지도자(슈퍼바이저) 평가척도

실습지도자(슈퍼바이저) 평가척도

기관명		평가 실습생	(인)
실습부서		실습지도교수	
실습기간			
실습지도자		평 가 일 시	

점수	평가기준
1점	슈퍼비전을 제대로 제공하지 못하여 슈퍼비전을 위한 학습이 절대적으로 요구됨
2점	슈퍼비전을 제공하는 영역에 대한 지식도 부족하고 슈퍼비전을 제공할 능력도 부족함
3점	슈퍼비전을 제공하는 영역에 대한 기본지식을 갖추고 있으며, 슈퍼비전을 제공하는 능력이 있음
4점	슈퍼비전을 제공하는 영역에 대한 정확한 지식을 갖추고 있으며, 슈퍼비전을 체계적으로 정확하게 제공함
5점	슈퍼비전을 제공하는 영역에 대한 정확한 지식을 갖추고 있으며, 슈퍼비전을 체계적으로 정확하게 제공하는 우수한 전문가 위상을 갖추고 있음

영역	내용	점수 (해당란에 V)				
		1	2	3	4	5
1. 지식	1.1 슈퍼비전의 목적을 이해한다.					
	1.2 슈퍼비전의 경계를 명확히 알고 있다.					
	1.3 다음 요소를 이해한다. 행정적 / 교육적 / 지지적					
	1.4 다양한 슈퍼비전 계약의 유형을 알고 있다.					
2. 슈퍼비전 관리기술	2.1 슈퍼비전 목적을 슈퍼바이지에게 설명할 수 있다.					
	2.2 서로가 동의하고 명확한 계약을 협상해 낼 수 있다.					
	2.3 적절한 경계를 유지할 수 있다.					
	2.4 다음과 같은 슈퍼비전 분위기를 형성할 수 있다. 공감적 / 진실한 / 적합한 / 신뢰할 수 있는 / 직접적					
	2.5 행정적 · 교육적 · 지지적 기능 간의 균형을 유지할 수 있다.					
	2.6 정각에 적절하게 회기를 끝낼 수 있다.					
3. 슈퍼비전 개입기술	3.1 다음의 개입 유형을 사용할 수 있다. 규범적 / 지식을 주는 / 대립적 / 촉매적 / 카타르시스적 / 지지적					
	3.2 다음과 같은 방법으로 피드백을 줄 수 있다. 명확한 / 인정한 / 균형이 맞는 / 구체적					

	3.3 다음에 유용하게 초점을 맞출 수 있다. 보고된 내용 / 슈퍼바이지의 개입 / 슈퍼바이지-클라이언트 관계 / 슈퍼바이지의 역전이 / 슈퍼비전 관계 / 자신의 역전이 / 좀 더 넓은 맥락					
	3.4 자신의 일하는 방법을 묘사할 수 있다.					
	3.5 자신의 경험을 적절하게 제공할 수 있다.					
	3.6 슈퍼바이지에게 자신의 슈퍼비전 기술을 전개할 수 있다.					
4. 특성 또는 특질	4.1 슈퍼바이저 역할에 대한 헌신한다.					
	4.2 슈퍼바이저 역할 고유의 권위에 대해 편안하다.					
	4.3 격려하고 동기를 부여하며 적절한 낙관주의를 줄 수 있다.					
	4.4 슈퍼바이지의 욕구에 대해 민감하다.					
	4.5 다음과 같은 개인의 차이를 인식하고 적응할 수 있다. 성 / 연령 / 문화적 · 인종적 배경 / 계층 / 성적 오리엔테이션 / 성격 / 전문적 훈련					
	4.6 유머감각이 있다.					
5. 지속적 발전에 대한 헌신	5.1 자신의 적절한 슈퍼비전에 대해 책임져 왔다.					
	5.2 자신의 실천가 및 슈퍼바이저로서의 기술과 지식을 업데이트하기 위해 노력했다.					
	5.3 슈퍼바이저로서 자신의 강점과 단점을 파악하고 자신의 한계를 인정한다.					
	5.4 다음과 같은 사람들로부터 정기적 피드백을 받는다. 슈퍼바이지 / 동료 / 자신의 슈퍼바이저 또는 상사					
6. 집단 슈퍼바이저	6.1 집단역동에 대한 지식을 가지고 있다.					
	6.2 슈퍼비전 과정을 돕기 위해 집단과정을 사용할 수 있다.					
	6.3 집단 내의 경쟁력을 조정할 수 있다.					
7. 시니어 조직 슈퍼바이저	7.1 전문가 간의 이슈를 감독할 수 있다.					
	7.2 조직의 이슈를 감독할 수 있다.					
	7.3 팀 내의 활동범위와 조직발달에 대한 지식을 가지고 있다.					
	7.4 기초가 되는 팀 또는 조직문화를 '표면화'할 수 있다.					
	7.5 조직의 변화를 촉진할 수 있다.					
	7.6 슈퍼비전이 활발하게 이루어지는 학습적 문화를 조성할 수 있다.					

평가문항 개수	문항	총점	점	평균 (총점 ÷ 평가문항개수)	점

[필수서류 9] 사회복지현장실습 확인서 〈2025.개정 서식〉

사회복지현장실습 확인서

[∨]신규발급, [ ]재발급 (앞쪽)

실습생 인적사항	성 명		생년월일	※「주민등록번호」 앞자리 6자리를 기재 바랍니다	
	휴대전화 번호		학교명		
실습기관 및 실습 지도자	실습기관명			실습기관 관리번호	※ 실습기관 선정 시 부여된 등록번호 기재
	기관 주소	※「도로명 주소」로 기입해 주세요.		전화번호	
	실습 지도자명	※ 실습생의 실습을 지도한 지도자명 기재		사회복지사 자격번호(취득일자)	제 – 호 (. . .)
실습기간	실습 기간	20 년 월 일 ~ 20 년 월 일			
	실습 시간	총 시간 (총 회, 1일 평균 시간)			

실습기관은「사회복지사업법 시행규칙」제3조 [별표1]의 규정에 따라 자격요건을 갖춘 실습기관과 실습지도자에 의해 기관 실습을 진행하였으며, 상기 실습생이 위와 같이 기관실습을 하였음을 확인합니다.

20XX 년 월 일

기관실습 지도자 : (서명 또는 인) 기관실습 실시기관 : (직인)

교육기관 및 세미나 교수	교육기관 유형	[ ]오프라인 / [ ]온라인	교육기관명	ㅇㅇ대학교
	실습세미나 교수명		학 과 명	사회복지상담과
	실습세미나 교수 취득학위 (사회복지학 또는 사회사업학)	[ ]학사, [ ]석사, [ ]박사	교육기관 전화번호	
실습 세미나	실습세미나 기간	20 년 월 일 ~ 20 년 월 일		
	실습세미나 횟수(시간)	총 회 (시간)	대면방식 세미나 횟수 (시간)	총 회 (시간)

교육기관은 「사회복지사업법 시행규칙」 제3조 [별표1]의 규정에 따라 자격요건을 갖춘 실습세미나 지도교수에 의해 실습세미나를 진행하였으며, 상기 실습생은 위와 같이 실습세미나를 이수하였음을 확인합니다.

20XX 년 월 일

실습세미나 교수 : (서명 또는 인) 학과장 : (직인)

재발급 사유	※ 사회복지현장실습 확인서 재발급 시 재발급 사유 기재 바랍니다.

[사회복지현장실습에 관한 기준] – 사회복지사업법 시행규칙[별표1] 사회복지관련 교과목 (제3조 관련)

① 기관실습 실시기관 : 보건복지부장관으로부터 선정된 사회복지사업을 수행하는 기관, 법인, 시설 또는 단체

② 기관실습 지도자 : 사회복지사 1급 자격증을 취득한 이후 3년 이상 또는 사회복지사 2급 자격증을 취득한 이후 5년 이상 사회복지사업의 실무경험이 있는 자로 기관실습이 실시되는 연도의 전년도에 8시간 이상의 보수교육을 받은 자로 상근하여야 함.

③ 기관실습 시간 : 160시간 이상으로 한다.(단, 시행일 2020.1.1. 기준일 2019.12.31. 사회복지학 전공교과목과 사회복지관련 교과목의 전부 또는 일부 이수하였거나 수강하고 있는 사람은 120시간 이상)

④ 실습세미나 : 1회당 2시간 이상의 실습세미나를 총 15회 이상 실시하며, 정보통신망을 이용한 온라인 교육을 실시하는 교육기관의 실습세미나에는 대면 방식의 세미나가 총 3회 이상 포함되어야 하며, 한 세미나에 참여하는 학생 수는 30명 이내일 것

⑤ 실습세미나 교수 : 학사, 석사 또는 박사 학위 중 2개 이상의 학위를 사회복지학 또는 사회사업학 전공으로 취득한 사람으로서 3년 이상의 사회복지학 교육경험 또는 3년 이상의 사회복지사업 실무경험이 있는 교수가 지도할 것

※ 법령이 정한 상기 기준은 모두 충족해야 하며, 미충족 시 사회복지사자격증을 교부할 수 없습니다.

(뒤쪽)

[사회복지현장실습 확인서 작성방법]

[주의사항]
- 실습확인서에 기재할 내용은 정자로 기재하거나 전자문서로 작성 가능합니다. 다만 전자문서로 작성 시 서명란은 직접 작성하여야 하며, 서명, 직인란에 전자파일의 삽입은 불가합니다.
- 실습확인서 최초 발급 시 신규발급란에 체크하고, 재발급 시 재발급란에 체크 및 재발급 사유란에 사유를 작성합니다.

※ 사회복지현장실습 확인서 내용을 허위 기재 및 위변조 시 이로 인해 발급된 사회복지사 자격은 취소될 수 있으며, 법적 제재를 받을 수 있습니다.

[실습생 인적사항]
- 실습생 성명은 주민등록증에 등록된 이름으로 기재하며, 외국인의 경우 외국인등록증에 등록된 영문명으로 기재하여야 합니다.
- 실습생의 생년월일은 주민등록번호 앞 6자리를 기재하여야 합니다.
- 실습생 휴대전화번호는 연락 가능한 번호를 기재하여야 합니다.
- 실습생의 교육기관명은 실습생의 실습 진행 당시 소속 중인 교육기관명을 기재하여야 합니다.

[실습기관 및 실습지도자 인적사항]
- 실습기관명은 실습기관으로 선정 시 등록된 기관명으로 기재하여야 하며, 기관명을 약칭으로 기재가 불가합니다.
- 실습기관 관리번호는 실습기관으로 선정 시 부여된 '실습기관 관리번호'를 기재하시기 바랍니다. (사업자등록번호 및 기타 시설신고증 번호 기재불가)
- 기관주소는 도로명 주소로 기재 바라며, 전화번호는 연락 가능한 실습기관 전화번호를 기재 바랍니다.
- 기관실습 지도자명에는 실습지도자로 등록된 지도자 중 실습생을 실제로 지도한 실습지도자를 기재 바랍니다.
- 사회복지사 자격번호는 실습 지도한 실습지도자의 사회복지사 자격번호 (사회복지사 자격증 좌측 상단에 표시된 번호)를 기재하며, 취득 일자는 사회복지사 자격증에 기재된 발급 일자를 기재 바랍니다.

[실습기간 및 실습시간]
- 실습기간은 실제 진행된 실습 기간 중 최초 시작일과 종료일을 기재 바랍니다. (실습기관별로 실습 O.T 등 실습시간에 포함되지 않는 기간은 기재하지 않아도 됨)
- 실습시간은 총 실습시간과 횟수, 1일 평균 시간을 기재 바랍니다. (1일 4시간 이상 8시간 이하로 실습이 진행되어야 합니다.)

[실습세미나]
- 학교 유형을 체크해 주시기 바랍니다. (오프라인, 온라인 구분하여 체크)
- 학교명은 현재 실습세미나를 운영하고 있는 학교명을 기재 바랍니다.
- 실습세미나 교수의 사회복지학 또는 사회사업학 학위 취득상황을 체크해 주시기 바랍니다. (학사, 석사, 박사 학위 중 2개 이상 학위를 사회복지학 또는 사회사업학으로 취득하여야 함)

- 실습세미나 교육기간 및 교육 횟수, 운영 시간을 기재 바랍니다. (온라인 교육기관의 경우 대면 세미나를 주 1회씩 총 3회 이상 진행하여야 함.)

[서명 및 직인]
- 기관실습지도자, 실습세미나 교수는 서명 또는 도장을 찍어야 합니다. 서명의 경우 직접 작성을 원칙으로 하며, 도장 또는 서명을 전자 파일 형태로 삽입은 불가합니다.
- 사회복지현장실습 확인서 재발급 시 실습지도자 및 실습세미나 교수 퇴사 등으로 직접 서명이 불가할 경우 실습기관장, 학과장의 이름 기재 후 재발급에 따른 대리 서명 사유와 실습기관장 또는 학과장 직인을 찍어 제출이 가능합니다. 이 경우 상단 재발급 표기란에 체크 바랍니다.
- 기관실습 실시기관, 학과장의 경우 직인을 찍어야 하며, 전자 파일 형태로 삽입은 불가합니다.
- 기관실습 확인 일자는 실습을 진행한 기간 보다 앞서 일자 기재가 불가하며, 실습세미나 확인 일자는 실습세미나 교육 기간보다 앞서 기재가 불가합니다.

[사회복지현장실습 확인서 발급 절차]

기관실습 (실습기관) ▶ 사회복지현장실습 확인서 발급 (실습지도자 서명 및 기관 확인) ▶ 실습세미나 (교육기관) ▶ 실습세미나 확인 (실습지도교수 서명 및 학과장 확인) ▶ 실습확인서 관리 (실습확인서 원본 보관)

※ 사회복지현장실습 확인서를 자격증 발급 신청 시 한국사회복지사협회로 제출하지 않음에 따라 관련 서식 내용 변경됨.

부록 3. 사회복지사 선서문 및 윤리강령 전문(2023년 개정)

사회복지사 선서문

나는 모든 사람들이 인간다운 삶을 누릴 수 있도록
인간 존엄성과 사회정의의 신념을 바탕으로
개인 · 가족 · 집단 · 조직 · 지역사회 전체 사회와 함께 한다.

나는 언제나 소외되고 고통받는 사람들의 편에 서서,
저들의 인권과 권익을 지키며,
사회의 불의와 부정을 거부하고,
개인이익보다 공공이익을 앞세운다.

나는 사회복지사 윤리강령을 준수함으로써,
도덕성과 책임성을 갖춘 사회복지사로 헌신한다.

나는 나의 자유의지에 따라 명예를 걸고
이를 엄숙하게 선서합니다.

사회복지사 윤리강령

2023.04.11. 5차 개정

전문

사회복지사는 인본주의 · 평등주의 사상에 기초하여, 모든 인간의 존엄성과 가치를 존중하고 천부의 자유권과 생존권의 보장 활동에 헌신한다. 특히 사회적 · 경제적 약자들의 편에 서서 사회정의와 평등 · 자유와 민주주의 가치를 실현하는 데 앞장선다. 또한, 도움을 필요로 하는 사람들의 사회적 지위와 기능을 향상시키기 위해 저들과 함께 일하며, 사회제도 개선과 관련된 제반 활동에 주도적으로 참여한다. 사회복지사는 개인의 주체성과 자기 결정권을 보장하는 데 최선을 다하고, 어떠한 여건에서도 개인이 부당하게 희생되는 일이 없도록 한다. 이러한 사명을 실천하기 위하여 전문적 지식과 기술을 개발하고, 사회적 가치를 실현하는 전문가로서의 능력과 품위를 유지하기 위해 노력한다. 이에 우리는 클라이언트 · 동료 · 기관 그리고, 지역사회 및 전체 사회와 관련된 사회복지사의 행위와 활동을 판단 · 평가하며 인도하는 윤리기준을 다음과 같이 선언하고 이를 준수할 것을 다짐한다.

윤리강령의 목적

한국사회복지사 윤리강령은 사회복지 전문직의 가치와 윤리적 실천을 위한 기준을 안내하고, 윤리적 이해가 충돌할 때 고려해야 할 사항을 제시하고자 한다. 한국사회복지사 윤리강령의 목적은 다음과 같다.

1. 윤리강령은 사회복지 전문직의 사명과 사회복지실천의 기반이 되는 핵심 가치를 제시한다.
2. 윤리강령은 사회복지 전문직의 핵심 가치를 실현하기 위한 윤리적 원칙을 제시하고, 사회복지실천의 지침으로 사용될 윤리기준을 제시한다.
3. 윤리강령은 사회복지실천 현장에서 발생하는 윤리적 갈등 상황에서 의사 결정에 필요한 사항을 확인하고 판단하는 데 필요한 윤리기준을 제시한다.

4. 윤리강령은 사회복지사가 전문가로서 품위와 자질을 유지하고, 자기관리를 통해 클라이언트를 보호할 수 있도록 안내한다.
5. 윤리강령은 사회복지의 전문성을 확보하고 외부 통제로부터 전문직을 보호할 수 있는 기준을 제공한다.
6. 윤리강령은 시민에게 전문가로서 사회복지사의 역할과 태도를 알리는 수단으로 작용한다.

윤리강령의 가치와 원칙

사회복지사는 인간 존엄성과 사회정의라는 사회복지의 핵심 가치에 기반을 두고 사회복지 전문직의 사명을 다하기 위해 노력해야 한다. 이러한 핵심가치와 관련해 사회복지 전문직이 준수해야 할 윤리적 원칙을 제시한다.

핵심 가치 1. 인간 존엄성

윤리적 원칙: 사회복지사는 인간의 존엄성과 가치를 인정하고 존중한다.

- 사회복지사는 개인적 · 사회적 · 문화적 · 정치적 · 종교적 다양성을 고려하며 개인의 인권을 보호하고 존중한다.
- 사회복지사는 클라이언트의 자율성을 존중하고, 자기 결정을 지원한다.
- 사회복지사는 클라이언트가 역량을 강화하고, 자신과 환경을 변화시킬 수 있도록 지원한다.
- 사회복지사는 사회복지실천과정에서 클라이언트의 개입과 참여를 보장한다.

핵심 가치 2. 사회정의

윤리적 원칙: 사회복지사는 사회정의 실현을 위해 앞장선다.

- 사회복지사는 개인적 · 집단적 · 사회적 · 문화적 · 정치적 · 종교적 차별에 도전하여 사회정의를 촉진한다.
- 사회복지사는 개인, 가족, 집단, 지역사회의 다양성을 존중하는 포용적 지역사회를 만들기 위해 노력한다.
- 사회복지사는 부적절하고 억압적이며 불공정한 사회제도와 관행을 변화시키기 위해 사회의 다양한 구성원들과 협력한다.

• 사회복지사는 포용적이고 책임 있는 사회를 만들어 가기 위해 연대 활동을 한다.

Ⅰ. 기본적 윤리기준

1. 전문가로서의 자세

1) 인간 존엄성 존중

가. 사회복지사는 모든 인간의 존엄, 자유, 평등을 위해 헌신해야 하며, 사회적 약자를 옹호하고 대변하는 일을 주도해야 한다.

나. 사회복지사는 모든 인간의 고유한 존엄성과 가치를 인정하고 존중하며, 이를 기반으로 사회복지를 실천한다.

다. 사회복지사는 클라이언트의 성, 연령, 정신 · 신체적 장애, 경제적 지위, 정치적 신념, 종교, 인종, 국적, 결혼상태, 임신 또는 출산, 가족 형태 또는 가족 상황, 성적 지향, 젠더 정체성, 기타 개인적 선호 · 특징 · 조건 · 지위 등을 이유로 차별을 하지 않는다.

라. 사회복지사는 다양한 문화의 강점을 인식하고 존중하며, 문화적 역량을 바탕으로 사회복지를 실천한다.

마. 사회복지사는 문화적으로 민감한 실천을 제공하기 위해, 사회복지실천과정에서 자신의 개인적 · 사회적 · 문화적 · 정치적 · 종교적 가치, 신념과 편견이 클라이언트와 동료 사회복지사에게 미칠 수 있는 영향을 고려하여 자기 인식을 증진하기 위해 힘쓴다.

2) 사회정의 실현

가. 사회복지사는 사회정의 실현과 클라이언트의 복지 증진에 헌신하며, 이를 위한 국가와 사회의 환경 변화를 위해 노력한다.

나. 사회복지사는 사회, 경제, 환경, 정치적 자원에 대한 평등한 접근과 공평한 분배가 이루어지도록 노력한다.

다. 사회복지사는 개인적 · 집단적 · 사회적 · 문화적 · 정치적 · 종교적 특성에 근거해 개인이나 집단을 차별 · 억압하는 것을 인식하고, 이를 해결 또는 예방하기 위해 노력해야 한다.

2. 전문성 개발을 위한 노력

1) 직무 능력 개발

가. 사회복지사는 클라이언트에게 최상의 서비스를 제공하기 위해, 지식과 기술을 개발하는 데 최선을 다하며 이를 활용하고 공유할 책임이 있다.

나. 사회복지사는 사회적 다양성의 특징(성, 연령, 정신 · 신체적 장애, 경제적 지위, 정치적 신념, 종교, 인종, 국적, 결혼 상태, 임신 또는 출산, 가족 형태 또는 가족 상황, 성적 지향, 젠더 정체성, 기타 개인적 선호 · 특징 · 조건 · 지위 등), 차별, 억압 등에 대해 교육을 받고 이에 대한 이해를 증진하기 위해 노력한다.

다. 사회복지사는 변화하는 사회복지 관련 쟁점에 대응할 수 있도록 실천 기술을 향상하고, 새로운 실천 기술이나 접근법을 적용하기 위해 적절한 교육, 훈련, 연수, 자문, 슈퍼비전 등을 받도록 노력한다.

라. 사회복지사는 사회복지실천에 필요한 정보통신 관련 지식과 기술을 습득하기 위해 노력하며, 이를 사용하는 과정에서 발생할 수 있는 윤리적 문제를 인식하고 정보통신 관련 지식과 기술을 활용하도록 한다.

2) 지식기반의 실천 증진

가. 사회복지사는 사회복지실천과정에서 평가와 연구 조사를 함으로써, 사회복지실천의 지식 기반형성에 기여하고, 궁극적으로 사회복지실천의 질적 향상을 위해 노력한다.

나. 사회복지사는 평가나 연구 조사를 할 때, 연구 참여자의 권리를 보장하기 위해, 연구 관련 사항을 충분히 안내하고 자발적인 동의를 얻어야 한다.

다. 사회복지사는 연구 과정에서 얻은 정보를 비밀 보장의 원칙에서 다루며, 비밀 보장의 한계, 비밀 보장을 위한 조치, 조사자료 폐기 등을 연구 참여자에게 알려야 한다.

라. 사회복지사는 평가나 연구 조사를 할 때, 연구 참여자의 보호와 이익, 존엄성, 자기결정권, 자발적 동의, 비밀 보장 등을 고려하며, 「생명윤리 및 안전에 관한 법률」 등 관련 법령과 규정에 따라 연구윤리를 준수한다.

3. 전문가로서의 실천

1) 품위와 자질 유지

가. 사회복지사는 전문가로서의 품위와 자질을 유지하고, 자신이 맡고 있는 업무에 대해 책임을 진다.

나. 사회복지사는 자신의 이익을 위해 사회복지 전문직의 가치와 권위를 훼손해서는 안 된다.

다. 사회복지사는 전문가로서 성실하고 공정하게 업무를 수행한다.

라. 사회복지사는 부정직한 행위, 범죄행위, 사기, 기만행위, 차별, 학대, 따돌림, 괴롭힘 등 불법적이고 부당한 일을 행하거나 묵인해서는 안 된다.

마. 사회복지사는 자신의 소속, 전문 자격이나 역량 등을 클라이언트에게 정직하고 정확하게 알려야 한다.

바. 사회복지사는 클라이언트, 학생, 훈련생, 실습생, 슈퍼바이지, 직장 내 위계적 권력 관계에 있는 동료와 성적 관계를 형성해서는 안 되며, 이들에게 성추행과 성희롱을 포함한 성폭력, 성적 · 인격적 수치심을 주는 행위를 해서는 안 된다.

사. 사회복지사는 한국사회복지사협회 등 전문가 단체의 활동에 적극적으로 참여하여, 사회정의 실현과 사회복지사의 권익 옹호를 위해 노력한다.

2) 자기관리

가. 사회복지사는 정신적 · 신체적 건강 문제, 법적 문제 등이 사회복지실천과정에서의 전문적 판단이나 실천에 부정적 영향을 주거나 클라이언트의 이익을 저해하지 않도록, 동료, 기관과 함께 적절한 조치를 하도록 노력한다.

나. 사회복지사는 클라이언트에게 최상의 사회복지서비스를 제공하기 위해 사회복지사 자신의 정신적 · 신체적 건강, 안전을 유지 · 보호 · 관리하도록 노력한다.

3) 이해 충돌에 대한 대처

가. 사회복지사는 클라이언트의 이익을 우선으로 고려하고, 이해 충돌이 있을 때는 아동, 소수자 등 취약한 자의 이해와 권리를 우선시한다.

나. 사회복지사의 개인적 신념과 사회복지사로서 직업적 의무 사이에 이해 충돌이 발생할 때 동료, 슈퍼바이저와 논의하고, 부득이한 경우 클라이언트가 적절한 지원을 받을 수 있도록 클라이언트를 다른 사회복지사에게 의뢰하거나 다른 사회복지서비스로 연결한다.

다. 사회복지사는 전문적 가치와 판단에 따라 업무를 수행하는 과정에서, 기관 내외로부터 부당한 간섭이나 압력을 받아서는 안 된다.

4) 경제적 이득에 대한 실천

가. 사회복지사는 클라이언트의 지불 능력에 상관없이 복지 서비스를 제공해야 하며,

이를 이유로 차별해서는 안 된다.

나. 사회복지사는 필요한 경우에 제공된 서비스에 대해 공정하고 합리적으로 이용료를 책정할 수 있다.

다. 사회복지사는 업무와 관련해 정당하지 않은 방법으로 경제적 이득을 취해서는 안 된다.

Ⅱ. 클라이언트에 대한 윤리기준

1. 클라이언트의 권익옹호

사회복지사는 클라이언트의 이익을 최우선의 가치로 삼고 이를 실천하며, 클라이언트의 권리를 존중하고 옹호한다.

2. 클라이언트의 자기 결정권 존중

1) 사회복지사는 사회복지실천과정에서 클라이언트의 자기 결정을 존중하고, 클라이언트를 사회복지실천의 주체로 인식하여 클라이언트가 자기결정권을 최대한 행사할 수 있도록 돕는다.
2) 사회복지사는 의사 결정이 어려운 클라이언트에 대해서는 클라이언트의 이익과 권리를 보장하기 위한 적절한 조치를 취해야 한다.

3. 클라이언트의 사생활 보호 및 비밀 보장

사회복지사는 클라이언트의 사생활을 존중하고 보호하며, 전문적 관계에서 얻은 클라이언트 관련 정보에 대해 비밀을 유지한다. 그러나 클라이언트 자신과 타인에게 해를 입히거나 범죄행위와 관련된 경우에는 예외로 할 수 있다.

4. 정보에 입각한 동의

사회복지사는 클라이언트의 알 권리를 인정하고 동의를 얻어야 하며, 클라이언트가 받는 서비스의 목적과 내용, 범위, 합리적 대안, 위험, 서비스의 제한, 동의를 거절 또는 철회할 수 있는 클라이언트의 권리 등에 대해 정확하고 충분한 정보를 제공한다.

5. 기록 · 정보 관리

1) 클라이언트에 대한 사회복지실천 기록은 사회복지사의 윤리적 실천의 근거이자 평가 · 점검의 도구이기 때문에 중립적이고 객관적으로 작성해야 한다.
2) 사회복지사는 클라이언트가 자신과 관련된 기록의 공개를 요구하면 정당한 비공개 사유가 없는 한 정보에 접근할 수 있도록 해야 한다.
3) 사회복지사는 클라이언트에 대한 문서 정보, 전자 정보, 기타 민감한 개인 정보를 보호해야 한다.
4) 사회복지사가 획득한 클라이언트 관련 정보나 기록을 법적 사유 또는 기타 사유로 제3자에게 공개할 때는 클라이언트에게 안내하고 동의를 얻어야 한다.

6. 직업적 경계 유지

1) 사회복지사는 클라이언트와의 전문적 관계를 자신의 개인적 이익을 위해 이용해서는 안 된다.
2) 사회복지사는 업무 외의 목적으로 정보통신기술을 사용해 클라이언트와 의사소통을 해서는 안 된다.
3) 사회복지사는 어떠한 상황에서도 클라이언트와 사적 금전 거래, 성적 관계 등 부적절한 행동을 해서는 안 된다.
4) 동료의 클라이언트를 의뢰받을 때는 기관 및 슈퍼바이저와 논의하는 과정을 거쳐야 하며, 클라이언트에게 설명하고 동의를 얻은 후 서비스를 제공한다.
5) 사회복지사는 정보처리기술을 이용하는 것이 클라이언트의 권리를 침해할 위험성이 있다는 사실을 인식하고 직업적 범위 안에서 활용한다.

7. 서비스의 종결

1) 사회복지사는 클라이언트에게 제공되는 서비스가 더 이상 클라이언트의 이해나 욕구에 부합하지 않으면 업무상 관계와 서비스를 종결한다.
2) 사회복지사는 개인적 또는 직업적 이유로 클라이언트와의 전문적 관계를 중단하거나 종결할 때 사전에 클라이언트에게 충분히 설명하고, 다른 기관 또는 다른 전문가

에게 의뢰하는 등 필요한 조치를 취한다.

3) 사회복지사는 클라이언트의 고의적 · 악의적 · 상습적 민원 제기에 대해 소속 기관, 슈퍼바이저, 전문가 자문 등의 논의 과정을 거쳐 서비스를 중단하거나 거부권을 행사할 수 있다.

Ⅲ. 사회복지사의 동료에 대한 윤리기준

1. 동료

1) 사회복지사는 존중과 신뢰를 기반으로 동료를 대하며, 전문가로서의 지위와 인격을 훼손하는 언행을 하지 않는다.
2) 사회복지사는 사회복지 전문직의 권익 증진을 위해 동료와 다른 전문직 동료와도 협력하고 협업한다.
3) 사회복지사는 동료의 윤리적이고 전문적인 행위를 촉진해야 하며, 동료가 전문적인 판단과 실천이 미흡하여 문제를 발생시켰을 때 윤리강령과 제반 법령에 따라 대처한다.
4) 사회복지사는 다른 전문직의 동료가 행한 비윤리적 행위에 대한 윤리강령과 제반 법령에 따라 대처한다.
5) 사회복지사는 동료의 직무 가치와 내용을 인정하고 이해하며, 상호 간에 민주적인 직무 관계를 이루도록 노력해야 한다.
6) 사회복지사는 동료들에게 정보통신기술을 사용한 비윤리적 행위를 하지 않는다.
7) 사회복지사는 동료가 적법하게 업무를 수행하는 과정에서 부당한 조치를 당하면 동료를 변호하고 원조해 주어야 한다.
8) 사회복지사는 동료에게 행해지는 어떤 형태의 차별, 학대, 따돌림 또는 괴롭힘과 자신의 전문적 권위를 행사하는 다른 동료와의 부적절한 성적 행동에 가담하거나 이를 용인해서는 안 된다.
9) 사회복지사는 슈퍼바이지, 학생, 훈련생, 실습생, 자신의 전문적 권위를 행사하는 다른 동료와의 성적 행위나 성적 접촉과 성적 관계에 관여해서는 안 된다.

2. 슈퍼바이저

1) 슈퍼바이저는 슈퍼바이지가 전문적 업무 수행을 할 수 있도록 지원하고 슈퍼바이지

는 슈퍼바이저의 전문적 지도와 조언을 존중해야 한다.

2) 슈퍼바이저는 전문적 기준에 따라 슈퍼비전을 수행하며, 공정하게 평가하고 평가결과를 슈퍼바이지와 공유한다.
3) 슈퍼바이저는 개인적인 이익 추구를 위해 자신의 지위를 이용해서는 안 된다.
4) 슈퍼바이저는 사회복지사 수련생과 실습생에게 인격적 · 성적으로 수치심을 주는 행위를 해서는 안 된다.

Ⅳ. 기관에 대한 윤리기준

1) 사회복지사는 기관의 사명과 비전을 확인하고, 정책과 사업 목표를 달성하기 위해 노력해야 한다.
2) 사회복지사는 소속 기관의 활동에 적극적으로 참여함으로써 기관의 성장과 발전을 위해 노력해야 한다.
3) 사회복지사는 기관의 부당한 정책이나 요구에 대해 전문직의 가치와 지식을 근거로 대응하고, 제반 법령과 규정에 따라 해결하도록 노력해야 한다.

Ⅴ. 사회에 대한 윤리기준

1) 사회복지사는 자신이 일하는 지역사회를 이해하고, 클라이언트가 지역사회에서 서로 도우며 함께 살아가도록 지원해야 한다.
2) 사회복지사는 정치적 영역이 클라이언트의 권익과 사회복지실천에 미치는 영향을 인식하여 사회정의 실현을 위한 사회정책의 수립과 법령 제 · 개정을 지원 · 옹호해야 한다.
3) 사회복지사는 사회재난과 국가 위급 상황에서 문제를 해결하기 위해 적극적으로 활동해야 한다.
4) 사회복지사는 지역사회, 국가, 나아가 전 세계와 그 구성원의 복지 증진, 삶의 질 향상을 위해 적극적으로 노력해야 한다.
5) 사회복지사는 인간과 자연이 서로 떨어져 살 수 없음을 깨닫고, 인간과 자연환경, 생명 등 생태에 미칠 영향을 생각하며 실천해야 한다.

부록 4. 현장 실무 주요 평가척도[2)]

노인 생활만족도 척도(Life Satisfaction Scale for Elderly)

〈척도 소개〉

- 노인 생활만족도 척도는 노인이 삶의 전반적인 영역에 대해 느끼는 만족도를 측정하는 척도로서 객관적 조건에서 노인 개개인이 가지는 사회활동과 참여를 통하여 얻게 되는 경제적, 사회적, 심리적으로 개인이 느끼는 주관적 만족감을 측정하기 위한 것임.
- 총 20개 문항으로 과거차원, 현재차원, 미래차원 등 3개의 하위 개념으로 구성됨.
  - 과거차원(6문항): 1, 2, 3, 4, 5, 6번 문항
  - 현재차원(8문항): 7, 8, 9, 10, 11, 12, 13, 14번 문항
  - 미래차원(6문항): 15, 16, 17, 18, 19, 20번 문항

〈측정방법〉

- 3점 리커트 척도(0점: 그렇지 않다 ~ 2점: 그렇다)
- 역문항: 4, 5, 6, 11, 12, 13, 14, 18, 19, 20번 문항

(※ 역문항은 0점→2점, 1점→1점, 2점→0점으로 바꾸어 계산)

〈해석방법〉

점수가 높을수록 지나온 인생과 현재 및 미래의 생활에 만족하는 것으로 해석

---

2) 공동모금회 배분사업 성과측정을 위한 척도집(사회복지공동모금회, 2018)에서 부분 발췌함(분야별, 대상별로 다양한 척도를 수록하고 있는 이 척도집은 사랑의열매 홈페이지에서 다운로드 가능).

노인 생활만족도 척도

※ 다음은 각 문항에 대해 귀하의 생각과 일치하는 곳에 ✓표해 주시기 바랍니다.

	문항내용	그렇지 않다	잘 모르겠다	그렇다
1	지난 평생을 돌아볼 때 후회할 일이 별로 없다.	①	②	③
2	나의 지난 평생은 성공적인 편이었다.	①	②	③
3	나는 다른 사람들보다 다복한 편이었다.	①	②	③
4	나는 내 동갑내기들보다 어리석은 판단을 많이 내린 편이다.	①	②	③
5	내가 살아온 길을 되돌아보면 이루어 놓은 게 별로 없다.	①	②	③
6	나의 지난 평생은 힘들고 괴로워서 생각하기도 싫다.	①	②	③
7	요즈음 나는 살맛이 난다.	①	②	③
8	나이를 먹어가면서 보니 세상사가 생각했던 것보다는 좋게 느껴진다.	①	②	③
9	요즈음이 내 인생에 있어서 가장 즐거운 때이다.	①	②	③
10	나는 현재의 생활방식에 만족한다.	①	②	③
11	매일 매일의 생활이 따분하고 지루하다.	①	②	③
12	요즈음 나는 매사가 짜증스럽고 귀찮다.	①	②	③
13	요즈음 기쁜 일보다는 슬픈 일이 더 많다.	①	②	③
14	요즈음 화나는 일만 점점 더 많아진다.	①	②	③
15	나는 오래오래 살고 싶다.	①	②	③
16	앞으로 살아가는데 희망이 있다.	①	②	③
17	앞으로 내 주위에 재미있고 즐거운 일이 많이 생길 것 같다.	①	②	③
18	앞으로 내가 할 만한 일은 거의 없을 것이다.	①	②	③
19	나는 가치 있는 일을 더 이상 할 수 없을 것이다.	①	②	③
20	더 이상 나이 먹는 것보다는 죽는 편이 낫다.	①	②	③

성인 우울 척도(Beck Depression Inventory)

〈척도 소개〉

- 우울 척도(Beck Depression Inventory)는 성인의 우울 정도를 측정하는 척도로서 국내외 많은 연구에서 사용됨.
- 우울 척도는 총 21문항으로 우울증의 인지적, 정서적, 동기적, 신체적 증상 영역을 측정함.

〈측정방법〉

- 자기보고식으로 각 문항에는 (0), (1), (2), (3)점이 배당된 4문장이 있음. 응답자는 각 문항의 4문장 중 자신과 지난주에 가장 일치하는 문장을 하나씩 선택함.

〈해석방법〉

- 합계 점수에 따라서 아래와 같이 해석
  - 0~9점: 우울하지 않은 상태
  - 10~15점: 가벼운 우울상태
  - 16~23점: 중간 정도의 우울상태
  - 24~63점: 심각한 우울상태

성인 우울 척도 ※ 이 질문지는 여러분이 일상생활에서 경험할 수 있는 내용들로 구성되어 있습니다. 각 내용은 모두 4개의 문항으로 되어 있으며, 이 4개의 문항들을 자세히 읽어 보시고 그 중 요즈음(오늘을 포함하여 지난 일주일 동안)의 자신을 가장 잘 나타낸다고 생각되는 하나의 문항을 선택하여 그 번호를 (　) 안에 기입하여 주십시오.		
1	(　)	0) 나는 슬프지 않다. 1) 나는 슬프다. 2) 나는 항상 슬퍼서 그것을 떨쳐버릴 수가 없다. 3) 나는 너무나 슬프고 불행해서 도저히 견딜 수가 없다.
2	(　)	0) 나는 앞날에 대해서 별로 낙심하지 않는다. 1) 나는 앞날에 대해서 비관적인 느낌이 든다. 2) 나는 앞날에 대해 기대할 것이 아무 것도 없다고 느낀다. 3) 나의 앞날은 아주 절망적이고 나아질 가망이 없다고 느낀다.
3	(　)	0) 나는 실패자라고 느끼지 않는다. 1) 나는 보통 사람들보다 더 많이 실패한 것 같다. 2) 내가 살아온 과거를 뒤돌아보면, 생각나는 것은 실패뿐이다. 3) 나는 인간으로서 완전한 실패자인 것 같다.
4	(　)	0) 나는 전과 같이 일상생활에 만족하고 있다. 1) 나의 일상생활은 전처럼 즐겁지 않다. 2) 나는 더 이상 어떤 것에서도 참된 만족을 얻지 못한다. 3) 나는 모든 것이 다 불만스럽고 지겹다.
5	(　)	0) 나는 특별히 죄책감을 느끼지 않는다. 1) 나는 죄책감을 느낄 때가 많다. 2) 나는 거의 언제나 죄책감을 느낀다. 3) 나는 항상 언제나 죄책감을 느낀다.
6	(　)	0) 나는 벌을 받고 있다고 느끼지 않는다. 1) 나는 아마 벌을 받을 것 같다. 2) 나는 벌을 받아야 한다고 느낀다. 3) 나는 지금 벌을 받고 있다고 느낀다.
7	(　)	0) 나는 나 자신에게 실망하지 않는다. 1) 나는 나 자신에게 실망하고 있다. 2) 나는 나 자신이 혐오스럽다. 3) 나는 나 자신을 증오한다.

8	( )	0) 내가 다른 사람보다 못한 것 같지는 않다. 1) 나는 나의 약점이나 실수에 대해서 나 자신을 탓한다. 2) 내가 한 일이 잘못되었을 때는 언제나 나를 탓한다. 3) 일어나는 모든 나쁜 일들은 다 내 탓이다.
9	( )	0) 나는 자살 같은 것은 생각하지 않는다. 1) 나는 자살할 생각은 하고 있으나, 실제로 하지는 않을 것이다. 2) 나는 자살하고 싶다. 3) 나는 기회만 있으면 자살하겠다.
10	( )	0) 나는 평소보다 더 울지는 않는다. 1) 나는 전보다 더 많이 운다. 2) 나는 요즈음 항상 운다. 3) 나는 전에는 울고 싶을 때 울 수 있었지만, 요즈음은 울래야 울 기력조차 없다.
11	( )	0) 나는 요즈음 평소보다 더 짜증을 내는 편은 아니다. 1) 나는 전보다 더 쉽게 짜증이 나고 귀찮아진다. 2) 나는 요즈음 항상 짜증스럽다. 3) 전에는 짜증스럽던 일이 요즈음은 너무 지쳐서 짜증조차 나지 않는다.
12	( )	0) 나는 다른 사람들에 대한 관심을 잃지 않고 있다. 1) 나는 전보다 다른 사람들에 대한 관심이 줄었다. 2) 나는 다른 사람들에 대한 관심이 거의 없어졌다. 3) 나는 다른 사람들에 대한 관심이 없어졌다.
13	( )	0) 나는 평소처럼 결정을 잘 내린다. 1) 나는 결정을 미루는 때가 전보다 더 많다. 2) 나는 전에 비해 결정 내리는 데에 더 큰 어려움을 느낀다. 3) 나는 더 이상 아무 결정도 내릴 수가 없다.
14	( )	0) 나는 전보다 내 모습이 더 나빠졌다고 느끼지 않는다. 1) 나는 나이 들어 보이거나 매력 없어 보일까봐 걱정한다. 2) 나는 내 모습이 매력 없게 변해 버렸다고 느낀다. 3) 나는 내가 추하게 보인다고 믿는다.
15	( )	0) 나는 전처럼 일을 할 수 있다. 1) 어떤 일을 시작하려면 특별히 더 많은 노력이 든다. 2) 무슨 일이든 하려면 나 자신을 매우 심하게 채찍질해야만 한다. 3) 나는 전혀 아무 일도 할 수가 없다.
16	( )	0) 나는 평소처럼 잠을 잘 수 있다. 1) 나는 전처럼 잠을 자지 못한다. 2) 나는 전보다 한 두 시간 일찍 깨고 다시 잠들기 어렵다. 3) 나는 평소보다 몇 시간이나 일찍 깨고 다시 잠들 수 없다.
17	( )	0) 나는 평소보다 더 피곤하지는 않다. 1) 나는 전보다 더 쉽게 피곤해진다. 2) 나는 무엇을 해도 언제나 피곤해진다. 3) 나는 너무나 피곤해서 아무 일도 할 수 없다.

18	( )	0) 내 식욕은 평소와 다름없다. 1) 나는 요즈음 전보다 식욕이 좋지 않다. 2) 나는 요즈음 식욕이 많이 떨어졌다. 3) 요즈음에는 전혀 식욕이 없다.
19	( )	0) 요즈음 체중이 별로 줄지 않았다. 1) 전보다 몸무게가 2kg 가량 줄었다. 2) 전보다 몸무게가 5kg 가량 줄었다. 3) 전보다 몸무게가 7kg 가량 줄었다.
20	( )	0) 나는 건강에 대해 전보다 더 염려하고 있지는 않다. 1) 나는 여러 가지 통증, 소화불량, 변비 등과 같은 신체적인 문제로 걱정하고 있다. 2) 나는 건강이 매우 염려되어 다른 일은 생각하기 힘들다. 3) 나는 건강이 너무 염려되어 다른 일은 아무 것도 생각할 수 없다.
21	( )	0) 나는 요즈음 성(sex)에 대한 관심에 별다른 변화가 있는 것 같지는 않다. 1) 나는 전보다 성(sex)에 대한 관심이 줄었다. 2) 나는 전보다 성(sex)에 대한 관심이 상당히 줄었다. 3) 나는 성(sex)에 대한 관심을 완전히 잃었다.

아동청소년 우울 척도

〈척도 소개〉

• 아동청소년 우울 척도는 8세~17세에 해당하는 아동이나 청소년이 느끼는 우울을 측정하기 위한 것임.

• 아동청소년 우울 척도는 총 7문항으로 우울감을 내적 우울감 3문항과 외적 우울감 4개 문항으로 구분함.

  – 내적 우울감(3문항): 1, 2, 3번 문항

  – 외적 우울감(4문항): 4, 5, 6, 7번 문항

〈측정방법〉

• 자기보고식으로 각 문항에는 (1), (2), (3)점이 배당된 3문장이 있음. 응답자는 각 문항의 3문장 중 자신과 지난 2주간 가장 일치하는 문장을 하나씩 선택함.

〈해석방법〉

점수가 높을수록 우울 정도가 높은 것으로 해석

아동청소년 우울 척도

※ 아래의 내용은 평소에 느끼는 느낌과 생각들이 적혀 있는 문장들이에요. 각 문항을 읽으시고 최근의 (오늘을 포함한 지난 2주간) 자신을 잘 표현하고 있는 하나의 문장을 골라 ( ) 안에 번호를 적어 주세요.

1	( )	1) 나는 가끔씩 슬프다. 2) 나는 자주 슬픈 편이다. 3) 나는 항상 슬픈 편이다.
2	( )	1) 나는 내 자신 스스로 좋아한다. 2) 나는 내 자신을 좋아하지 않는다. 3) 나는 내 자신이 싫다.
3	( )	1) 나는 외롭다고 느끼질 않는다. 2) 나는 자주 외롭다고 느낀다. 3) 나는 항상 외롭다고 느낀다.
4	( )	1) 잘못되는 일은 대체로 나의 탓이 아니다. 2) 잘못되는 일 중에는 내 탓인 것도 많다. 3) 잘못되는 일들은 모두 내 탓이다.
5	( )	1) 나의 외모는 괜찮은 편이다. 2) 내 외모 중에는 못 생긴 부분들이 약간 있다. 3) 나는 정말로 못 생겼다.
6	( )	1) 나는 별로 어렵지 않게 학교 공부를 해 낼 수가 있다. 2) 나는 학교 공부를 해 내려면 많은 노력을 해야만 한다. 3) 나는 학교 공부를 해 내려면 항상 노력을 해야만 한다.
7	( )	1) 나의 학교 성적이 괜찮다. 2) 나의 학교 성적은 전처럼 좋지가 않다. 3) 내가 전에는 잘했던 학과목의 성적이 요즘 들어 떨어졌다.

아동 사회성 척도(Sociality Scale)

〈척도 소개〉

- 사회성 척도는 사회성 수준을 측정하기 위한 척도임
- 사회성이란 한 개인이 주어진 환경과 상호 작용하면서 균형과 조화를 유지하는 데 필요한 생활 적응 요소들로 구성되어 있는 구체적인 행동기술을 의미
- 사회성 척도는 총 40문항의 5개 하위영역으로 구성
  - 근면성(8개): 1, 6, 11, 16, 21, 26, 31, 36번
  - 책임감(8개): 2, 7, 12, 17, 22, 27, 32, 37번
  - 협동성(8개): 3, 8, 13, 18, 23, 28, 33, 38번
  - 준법성(8개): 4, 9, 14, 19, 24, 29, 34, 39번
  - 자주성(8개): 5, 10, 15, 20, 25, 30, 35, 40번

〈측정방법〉

- 4점 리커트 척도(1점: 전혀 그렇지 않다 ~ 4점: 정말 그렇다)
- 역문항: 2, 7, 9, 12, 14, 15, 16, 17, 19, 23, 25, 26, 27, 28, 29, 30, 31, 32, 33, 34, 35, 37, 38번
  (※ 역문항은 1점→4점, 2점→3점, 3점→2점, 4점→1점으로 바꾸어 계산)

〈해석방법〉

문항들의 총합 점수가 높을수록 사회성 수준이 높은 것으로 해석

아동 사회성 척도

※ 각 문항을 차례대로 읽어 가면서 나의 생각과 가장 가까운 번호에 ✓표하세요.

문항		전혀 그렇지 않다	그렇지 않은 편이다	약간 그렇다	정말 그렇다
1	나는 당번이 되면 당번 활동을 최선을 다해 열심히 한다.	①	②	③	④
2	나는 과학이나 미술과 같이 여럿이 공부하는 도중에 다른 사람이 놀면 나도 같이 논다.	①	②	③	④
3	나는 공부나 일을 혼자서 하는 것보다 여러 친구와 하는 것이 좋다.	①	②	③	④
4	나는 복도를 걸어갈 때 정해진 규칙을 잘 지킨다.	①	②	③	④
5	나는 공부 계획을 내 스스로 세운다.	①	②	③	④
6	나는 부모님이 시키지 않아도 내 할 일을 스스로 찾아서 한다.	①	②	③	④
7	나는 집에 일이 있으면 학교 청소 당번을 하지 않고 돌아와도 좋다고 생각한다.	①	②	③	④
8	나는 어린이회에서 정한 봉사활동이나 청소활동에 자발적으로 열심히 참가한다.	①	②	③	④
9	나는 가끔 휴지를 운동장이나 복도에 버린다.	①	②	③	④
10	나는 집안 일 중 내 스스로 할 수 있는 일은 자진해서 한다.	①	②	③	④
11	나는 그림 그리기나 공작할 때 손이 많이 드는 귀찮은 일도 끝까지 한다.	①	②	③	④
12	밤늦게까지 해야 할 일이 있어도 잠이 오면 곧 자 버린다.	①	②	③	④
13	나는 학교에서 여러 사람들과 같이 하는 일들은 어떤 일이든지 열심히 참여하여야 한다.	①	②	③	④
14	나는 학급에서 정한 일이나 학교 규칙을 조금은 지키지 않아도 된다고 생각하고 어길 때가 있다.	①	②	③	④
15	나는 교실에서 아침 자습할 때 옆 친구와 같이 놀거나 장난치는 일이 많다.	①	②	③	④
16	나는 몸이 조금 불편하면 해야 할 일도 게으름을 피운다.	①	②	③	④
17	나는 급히 해야 할 일이 있어도 잠이 오면 잔다.	①	②	③	④
18	나는 나의 뜻에 맞지 않는 일이라도 전체 의견이면 따른다.	①	②	③	④
19	나는 학급에서 정한 일은 내가 싫더라도 지킨다.	①	②	③	④
20	나는 어디서나 내 생각을 잘 말한다.	①	②	③	④
21	나는 선생님께서 시키신 일은 열심히 한다.				

22	나는 친구와 약속한 것을 잊어버리고 지키지 못한 경우가 가끔 있다.				
23	나는 내가 만든 작품을 다른 사람이 고쳐주면 아주 싫다.				
24	선생님이 내어준 숙제는 대부분 해 간다.				
25	나는 대부분 친구가 하는 대로 따라하는 경우가 많다.				
26	나는 그림 그리기나 공작을 할 때 싫증이 나서 다 만들기 전에 그만 둘 때가 많다.				
27	나는 학급문고나 도서실의 책을 정해진 기간 내에 반납하지 못하는 경우가 가끔 있다.				
28	나는 나에게 주의를 주는 사람이 있으면 그 사람에게 말대꾸를 한다.				
29	나는 규칙이라도 다른 사람이 보지 않을 때는 지키지 않을 때가 있다.				
30	나는 부모님이나 선생님이 말씀하시지 않으면 공부를 잘하지 않는다.				
31	나는 집안 식구가 일을 시키면 이유를 붙여서 피하려고 한다.				
32	나는 나보다 공부를 못하는 아이하고는 별로 말을 하지 않는다.				
33	나는 여럿이 있을 때 내 마음에 들지 않는 일이 있으면 주위에 있는 누구에게나 화풀이를 하는 경향이 있다.				
34	나는 예쁜 꽃이 있으면 다른 사람의 것이라도 따온다.				
35	나는 집안 식구들이 허락하지 않으면 내가 하고 싶은 일을 아무것도 못 한다.				
36	나는 몸차림을 깨끗이 하고 집에서 부지런하다.				
37	나는 어떤 급한 일이 생겼을 때는 약속을 지키지 못하는 것이 당연하다고 생각한다.				
38	나는 한 분단이 되어서 공부나 일을 할 때 싫은 사람이 있으면 공부나 일이 하기 싫어진다.				
39	나는 교통규칙을 잘 지켜서 길을 건넌다.				
40	선생님은 나에게 공부를 열심히 해라고 귀찮게 말하지 않는다.				

부록 5. 사회복지공동모금회 프로포절 핵심자료

5-1. 사회복지공동모금회 프로포절 작성 매뉴얼[3)]

1. 사업명

1) 작성 가이드

- 1개년 사업이라면 1년 동안의, 3개년 사업이라면 3년의 전체 기간 동안에 추진할 사업의 제목을 적습니다.
- (아주 중요) 사업명을 통해 그 사업이 누구에 대한 어떠한 목적으로 구체적으로 무엇을 하려는 사업인지, 사업명 안에서 대상, 목적, 방법을 명확하게 파악할 수 있도록 사업명을 정해야 합니다.
- 사업명을 인상 깊게 슬로건으로 표현하고자 하는 경우라도 사업명을 먼저 적고 그 아래에 슬로건은 부제(副題)로 병기하는 것이 좋습니다.

좋은 예	대상, 목적, 방법을 파악할 수 있는 사업명
	• 성인 발달장애인의 자립생활을 지원하기 위한 식생활 개선 프로그램 – Rainbow 영양지원, 다양한 자립의 길! • 장애 · 비장애 청소년의 지역네트워크 형성을 통한 또래통합프로그램
피해야 할 예	제목만으로는 누구에게 어떤 프로그램을 진행하는지 알 수 없는 경우
	• 내 일을 잡(Job)아라! – 너의 손안에 펼쳐질 세계가 있다. • 색다른 문화공감, Rainbow • 빼앗긴 보금자리에서 새 희망을 안고 가는 “Happy Van”

2) 지혜로운 지피지기(知彼知己)

- 심사자는 제목을 보고 이후 서술될 사업 내용의 전개방향에 대해 감(感)을 갖게 됩니다. 제목에서 관련 정보를 얻을 수 없다면 사업계획서를 보고서야 비로소 사업 내용을 이해하게 됩니다.
- 여러 편의 배분신청서를 심사하는 심사자로서는 제목과 사업 내용을 연결시키지 못하면 이후에 다시 제목을 보더라도 어떤 사업인지 기억하기 어렵습니다. 제목만으로도 심사자의 시선을 사로잡기 위해서는 ‘화려한 슬로건’ 보다 ‘정확한 제목’을 작성하는 것이 중요합니다.
- (성과확산형 사업) 다른 사업유형에 비해 규모나 지향하는 가치, 성과 면에서 차이가 있습니다. 보다 거시적이고 사회에 대한 울림을 가져올 수 있는 사업이라는 점을 염두에 두시고, 사업 전체를 아우를 수 있는 사업명을 제시하셔야 합니다.

3) 2024년 배분사업 안내(사회복지공동모금회)자료에서 발췌하여 정리함.

> 심사자는 사업을 심사함에 있어서 자신의 선입견이나 부정적인 경험이 부적절하게 심사에 영향을 미치지 않고 최대한 객관적으로 심사하기 위해 노력합니다. 하지만 사업 내용을 읽다 보면 더 읽고 싶어지는 것이 있는가 하면, 보면 볼수록 '무슨 사업을 어떻게 하겠다는 것인지' 이해하기 어려울 때도 있습니다.
> 읽으면 읽을수록 그 다음에 어떤 내용이 펼쳐질까 궁금한 사업계획서와 읽으면 읽을수록 앞뒤가 맞지 않거나 내용이 분절적이고 연결이 되지 않는 사업계획서 어떤 것에 더 마음이 갈까요?
> 심사 여정의 처음이 사업명입니다.
> 이후의 내용을 가장 압축적으로 표현하면서 내용을 이끄는 제목 - 첫 인상의 시작입니다.

2. 사업 내용 및 추진 전략

1) 사업 참여자 모집 전략

(1) 작성 가이드

1 사업참여자의 개념적 의의 및 종류

- 예전에는 사업참여자를 '사업대상자'라고 표기했습니다. 공급자가 일방적으로 서비스를 제공할 때는 사업대상자로 불리는 것이 맞지만 프로그램 사업에서의 참여자는 기관 직원의 권유에 의해 참여하기도 하지만 참여여부를 결정하는 것은 당사자입니다. 이제 그들을 피동적인 '대상'으로 간주하기보다는 '주체적인 참여자'로 바라보고자 합니다.
- 사업참여자는 크게 두 종류로 구분됩니다.
  - 첫째는 '핵심참여자(Main Participants, 핵참)'입니다. 핵심참여자는 성과목표 달성에의 주인공으로 성과목표 달성 여부와 직결되는 사람을 말합니다.
  - 둘째는 '주변참여자(Sub Participants, 변참)'입니다. 성과목표를 달성하는 데 또는 핵심참여자가 변화하는 데 매우 밀접하게 관여되는 중요한 주변인입니다.

예시	사업 참여자를 명확히 구분하여 제시
	• 핵심참여자: 손자녀를 양육하고 있는 조부모 10명 • 주변참여자: 손자녀의 어머니 10명(손자녀 1명당 어머니 1명)

- '손자녀에 대한 조부모의 양육기술향상 프로그램'에서 참여자는 앞선 예와 같이 핵심참여자는 '조부모'입니다. 그런데 이때 손자녀 부모의 매개적 역할이 필요하다면 사업 내용 중에 손자녀 부모에 대한 세부 프로그램이 운영될 수 있고, 사업예산을 사용할 수 있습니다. 하지만 이 모든 것의 초점은 조부모에게 있습니다. 즉, 손자녀의 부모에 대한 프로그램 진행과 관련하여 산출목표가 설정될 수 있지만 성과목표는 최종적으로 '조부모의 양육기술이 향상되었는지'의 여부입니다.

• 핵심참여자와 주변참여자를 구분함으로써 누가 주인공이며 성과목표 달성 여부를 점검하는 대상인지, 성과목표 달성 여부 측정대상이 아니라도 이 사업에 참여하여 최종적인 목표달성에 조력할 조연 역할은 누가하게 되는지를 알 수 있도록 하고자 합니다.

2 참여자 선정 기준

• 흔히 참여자 선정방법에 대해 저소득층, 국민기초생활수급자 우선 등 소득 기준을 매우 중요하게 생각합니다. 하지만 사회서비스는 공적 부조 및 사회보험과 달리 욕구에 대한 대응이 중요합니다. 즉, 욕구에 대한 고려 없이 소득 기준을 획일적으로 적용하는 선정 방법은 적절하다고 볼 수 없습니다.
• 그러므로 사업의 성격을 고려하여 누구를 우선으로 이 사업에 참여시킬 것인지 생각해봐야 하며, 참여 희망자 수가 모집 상한 규모를 넘어서는 경우 누구에게 기회를 줄 것인지 그 기준을 명확히 해야 합니다.
• 모집 기준을 설정할 때 고려해야 할 요소들은 아래 예시와 같습니다. 어느 쪽에 방점을 두든 사업 내용이 분명하고 체계적으로 구성되어 있다면 의미 있는 사업으로 인정받게 됩니다.

• 욕구의 크기 우선인가, 저소득층 우선인가?
  – 저소득층의 욕구가 큰 경우가 많지만 반드시 일치하지 않는다는 점을 유의
    예) 도벽이 있는 아동에 대한 개입은 소득기준보다는 도벽 성향의 심각성에 초점
• 변화의 가능성이 어느 정도 엿보여야 하는가, 변화의 가능성을 발굴하는 쪽이어야 하는가?
  – 기관의 미션, 비전과 연계되는 요소로, 남들이 돌아보지 않는 심각한 경우에 초점을 둘 것인지, 개입을 통한 성과물로 사회적 환기를 통해 사업 확장을 의도하는 것인지를 판단
• 제도권에 있는가, 아니면 경계선급인가?
  – 제도권이라 하더라도 정부지원의 사각지대는 있고 급여수준이 낮아서 이를 보충하는 개념인지, 아예 정부 지원 대상은 아니지만 현실에서 어려움을 겪고 있는 자들에 대한 대응인지 판단
    예) 장애인 또는 장애인은 아니지만 경계선급인 아동 / 수용자 또는 수용자의 가족

3 참여자 모집 방안

• 참여자는 프로그램 기획자의 마음대로 움직여 주지 않을 때가 많습니다. 제일 경계해야 할 것은 '종전에 내가 해 오던 방식대로 하면 되겠지'라는 생각이나 '예전의 성공해 본 경험이 있기 때문에 이번에도 좋은 결과가 있을 것'이라는 막연한 기대감을 갖는 것입니다.
• 그 보다는 이번에 참여하게 될 분들이 겪고 있는 어려움과 아픔, 살아가는 현실에 대한 보다 깊은 이해와 관심이 전제되어야 합니다. 예전의 경험에 비추어 일반화해서는 안 되며, 잠재적인 사업참여자를 발굴하여 사업에 적극적으로 참여하도록 하는 방안이 무엇인지에 대해 고민해야 합니다.
  – ① 지역사회 내 어디에 잠재적인 사업참여자가 있는지, ② 어떤 매력을 제시해야 잠재적인 사업참여자가 실제 참여하겠는지, ③ 사업에 참여할 때 배려해야 할 부분은 무엇인지 등에 대한 고민들이 드러나야 합니다.
• 참여자 모집 방법은 사업의 성격과 지역에 따라 달라질 수 있습니다. 공개적으로 널리 홍보해야 할 때도 있고 때로는 눈덩이방식(Snowballing)으로 비슷한 처지에 있는 분들을 소개 받아 모집할 때도 있습니다. 또 서로간의 친밀감이 높은 지역사회와 익명성이 높은 지역사회에서의 접근방법이 달라집니다.

• 흔히 작성자가 속한 기관을 이미 이용하고 있는 분들이 자연스럽게 참여하는 경우가 많은데 아래와 같은 장단점이 있으니 이에 대해 대안을 고민해 보면서 선택하시기 바랍니다.
 – (장점) 기관과 참여자 간에 어느 정도의 라포(Rapport)가 형성되어 있고, 일정 정도 경험을 공유하고 있어 사업착수에 용이하다는 점, 기관 실무자가 어느 정도 참여자의 욕구를 알고 있기 때문에 사업을 통한 개입 지점 등을 상대적으로 잘 이해하고 있다는 점
 – (단점) 참여자 간의 기존의 영향력 관계가 그대로 적용되어 새로운 질서를 만드는 데 어려움을 겪을 수 있다는 점, 준비 시점에서 기관 이용자에게 우선순위 부여 시 기관을 이용하지 않는 사람은 일부 참여하지 못하게 되어 형평성 시비가 일어날 수 있다는 점, 기존 멤버가 대다수를 차지하고 배타성을 보일 때 신규 멤버들과 갈등이 생길 수 있다는 점 등

(2) 지혜로운 지피지기(知彼知己)

• 심사자는 사업제목과 핵심참여자가 일치하는지, 핵심참여자에 대한 성과목표, 성과지표, 평가방법이 잘 연결되어 있는지를 살펴보게 됩니다. 만약 이들 간의 연결이 매끄럽지 않을 경우 심사자는 사업체계에 일관성이 없다고 생각하여 완결도가 낮은 사업계획서라고 생각하게 됩니다.
• 심사자는 선정기준과 모집방안이 사업의 내용과 체계에 맞게 개별적으로 고민되어진 내용인지를 보게 됩니다. 사업 홍보의 첫 시작이 참여자 모집과정입니다. 작은 차이로 인해 홍보의 성패는 좌우될 수 있습니다. 심사자는 참여자 모집전략이 사업의 내용과 기관의 역사와 특성, 지역사회의 현실을 감안한 것인지를 살펴보게 됩니다.

• 사업이 선정되어 사업을 수행하는 기관에서 사업 초기에 겪는 어려움 중의 하나가 사업 참여자를 예상과 달리 제 때에 모집하지 못하는 경우입니다.
 – 면접심사에서 사업 참여자가 잘 모일 것이라고 생각하는 근거를 물어보면 의아해하며 자신감을 피력하는 경우가 있습니다. 하지만 실제 사업이 시작되면 고전을 면치 못하는 경우가 많습니다.
• 낙관적인 입장보다는 비관적인 입장에서 참여자를 모을 방법을 구체적으로 고민하신다면 좋은 결과가 있을 것이라 생각합니다.

2) 사업 내용 및 사업 집행 전략

(1) 작성 가이드

1 주요 요소

• 하고자 하는 사업이 무엇인지 자유롭고 창의적으로 표현하시되, 아래의 관점을 충족시킬 수 있도록 구성하여 주시기 바랍니다.
 –(충분성) 문제의식을 사업에 충분히 반영해서 소기의 목표를 달성하는 데 충분하도록 내용이 구성되어야 합니다. 물론 예산과 시간의 제약이 있습니다. 주어진 예산과 시간 범위 내에서 사업을 수행해야 하기 때문에 한계를 지닐 수밖에 없습니다. 하지만 허용 가능한 범위 내에서 할 수 있는 핵심 사

업을 포함시켜야 할 것입니다.

– (세부 프로그램 간의 연계성) 사업 내용은 몇 가지의 세부 프로그램으로 구성됩니다. 이러한 세부 프로그램은 상호 연결되어 있음을 설명해 줄 필요가 있습니다. 세부 프로그램들이 분절적이고, 마치 여러 가지를 단순히 나열한 것이라는 느낌을 주지 않도록 해야 합니다. 이 모든 세부 프로그램이 설정하는 목표를 달성하는 데 유의미하게 기여할 수 있다고 설명해야 합니다.

2 사업 내용 작성방법

• 무엇을, 언제, 누구에게, 언제부터 언제까지 몇 회를, 누가 수행하는지와 함께 홍보 계획에 대해서는 적절한 방법으로 기술해 주시기 바랍니다.

– 사업을 몇 개의 단위 사업으로 구분하여 주시고, 다음의 제시된 양식을 활용하여 표로 설명하셔도 되고 글로 표현하셔도 됩니다.

세부 사업명	활동 내용(수행방법)
	(시행방법, 시행 시기, 횟수 등 포함하여 작성)

– 사업추진일정은 아래 표를 참고하여 음영으로 표기해 주시기 바랍니다.

기간 / 주요 내용		1월	2월	3월									
(세부 사업명)	(활동 내용)												

• (성과확산형 사업) 3년치 계획 전부에 대한 활동 내용을 세부적으로 설계하기 어렵다는 점을 감안하여 3개년 사업 추진 일정 작성을 생략하고, 1차년도 사업계획서에서만 추진일정을 제시해 주시기 바랍니다.

(2) 지혜로운 지피지기(知彼知己)

• 사업 내용은 몸통에 해당합니다. 사업명, 문제의식, 성과목표, 향후 계획 등이 모두 사업 내용에서 파생됩니다. 사업 내용이 바뀌면 이 모든 것들이 함께 연동해서 수정되어야 합니다.

• 추진하고자 하는 목표를 달성하기 위한 세부 사업 내용은 작성자마다 다를 수 있습니다. 보는 관점과 갖고 있는 전문성이 각각 다르기 때문입니다. 발달장애인에 대한 미술치료와 모래치료 중에 어느 것이 더 적합한지는 사업 내용과 작성자의 경험에 따라 달라질 수 있습니다.

• 그러므로 지금 선택한 세부프로그램들이 가장 적합하다는 것을 얼마나 논리적으로 설명되는지가 중요합니다. 뿐만 아니라 해당 세부 사업 내용을 제시되는 것이 적절한지, 세부 사업 내용들 간의 관계가 명확한지 등도 살펴보게 됩니다. 핵심은 심사자가 읽고 나서 '작성자가 어떤 내용의 사업을 어떤 방식으로 어떻게 전달하는지'를 명확하게 알 수 있어야 한다는 것입니다.

• (성과확산형 사업) 3개년 전체 사업의 구성과 흐름이 각 연도 간에 잘 연결되어 전체 사업의 구도를

잘 이해할 수 있도록 해야 합니다. 또한 각 연도 내에서도 세부 사업 내용들도 각각을 추진해서 종국적으로 달성하고자 하는 목표를 잘 성취할 수 있는 것인지도 살펴야 합니다.

3) 기관 연계협력 전략

(1) 작성 가이드

1 연계협력의 필요성

- 사업을 수행함에 있어 많은 경우에 적극적인 형태로 또는 소극적인 형태로 지역사회 내 유관기관들과 연계 · 협력하는 것이 필요합니다. 특히 사업의 아이디어는 좋은데 수행기관이 보유하고 있는 전문성이 부족한 경우에는 더불어 사업을 수행하는 방식을 강구하는 것이 좋습니다.
- 예컨대 종합사회복지관에서 재가장애인에게 영양교육사업을 하면서도 관내 장애인 관련 시설 내 영양사 또는 보건소 직원 영영사와 아무런 연계협력 없이 대학교의 영양 관련 학과 교육의 전문성만 빌어서 사업을 수행한다는 것은 한계를 지닐 수밖에 없습니다. 대학교의 관련 학과가 기여할 수 있는 방법도 유용하겠지만 기관들 간의 호혜협력 파트너십 정신은 결코 간과되어서는 안 될 것입니다.

2 연계협력 방안 제시 방법

- 연계 · 협력의 방식은 사업의 내용과 성격에 따라 매우 다양하게 나타날 것입니다. 사업수행기관이 중심을 잡되 여러 기관들이 컨소시엄으로 사업을 수행하는 경우에는 대등한 관계에서의 파트너십이 필요한 경우도 있을 것이며, 사업수행기관이 사업을 수행하는 과정에서 필요한 부분들에 대한 협조를 받는 형태도 가능할 것입니다.
- 네트워크가 구축된다는 것은 사업을 수행함에 있어서 우리 기관이 할 일이 무엇이고, 협력기관이 해야 할 일이 무엇인지, 그러한 순환적 관계를 어떻게 이루어나갈 것인지를 명확하게 한다는 것을 의미합니다.
- 네트워크를 구축할 기관 · 단체가 많은 경우에는 어떤 기관들이 네트워크 구축 대상인지 간단하게 적어주시고 네트워크 구축에서 핵심 파트너 기관 2~4개 기관에 대한 내용만 작성하도록 하며 아래의 예시를 참고하여 작성해 주시기 바랍니다.

예시

협력기관명	세부 사업명	협력 계획	비고
☆☆장애인 종합사회복지관	재가장애인 영양교육	• 본 기관: 참여자 발굴 협조 요청, 사업수행관련 자문 요청 • 협력기관: 참여자 의뢰 및 정보제공 사업수행 관련 자문 제공 본 기관과 공동모니터링	
☆☆구 복지행정팀	긴급지원 기금 모금	• 본 기관: 사업 홍보 콘텐츠 제공 기금 및 후원자 관리 • 협력기관: 본 기관과 공동모금행사 주관 ㅇㅇ 단지 입주기업 대상 사업 홍보	MOU 체결 예정

(2) 지혜로운 지피지기(知彼知己)

• 심사자는 작성자가 수행하고자 하는 사업에 있어 자신이 갖는 장점이 무엇이고 한계가 무엇인지, 협력을 통해 사업수행의 효율성이나 효과성을 높일 수 있는 방안이 무엇인지에 대해 깊이 있게 고민을 했는지를 살펴보게 됩니다. 만약 전문성과 관련하여 기관이 갖는 아킬레스건이 있음에도 관련 유관기관 간의 연계를 도모하지 않는다면 현실에 기반한 사업수행방식을 찾지 못하고 아이디어 차원에서 머물고 있는 것은 아닌지에 대해 의구심을 가질 수밖에 없습니다.
• 결국은 필요한 네트워크는 구축되어야 하며 연계협력기관과 사업수행기관 간에 어떻게 협력할 것인지의 역할이 구체적으로 드러날 때 높은 점수를 받을 수 있게 됩니다. 중요하지 않은 것까지 모두 나열하여 양적으로 과시하려는 욕구는 자제되어야 하며, 스스로도 중요도에 대한 우선순위를 어떻게 가져갈 것인지를 생각해 보아야 할 것입니다.

3. 예산 편성

1) 작성 가이드

(1) 예산 편성 시 고려사항

• (사업 내용과의 연계성) 제시하신 사업 내용을 실제 구현하는데 투입되는 자원을 돈으로 표현한 것이 예산이기 때문에 사업 내용과 예산편성은 불가분의 관계에 있습니다. 작성한 사업을 충실히 이행하는 데 소요되는 예산을 빠짐없이 적어주시기 바랍니다.
• (과대포장금지) 제시해 드린 편성기준에 따라 작성해 주시고 예산 삭감 등을 감안하여 처음부터 예산을 부풀려서 편성한다면 신청기관을 신뢰하지 못하게 되고 나아가 신청한 사업 전체에 대한 신뢰를 흔드는 결과를 초래하게 됩니다.
• (세부 사업 이해 도모) 편성된 예산을 보면 구성하신 세부 사업의 얼개와 흐름을 쉽게 알 수 있습니다. 물론 세부 사업을 어려움 없이 이해할 수 있도록 산출 근거나 총량을 쉽게 알 수 있도록 작성해야 합니다.

(2) 예산 편성 방법

• (목) 아래의 항목을 참고하여 인건비, 사업비, 관리운영비를 분류하여 편성합니다.

목	설명	해당 항목
인건비	해당 사업을 직접적으로 수행하는 인력에 투입되는 비용	프로그램 담당자/보조담당자 인건비
사업비	프로그램의 수행에 필요한 직접비용 (실인원수에게 제공되는 서비스에 필요한 비용)	강사비, 자원봉사자 관리비, 자문비, 회의비, 행사진행비, 홍보물품 구입, 프로그램 준비물 구입, 사업결과보고서/결과물 제작 등
관리운영비	프로그램의 수행에 필요한 간접비용 (사업관리에 필요한 비용)	사무용품, 냉난방비, 우편료, 사업담당자 교통비 등

• (세목/세세목) 세목은 사업 내용 작성 시 분류한 '세부 사업명' 단위로 기재하고 항목이 다양하거나 단

위가 큰 경우에는 세세목으로 구분하여 작성합니다.

- (산출근거) 구체적으로 어떠한 내역으로 예산을 지출할 것인지 실제 단가, 수량, 인원수, 건수, 횟수 등을 구체적으로 기록해야 합니다. 예산편성기준표 예시(다음 부록자료)를 참고하여 기재하여 주시기 바랍니다.
- (예산조달계획) 모금회에 신청하는 금액 및 자부담 금액을 기입합니다. 자부담이 없는 경우에는 공란으로 비워둡니다. 신청 금액에 대한 비율은 신청금액 대비 각 항목이 차지하는 비율을, 자부담의 경우, 전체 자부담 대비 해당 자부담의 비율을 산출하여 기입합니다. 자부담 재원은 자체예산/외부지원(지원처)/수익금(참가비 등) 등으로 구분하도록 합니다.
- (비품/장비 구입 시) 프로그램 수행을 위해 직접적으로 필요한 비품/장비인 경우(장애인작업장 생산장비 구입, 컴퓨터 교실 운영을 위한 컴퓨터 구입 등) 사업비에 편성합니다. 프로그램 사업에서는 간접적으로 필요한 비품/장비 지원은 지양하도록 하며, 그럼에도 불구하고 간접적으로 사업 운영에 도움이 되는 비품/장비는 관리운영비에 편성 가능합니다.
- (성과확산형 사업) 3개년 예산서는 큰 흐름만 알 수 있도록 세목(세부 사업) 단위로 금액을 기재하시고, 1차년도 사업계획서에서는 위의 내용을 참고하여 상세히 작성하시면 됩니다.
  - 3개년 예산 편성표를 통해서 어떤 단위사업에 얼마의 예산을 사용할 예정이며, 각 목간에 상대적인 비중이 어느 정도인지를 가늠할 수 있습니다. 또 크게는 사업비 내에서도 어떤 사업에서 어떤 사업으로 중심축이 이동하는지 등에 대해 파악하게 됩니다. 정확하게 기재하시되, 전체적인 예산흐름을 한 눈에 알아보기 쉽도록 작성해 주시면 됩니다.

– 아래의 3개년 사업 예산 편성표 예시를 참고하여 작성해 주시기 바랍니다. (단위: 천원)

구분	1차년도			2차년도			3차년도		
목	세목	신청금액	자부담	세목	신청금액	자부담	세목	신청금액	자부담
	총 계	90,668	20,000	총 계	171,953	10,000	총 계	141,690	20,000
인건비	담당자 급여	23,000		담당자 급여	25,000		담당자 급여	20,000	5,000
	소 계	23,000		소 계	25,000		소 계	20,000	5,000
사업비	심리정서 지원	8,820		심리정서 지원	6,780		심리정서 지원	7,530	
	직업 역량강화	52,128		직업 역량강화	56,438		직업 역량강화	60,350	
	인턴십 센터 운영	2,100	20,000	인턴십 센터 운영	80,815	10,000	인턴십 센터 운영	50,890	15,000
	소 계	63,048	20,000	소 계	144,033	10,000	소 계	118,770	15,000
관리 운영비	사무용품	1,900		사무용품	1,900		사무용품	1,900	
	출장비	720		출장비	1,020		출장비	1,020	
	집기비품	2,000		–	–		–	–	
	소 계	4,620		소 계	2,920		소 계	2,920	

2) 지혜로운 지피지기(知彼知己)

- 심사자는 작성가이드에서 제시되어 있는 기준들이 잘 준수한 예산편성표인지를 보게 됩니다. 특히 심사자는 사업 내용을 읽을 때 실제 소요될 예산이 잘 편성되어 있는지를 한꺼번에 보는 경우가 많습니다. 이때 사업 내용을 실제 추진할 때 소요될 것으로 예상되는 예산이 편성되어 있지 않거나, 사업 내용에 기재되어 있지 않은 항목이 예산으로 편성되어 있다면 심사자는 배분신청 전체 내용의 일관성 및 상호연계성이 부족하다고 판단하게 됩니다. 그러므로 사업 내용과 예산편성 간의 연계가 잘 되어 있는지 점검하는 것이 필요합니다.
- 자부담을 하는 것은 기관이 신청하는 사업을 하고자 하는 의지와 연결된다고 볼 수 있습니다. 그렇지만 집행할 의도가 없음에도 선정이 되기 위해 사업계획서에 자부담 예산을 기재한다거나 다른 사업에 집행할 예산을 억지로 짜깁기하여 편성하는 것은 사업 선정에 도움이 되지 않습니다. 실제 집행할 의도가 있고, 직접 투입되는 비용에 대해서만 작성하여 주시기 바랍니다.

4. 문제의식(사업 필요성)

1) 작성 가이드

- '이 사업이 왜 필요한가?'라는 질문에 대한 대답은 결국 그 사업이 해결되면 당면하고 있는 현실이 '어떤 상태가 되기를 바라는가?'와 결과적으로는 동일한 지점에 이르게 됩니다. '사업의 필요성'은 결국 '사업목적'과 크게 다르지 않습니다. 전자는 사업을 시작하기 전의 이야기라면, 후자는 사업을 수행해서 정해진 목표가 달성되면 어떤 상태에 이르고 싶은지에 대한 이야기입니다.
- 그렇다면 '문제의식'은 사업 내용과도 연결되어 있고, 또 이 사업이 지향하는 종국적인 목적과도 닿아 있음을 알 수 있습니다. '문제의식'과 '목적'이 실제 연결되도록 작성하는 것은 사업계획서의 일관성과 논리성을 담보하는 지름길입니다.
- (성과확산형 사업) 성과확산형 사업은 타 사업 유형에 비해 좀 더 근본적인 변화를 꿈꾸면서 3년 뒤에 나타날 성과를 성취할 것임을 명확하게 인식하고 도전하는 취지가 드러나는 것이 좋습니다. 1차년도에는 무엇을 할 것이며, 2차년도에는 어떻게 연결시켜서 종국적인 성과와 사회적 영향력을 거둘 것인지를 깊이 있게 고민하여 '사업 필요성'에 대한 내용을 적시해 주시기 바랍니다. 아울러 왜 다년도 사업이어야 하는지에 대한 작성자의 명확한 인식이 논리에 묻어나야 합니다.

(1) 사업 계획 배경

- '무엇을 어떻게 하겠다'라고 하는 사업 아이디어와 내용은 작성자나 신청기관의 문제의식에서 출발합니다. 왜 이 사업을 기획하여 배분을 신청하는지에 대한 스토리(story)를 들려주시기 바랍니다.
- 비슷한 스토리라 하더라도 문제 상황을 어떤 시각에서 어떻게 바라보는가에 따라 접근방식이 달라집니다. 그러므로 변화시키고자 하는 개입지점에 대해 작성자(기관)가 어떤 관점에서 바라보는지를 적어 주시기 바랍니다.

> '장애인에게 이런 교육을 받게 하면 훨씬 더 역량이 강화되고 취업이 쉬울 텐데…'라고 생각하게 되면 그 교육과정을 잘 구성하는데 초점을 맞추어야 하고, '장애인이 아무리 노력해도 사회의 부정적인 인식과 태도 때문에 실업상태에 머물 수밖에 없다'고 생각하면 대안은 자연스럽게 '사회와 기업의 장애인에 대한 이해와 수용 정도가 높아지도록 하는' 사업에 몰입하게 되듯이, 보는 시각에 따라 사업 내용이 달라집니다.

(2) 기존 유사사업과의 차별성

- 작성자가 기획하는 사업이 해당 지역사회에서 발생하는 특수한 여건 때문인지, 아니면 보편적인 상황에서 신청기관이 좀 더 발 빠르게 대응하려고 하는 것인지에 대해 적어주시기 바랍니다.
- 뿐만 아니라 다른 지역이나 기관에서 이미 충분히 해당 주제에 대하여 동일한 또는 유사한 사업을 많이 해 오고 있다면 그러한 경험치가 축적되어 있는데도 불구하고 배분신청을 하는 이유에 대해서 적어주시기 바랍니다.
- 이 항목을 작성하는 이유는 다른 기관이 수행해 본 사업을 선정하지 않겠다는 취지가 아니라 동일한 또는 유사한 사업이 진행되었지만 신청기관이 처한 지역 여건이 동일하지 않다는 점과 유사한 주제라도 작성자에 따라서 얼마든지 달라질 수 있다는 점 때문에 작성자가 구성한 사업 내용의 구체적인 배경이 타당한지에 대해 보다 깊이 살펴보기 위함입니다.
- 그러므로 다른 기관의 사업을 그냥 벤치마킹하기보다는 그 사업의 장점과 성공적인 면, 그리고 감춰진 시행착오, 상황의 상이성 등을 고려하시고 아울러 새로운 관점 등을 생각하셔서 기관 여건과 기획의도에 맞게 반영할 필요가 있습니다.

> 신청기관이 사업을 수행함으로써 새로운 사각지대를 메울 수 있는 좋은 기회인지, 기존의 접근방식과는 달리 새로운 시각에서 문제해결방안을 모색해 볼 수 있다든지, 최근 강조되고 있는 시각 또는 접근방법을 동원한 것이라든지 등 이 사업에 대한 결과보고서가 나왔을 때 타 기관에게 귀감이 될 수 있는 부분이 나타나도록 적시해 주시면 좋겠습니다.

(3) 신청기관의 강점

- 신청하는 사업이 아이디어 차원에서 구상 · 제시된 것이 아니라 치밀한 조사와 관련분야 수행 경험에 근거해서 구성되었으며, 신청기관이 이 사업을 수행함에 있어 갖는 또 다른 장점이 있다면 보다 설득력 있게 그 논거를 제시하여 주시기 바랍니다.

2) 지혜로운 지피지기(知彼知己)

- 심사자는 신청기관 내 전문기획자에 의해 작성된 사업계획서에 대해서 그리 호의적이지 않습니다. 기관으로서는 재원을 유치해야 하므로 기획능력이 뛰어난 분들을 전략적으로 배치할 수 있을 것입니다. 하지만 그런 경우 '기획자 따로, 선정 이후 담당자 따로'라는 결과를 초래하게 될 가능성이 큽니다. 이후 사업을 담당하게 되는 직원은 대부분의 경우 사업에 대한 이해와 사업추진의 속도가 느릴 수밖에

없습니다. 결국 사업이 지연되고, 사업의도를 살리기 어려운 위기에 처하기도 합니다. 그러므로 심사자는 기획을 위한 사업인지, 사업을 추진하기 위해 배분 신청한 것인지를 구분하기 위해 이 사업을 기획하게 된 연유를 확인하게 됩니다.

- 또 이 사업이 이미 충분히 여러 지역에서 검증된 프로그램이라면 굳이 왜 그 기관에 다시 사업을 추진할 기회를 주어야 하는지에 대해서도 심사자 스스로 납득이 되어야 합니다. 물론 현실을 변화시키는데 필요한 재원이 없어 안타까운 현실을 목도하고 있는 기관의 입장도 이해합니다. 하지만 제한된 자원으로 배분사업을 선정해야하는 심사자로서는 '단순히 열악하다'는 이유만으로 지원근거의 충분성을 확보했다고 보기는 어렵습니다.
- 아울러 심사자가 안심하고 지원할 수 있도록 관련 내용을 마련하는 것이 필요합니다. 최선을 다한 후의 실패나 아쉬운 부분은 아름답지만, 시작부터 성공가능성이 낮은 사업을 지원할 수는 없습니다. 그렇기 때문에 접수된 많은 사업계획을 심사하면서 사업 아이템의 매력이 비슷하다면 보다 성공 가능성이 높은 기관이 선정될 확률이 높아집니다. 그러므로 귀 기관이 이 사업을 수행해야 하는 이유와 그렇게 지원하면 사업을 성공적으로 수행할 수 있다고 판단하는 근거를 제시해 주시기 바랍니다.

5. 목표 및 평가

1) 작성 가이드

(1) 산출목표

- 산출목표는 성과목표 달성에 기여하는데 필요한 수단적 성격의 목표를 말합니다. 산출목표로 설정될 수 있는 것은 ① 활동(Activities)에서 기재한 사업 내용을 실제로 수행한 것이거나, ② 활동(Activities) 결과, 프로그램 공급자(기획자)가 마음대로 하기는 어렵지만 실제 성과목표를 달성하는 데 반드시 필요한 목표치인 경우를 말합니다. 이 두 가지 중에 보다 집중해야 할 것은 실제 수행한 활동보다는 성과목표 달성에 반드시 필요한 목표치입니다.
- 산출목표는 아래의 요소를 고려하여 작성하며, 산출목표에 따른 모니터링 방법은 산출 목표 달성 여부에 대한 확인 또는 달성을 위한 관리 방법을 기재하여 주시기 바랍니다.

– (과대 설정 금지) 선정되기 위해서 과도하게 산출목표를 잡기 보다는 사업의 규모와 성격에 맞게 필요한 것을 적정 수준으로 적어야 합니다.
– (측정 가능성) 산출목표는 달성 여부를 알 수 있도록 측정 가능해야 합니다.

예시

세부 사업명	산출 목표	모니터링 방법
맹학교 학생에 대한 미술 교육	3개 학교 6개 학급 총 30명에게 각 학급당 24회 미술교육 실시	• 교육 계획안, 결과보고 작성 • 출석부 확인

(2) 성과목표 및 평가방법

1 성과목표

- 성과목표란 인적 · 물적 노력과 시간을 조직 · 투여하여 최종적으로 달성하고자 하는 목표를 말합니다. 성과목표의 차원과 초점은 매우 다양하게 설정될 수 있습니다. 예를 들어 소년원에 있는 청소년들에게 코딩(coding) 교육을 시킨다고 한다면 코딩 실력의 향상이 성과가 될 수도 있고, 자살 시도 경험이 있는 사업참여자와 상담프로그램을 진행한다면 우울감 감소가 성과가 될 수도 있습니다.
- 성과목표는 사업참여자, 사업 내용, 성과지표 등과 연결되어 있습니다. 사업을 수행한다는 것은 "누구를 어떤 개입을 통해서 어디까지 변화를 이끌어 낼 것인가"를 구체적으로 실행하는 것입니다. 변화의 목표치는 변화의 대상, 변화의 수단을 함축하고 있습니다. 특히 성과목표는 사업참여자 중에서 핵심참여자에 대한 내용입니다.
- 성과목표는 일반적으로 측정 가능해야 합니다. 그렇기 때문에 성과지표와 연결되어 있다고 이야기하는 것입니다. 하지만 성과목표가 반드시 측정 가능해야 하는 것은 아닙니다. 양적으로 측정하기 어려운 질적인 변화도 성과가 될 수 있기 때문입니다. 너무 가시적인 성과에 편중되어 있으면, 감추어진 성과를 드러내는데 관심을 덜 두게 되거나 의미 있는 변화를 드러내지 못하는 잘못을 범하게 됩니다.
- 그러나 양적으로 측정하지 못하면서 아울러 질적인 성과평가로도 연결되지 못하는 내용으로 성과목표를 기술해서는 안 됩니다. 또 양적으로 분명히 측정 가능하고 또 의미도 있는 성과목표가 설정될 수 있음에도 이를 간과하고 질적 성과평가를 염두에 둔 성과목표 진술이어서도 곤란합니다. 보다 자세한 내용은 목표설정방법(부록 첨부)을 참고하여 주시기 바랍니다.
- (성과확산형 사업) 3개년 사업계획서에서는 3년 동안의 사업을 추진한 이후에 달성할 목표를, 1차년도 사업계획서에서는 1차년도 사업 범위 내에서 고려할 수 있는 중간과정의 성과목표를 제시하시면 됩니다.

좋은 예	사업 내용에 따른 궁극적인 성과가 제시되는 경우
	• 장애 자녀에 대한 이해 증진 및 부모 관계개선 프로그램 – 장애 자녀에 대한 부모의 이해도 증진 – 장애자녀의 부, 모 상호 간 관계 개선도 향상
피해야 할 예	산출목표를 성과목표로 기재하는 경우
	• 장애 자녀에 대한 이해 증진 및 부모 관계개선 프로그램 – 이해증진 프로그램 탈락률 5% 미만 – 상호관계개선 프로그램 출석률 90% 이상

2 평가방법

- 평가 계획은 어떻게 성과를 평가할 것인지에 대한 틀(Framework)을 말합니다. 평가도구 및 방법에는 성과목표의 달성 여부를 측정할 수 있는 성과지표와 누구에게서 어떤 도구를 활용하여 자료를 수집할 것인지에 대해 기재하여 주시고, 측정 시기는 언제 평가를 실시한 것인지에 대한 내용을 적어 주시면 됩니다.

• 평가방법은 양적 평가방법과 질적 평가방법으로 나뉩니다.
  – 양적 평가방법은 양적인 측정이 가능한 지표나 척도를 사용하여 설문조사를 하거나, 양적인 참여관찰을 하게 됩니다.
  – 질적 평가방법은 양적 측정이 어려운 경우에 질적인 변화 수준과 그 변화의 의미를 드러내는 것을 말합니다. 주로 질적인 참여관찰이나 인터뷰를 통해 자료를 수집합니다. 보다 자세한 내용은 다음 부록의 "평가방법 작성 안내"를 참고하여 주시기 바랍니다.
• (성과확산형 사업) 3개년 사업계획서에서는 3년차에 완성될 성과목표에 대하여 이를 어떻게 평가할 것인지를 작성하고, 1차년도 사업계획서에서는 1차년도 사업 성과목표의 평가방법을 작성해 주시기 바랍니다. 질적인 성과평가 또한 3차년도 사업계획서에서는 최종적인 사업참여자에 대한 질적인 인터뷰, 참여관찰, 문헌조사를 통해 이루어지도록 해야 합니다.

	성과 목표	평가도구 및 방법	측정 시기
양적 평가 예시	장애 자녀에 대한 부모의 이해도 증진	• 성과지표: 자녀 이해도 10% 증진 • 평가도구: 자녀 인식 척도 • 평가방법: 자녀 부모 중 주 양육자에게 자녀이해 설문지를 작성하도록 하여 사전, 사후 증진 정도 확인	• 사업 시행 전(3월) • 사업 종료 후(9월)

	성과 목표	평가도구 및 방법	측정 시기
질적 평가 예시	장애 자녀에 대한 이해 증진 및 상호 관계개선	• 평가주체: 사업 담당자 • 평가방법: 자녀 부모대상 인터뷰를 통해 성과목표 달성 여부와 삶의 질 개선 정도 확인	• 사업 종료 후(9월)

(3) 성과목표 및 평가방법

• 과정 평가는 성과확산형 사업의 경우에만 해당하는 항목으로 성과확산형 사업일지라도 필수 항목은 아니며, 작성자의 필요에 따라 선택하시면 됩니다.
• 성과확산형 사업은 단년도에 그치는 것이 아니고 시계열적으로 장기간에 걸쳐서 수행되며, 최종적인 성과는 3년차가 종결될 시점에 나타나게 됩니다. 이런 점에서 어떤 과정을 통해 그러한 성과에 이르게 되었는지를 상세하게 기술하는 것이 필요할 수 있습니다. 그 이유는 타 기관에 사례를 전파하기 위해서는 단순한 사업 틀과 결과만으로는 부족할 수 있기 때문입니다.
• 과정평가에 대한 자세한 내용은 다음 부록의 "평가방법 작성 안내"를 참고하여 주시고 아래 사항을 충분히 고려하시기 바랍니다.
  – 과정평가에서 중요한 것은 ① 어떠한 과정을 통해 사업이 진행되었는지, ② 당초 계획과 시행이 달라졌다면 그 이유가 무엇인지, ③ 주요 과정별로 얻은 교훈이 무엇인지, 다시 사업을 추진한다면 어떻게 할 것인지 등에 대해 가능한 한 자세하게 기록해야 합니다. 이러한 내용을 어떻게 담아낼 것인지에 대한 계획을 적으시면 됩니다. 이는 '전체 사업흐름 중에 어느 부분에 대해 보다 집중하여 과정

평가를 할 것인지, 그 이유가 무엇인지, 어떻게 자료를 수집 · 관리 · 분석할 것인지' 등에 관한 내용이라고 할 수 있습니다.

	평가대상 내용	평가방법	측정 시기
예시	자녀 이해 교육 추진 과정	• 평가주체: 외부 평가위원 • 평가방법: 교육 참여 관찰 및 사업 담당자 인터뷰	• 참여관찰: 매회기 • 인터뷰: 종료 후

2) 지혜로운 지피지기(知彼知己)

- 성과목표는 앞서 설명한 바대로 사업명, 사업 내용, 성과지표 등과 모두 연결되어 있기 때문에 성과목표의 정확성을 검토할 때 반드시 관련 내용들을 찾아보게 됩니다. 이때 성과목표로 제시된 내용이 이후 평가방법에서 설정한 성과지표로 평가하기 어렵다면 감점될 수밖에 없습니다.
- 아울러 산출목표를 성과목표로 제시하여 산출목표와 성과목표에 대한 기본적인 이해를 결여하고 있는 것은 아닌지 의심을 들게 하는 경우, 제시한 성과목표를 달성하는 데 적절한 사업 내용인지에 대해 의문이 제기되는 경우 등은 아무래도 관련 내용이 분명한 배분신청기관보다 낮은 평가를 받을 수밖에 없습니다.
- 평가방법은 기관실무자들이 어려워하는 부분이면서 또 실제 심사해 보면 가장 오류가 많은 부분이기도 합니다. 산출목표를 성과목표로 적는 경우, 목표를 추상적으로 적어서 목표로써 가치가 없는 경우, 성과목표와 핵심참여자 등 목표와 관련 정보간의 관계에 일관성이 없는 경우가 많습니다.
  - 그러므로 설정한 성과목표가 과연 이 사업을 통해서 종국적으로 변화를 지향하는 지점이 맞는지, 주변 정보와 잘 조응하는지를 최종적으로 배분신청서의 앞뒤를 오가며 검토하는 것이 필요합니다.
- (성과확산형 사업) 과정평가는 3년 동안 최종적인 성과목표 달성을 위해 노력하는 과정에 대한 평가입니다. 사업은 아무런 수정 없이 계획대로 집행되는 것은 거의 불가능합니다. 오히려 상황에 맞게, 사업 진행과정에서 생기는 여러 가지 변수를 고려하여 수정될 필요가 있습니다. 하지만 이러한 수정 외에도 예상치 못한 위험요인(Risk factors)을 만나 수정이 불가피해지기도 하고, 당초 사업계획 수립 시에 예측하지 못했던 요인 때문에 변경되기도 합니다. 여기서 우리가 주목해야 할 것은 이러한 변화과정에서 어떤 교훈을 얻을 수 있고, 이 사업을 해 보겠다고 하는 타 기관 실무자에게 어떤 조언을 줄 수 있을지에 대한 내용을 잘 담아내야 하는데 어떻게 이를 담아낼 것인지에 대해 자세하게 기술해 주시면 됩니다.

6. 사업 종료 후 지향점

1) 작성 가이드

(1) 기대 효과 및 사업결과의 활용 계획

- 여기에서는 신청하신 사업이 선정되어 지원금을 받은 후 신청사업을 성공적으로 수행한다면 기대되는

효과는 무엇인지 작성하시면 됩니다. 기대 효과는 '사업의 목적'과 연계된다고 이해하시면 됩니다.

- 또한 사업 수행을 통해 얻게 되는 지식과 지혜, 경험을 토대로 무엇을 앞으로 계획하고 있는지, 수행한 사업결과를 어떻게 활용할 것인지에 대한 내용을 적어주시기 바랍니다. 사업결과 활용계획은 종국적으로 이 사업이 지향하는 방향 및 가치와 연결되어 있습니다.

(2) 사업 지속 유지 전략

- 사업 지속 유지 전략은 성과확산형 사업의 경우에만 해당하는 항목으로, 신청 사업에 대한 지원이 종료된 이후에 재정적인 부분을 포함하여 계속 사업을 수행할 수 있는 능력을 어떻게 갖출 것인지에 대한 전략을 말합니다.
- 재정 확보를 위한 전략은 내부전략과 외부전략이 있습니다.
  - 내부적인 전략은 사업수행기관이 운영주체(법인, 단체, 조합 등)로부터 안정적인 예산을 지원받거나 수익사업을 통해 안정적인 수입원을 확보하는 것입니다.
  - 외부전략은 크게 3가지로 나뉩니다. ① 국가 또는 지방자치단체 사업으로 설정되고 정부보조금을 받는 경우, ② 사업 지속추진의 필요성 및 우수성을 인정받아 다른 민간재단으로부터 지원을 받아 사업을 계속 수행하는 경우, ③ 불특정 다수로부터 후원을 받아 사업소요재원을 확보하는 경우 등이 있습니다.
- 여러 방법 중에 사업신청기관이 가장 적합하다고 생각하는 전략을 정하고 이에 대한 추진방법을 적어주시기 바랍니다.

> - 사업 지속 유지 전략은 기재 의무사항은 아닙니다. 또한, 사업을 지속해야 할 필요가 있는 사업임에도 지속 유지 전략을 수립하고 실현시키기 어려운 경우도 있습니다. 다만, 동일한 규모로 유지할 수 없더라도 지속 유지하기 위한 기관의 노력은 긍정적인 평가로 이어질 수 있습니다.
> - 지속 유지 전략 마련이 어려운 경우에는 왜 어려운지 또는 적용되기 어려운 경우에는 왜 그러한지를 적어 주시기 바랍니다.
>   - 예를 들어 3개년에 걸쳐 지표를 개발하는 사업의 경우 굳이 지속 유지 전략이 필요한 것은 아닐 수 있습니다.

2) 지혜로운 지피지기(知彼知己)

(1) 기대 효과 및 사업결과의 활용 계획

- 사업결과 활용계획을 통해 알아보고자 하는 것은 신청기관이 사업 내용을 시계열적으로 어떻게 확대·확산시켜 나갈 것인지에 대한 전망을 알고 싶어서입니다. 또한 사업 내용과 사업종료 후 지향점은 한 맥락 속에 위치한다고 볼 수 있으며 이들 간의 연결도 중요한 관전 포인트가 될 것입니다.
- 어떤 사업이든지 그 자체로서 최종적인 종착지점이라고 하기에는 아쉬운 점이 많습니다. 예산상의 제약, 수행인력의 제약 등으로 인해 어떤 부분에 집중해서 사업을 수행하게 됩니다. 하지만 삶이라는 것은 동시다발적인 여러 사회관계망 속에서 이루어집니다. 그렇기 때문에 이번 사업에서 어떤 부분에 특정하여 사업을 수행했지만 당사자의 실질적인 변화를 위해 다른 각도에서 보다 더 넓은 관계자를 포함

시켜서 사업을 수행해야 할 필요가 있게 됩니다.

- 뿐만 아니라 수행사업을 통해 얻어진 다양한 결과물을 기반으로 전혀 다른 사업에 활용할 계획을 가질 수도 있습니다. 예를 들어 아동에 대한 학대예방 프로그램을 실시했다면, 이를 기반으로 장애아동에 대한 학대예방사업에 기초로서 활용될 수도 있습니다.
- 이러한 활용계획은 신청기관이 이 사업을 왜 구상했고, 또 이를 어떤 관점에서 바라보고 있으며, 전체 사업 조감도에서 어느 지점에 두고 이해하고 있는지를 보여주게 되며, 심사자는 신청사업이 신청기관의 전체 사업수행에 어떤 의미를 가지는지를 보게 됩니다. 이러한 이해는 이 사업의 필요성에 대해 공감하는데 도움이 될 것입니다.
- (성과확산형 사업) 성과확산형 사업은 더 나아가 사업 종료 후 우리 사회의 변화 방향에 초점을 두게 됩니다. 사업 내용을 구성하고 연차별로 사업추진을 가속화하면 어떤 변화가 나타나며 그러한 변화들을 모아서 만들어 가고자 하는 우리 사회의 모습이 무엇인지를 전망하게 함으로써 작성자가 구성한 3년간의 사업을 다시 돌아보게 하는 역할도 하게 됩니다.

(2) 사업 지속 유지 전략

- 심사자는 제시되어 있는 전략을 목표설정의 적절성, 구현방법의 타당성 등을 세부적으로 살펴보게 됩니다.
  - 목표치도 중요하지만 실제 그러한 목표치를 달성하기 위해서 적어도 2년차부터는 어떤 노력을 할 것인지 그 로드맵이 구체적으로 제시되어야 합니다.
  - 전략 수립이 어려운 경우에도 어려운 사유가 타당한지를 살펴보게 됩니다.

5-2. 사회복지공동모금회 프로포절 사업 분류

1. 사업 참여자

사업 참여자는 ① 아동/청소년, ② 노인, ③ 장애인, ④ 여성/다문화, ⑤ 위기가정, ⑥ 지역사회, ⑦ 북한/해외/기타의 7개 영역으로 구분되며, 기준은 아래와 같습니다.

〈사업 참여자 구분 기준〉

배분대상	기준
아동/청소년	• 19세 미만의 자(민법상의 연령 적용)
노인	• 65세 이상의 자
장애인	• 장애인복지법에 의해 장애 등록이 된 자
여성 · 다문화	• 청장년 여성(19세~64세 이하)
	• 재한외국인, 결혼이민자(자녀포함)
위기가정	• 가족단위 대상, 청장년 남성(19세~64세 이하)
지역사회	• 지역주민이나 지역공동이익에 초점을 맞춘 사업 (지역사회 네트워크 및 마을 공동체와 관련된 사업) • 지역주민 및 사회복지관련 종사자를 대상으로 하는 사업
북한/해외/기타	• 북한지원사업 • 해외지원사업 • 기타 사업

〈사업 참여자 중복사항에 대한 우선 기준〉

구분		①	②	③	④		⑤	⑥	⑦
		아동/청소년	노인	장애인	여성	다문화	위기가정	지역사회	북한/해외/기타
㉮	아동/청소년			장애인	아동/청소년	다문화	아동/청소년	아동/청소년	북한/해외/기타
㉯	노인			장애인	노인	다문화	노인	노인	북한/해외/기타
㉰	장애인	장애인	장애인		장애인	장애인	장애인	장애인	북한/해외/기타
㉱	여성	아동/청소년	노인	장애인		다문화	여성	여성	북한/해외/기타
	다문화	다문화	다문화	장애인	다문화		다문화	다문화	북한/해외/기타
㉲	위기가정	아동/청소년	노인	장애인	여성	다문화		위기가정	북한/해외/기타
㉳	지역사회	아동/청소년	노인	장애인	여성	다문화	위기가정		북한/해외/기타
㉴	북한/해외/기타	북한/해외/기타	북한/해외/기타	북한/해외/기타	북한/해외/기타	북한/해외/기타	북한/해외/기타	북한/해외/기타	

※ 표 보는 기준 예시 : ㉮-③ → 장애인 우선 적용, ㉰-② → 장애인 우선 적용

예) 13세 여자 어린이가 참여자인 경우 "① 아동 · 청소년"으로 입력

예) 2급 장애등록의 67세 어르신이 참여자인 경우 "③ 장애인"으로 입력

예) 북한이탈주민 아동지원사업인 경우 "⑦ 북한/해외/기타"로 입력

예) 1급 지체장애인인 결혼이주여성이 참여자인 경우 "③ 장애인"으로 입력

예) 다문화가정과 지역주민을 주 대상으로 하는 사업의 경우 "④ 여성/다문화"로 입력

예) 여성가장이 참여자인 경우 "④ 여성/다문화"로 입력

예) 해외동포 아동을 대상하는 사업인 경우 "⑦ 북한/해외/기타"로 입력

예) 지역아동센터 교사를 대상으로 하는 사업인 경우 "⑥ 지역사회"로 입력

예) 30대 남성 실직가장이 참여자인 경우 "⑤ 위기가정"으로 입력

2. 사업구분

사업구분은 ① 기초생계 지원, ② 교육/자립 지원, ③ 주거/환경 개선, ④ 보건/의료 지원, ⑤ 심리/정서 지원, ⑥ 사회적 돌봄 강화, ⑦ 소통과 참여 확대, ⑧ 문화 격차 해소의 8개 분야 및 해당 분야별 모금회 지속 가능발전목표(C-SDGs)로 구분됩니다. 항목별 내용은 아래와 같습니다.

〈사업구분 세부 내용〉

사업구분	지원 목적	모금회 지속 가능 발전목표(C-SDGs)	사업 예시
기초생계 지원	• 인간의 기본적 욕구 충족, 절대적 빈곤 위험 완화와 예방	(목표1) 경제적 빈곤 퇴치	[현금 · 현물 기초생계지원] • 저소득 시민 지원, 따뜻한 겨울나기 지원 • 개인 지정기탁 결연사업 • 장제비, 전기요금, 피복비, 건강보험료 지원 • 냉난방기기 설치 및 비용(연료) • 이재민 긴급구호 • 생필품 등 현물, 명절물품
		(목표2) 영양 및 급식지원 /기아종식	[결식예방 및 지원] • 조식지원 등 [주 · 부식 및 특수식 지원] • 식사(급식, 반찬, 도시락 등) 관련 지원 • 건강식 및 특수식(고령식, 환자식 등) 지원사업
교육 · 자립지원	• 취약계층의 자립역량 강화 지원과 빈곤의 대물림 방지	(목표4) 교육 및 자립역량 강화	[학습 지원] • 장학금 및 교육비 지원사업, 기초학습 등 지원 [직업 및 창업 교육] • 직업훈련 교육 및 전문자격 취득지원 • 취업 및 진로 컨설팅 지원, 진로교육 [평생교육 및 재능교육 지원] • 부모교육, 인문학 교육, 독서 교육 • 방과후 등 문화/예술/체육 & 특기적성 활동 • 동아리 활동(공연 등) 지원, 악기/체육장비/도서 등 구입 지원
		(목표8) 양질의 일자리 만들기	[고용 및 창업 관련 지원] • 사회적경제 조직 직간접 지원, 자활사업 등 • 장애인, 한부모 가정 등 취약계층 고용 지원 사업
		(목표9) 적정기술과 정보 기술격차 해소 지원	[적정기술과 정보기술격차 지원] • 복지 관련 기술 지원 • IT 관련 교육기자재 및 장비 지원

주거· 환경개선	• 안전한 주거환경 조성 • 환경보호, 지역사회 환경개선	(목표7) 모두를 위한 깨끗한 에너지	[재생 및 청정에너지 지원] • 태양광 및 대안기술을 통한 에너지 확보 등
		(목표11) 지속 가능한 지역사회 인프라 구축	[지역사회 및 복지시설 환경개선] • 집수리, 지역사회 환경개선 사업 (안심가로등, 공원 등의 공공인프라 개선과 기타 환경 개선) • 재난피해지역 복구 • 기관(이용시설, 생활시설 포함) 기능보강 지원
		(목표12) 지속 가능한 생산과 소비	• 쓰레기 감소, 리사이클링/업사이클링 관련 사업 • 13/14/15에 포함되지 않는 기타 자연환경 보호·개선 등 사업
		(목표13) 기후변화와 대응	• 기후변화 관련 각종 대응활동
		(목표14) 해양생태계 보존	• 해양생태계 보호 관련 사업
		(목표15) 육상생태계 보호	• 육상생태계 보호 관련 사업
보건· 의료지원	• 신체적으로 건강한 삶 위협하는 요인의 완화 및 사전예방 • 의료서비스 기회제공 및 과부담 의료비 경감	(목표3) 신체·정서적 건강과 회복	[의료비 지원] • 검사(진단)비, 수술 및 치료비, 간병비 [의료서비스 지원] • 의료장비 및 기자재 구입, 보조공학 재활기구 지원 • 병의원 및 무료진료소 건립/기능보강, 보건인력 양성 [건강관리 지원] • 중독치료(약물, 음주, 흡연), 건강교육(만성질환 관리 등), 재활 및 운동 프로그램
		(목표6) 깨끗한 물과 위생	[식수 위생 관련 지원] • 우물 개발, 상하수도 개선 등 지원
심리· 정서지원	• 건강한 삶을 위한 정신적, 심리적 지지 및 회복	(목표3) 신체·정서적 건강과 회복	[심리정서 지원] • 상담치료, 심리검사(진단), 언어치료, 미술·음악 등 표현예술 치료관련 지원 (공간세팅, 기자재구입, 시설개보수 등 포함) • 관계회복 프로그램 • 중독치료(도박, 게임, 인터넷), 우울증 및 스트레스(불안) 개선활동 • 멘토링, 나들이

사회적 돌봄 강화	• 보호가 필요한 취약계층의 안전한 삶 지원	(목표10) 사회적 배제 감소와 불평등 완화	[핵심참여자 서비스 및 프로그램] • 방과후 및 주/야간 보호 지원사업 • 가정위탁 및 입양대상 아동지원 • 한부모 및 조손가정 아동의 보호지원 • 재가노인 및 장애인 돌봄(사례관리 등) 관련 [지역사회 통합지원] • 장애인, 이주노동자 등 취약계층 학대피해지원, 각종 폭력 피해지원 • 장애인, 이주노동자 등 취약계층 주변 지지체계 형성 및 차별 해소를 위한 인식개선 활동(캠페인 등)
소통과 참여 확대	• 민간전달체계 강화를 통한 양질의 복지서비스 제공 및 주민참여를 통한 민간 복지자원 확대	(목표5) 성평등	[여성 관련 지원] • 여성폭력 및 학대 예방, 해소 등 • 여성의 정치적 사회적 지위 향상 • 성적 자기결정권 지지 강화
		(목표11) 지속 가능한 지역사회 인프라 구축	[지역사회 협력 인프라 구축] • 사회복지기관 종사자 및 지역주민교육 지원 • 재능기부 및 지역사회 자원연계 활동 • 주민조직화 및 지역네트워크 활성화 사업
		(목표16) 사회적 약자의 권리증진	• 연대와 협력, 인권 옹호 등 지원
문화격차 해소	• 여가 · 문화 · 예술의 다양한 경험 및 활동에 대한 기회 확대로 삶의 질 개선과 역량강화	(목표10) 사회적 배제 감소와 불평등 완화	[문화여가 불평등 완화 지원_단발적 활동] • 여가목적 나들이 및 외부 문화/예술/체육행사 참여 • 여행 및 캠프, 특별체험활동, 역사/전통문화체험 및 예절교육

5-3. 사회복지공동모금회 프로포절 예산편성 기준표[4)]

항 목		기 준	사용한도	비고
강사비	특별강사	• 전/현직 장/차관(급) 이상 • 전/현직 대학총장(급) • 전/현직 국회의원 • 대기업 총수(회장) 또는 국영기업체장 • 활동경력 30년 이상의 문화예술, 시민단체, 기업교육 등 전문직 종사자 • 기타 이에 준하는 사회저명인사로 모금회가 인정하는 자	• 1시간 최대 350,000원 • 초과 매시간당 최대 150,000원	* 유급의 내부직원에게는 지급 불가 (동일법인이라도 사업장 위치가 다르고 독립회계를 하는 타 기관의 직원인 경우에는 지급 가능) * 강의에 필요한 교재의 원고료, 강사 교통비(실비)는 필요 사유에 따라 별도 지급 가능 * 온라인 강의 강사비 지급기준은 부록 내용 참고
	1급강사	• 대학 조교수 이상, 전문대학 부교수 이상 • 인간문화재, 유명예술인 및 종교인 • 정부출연 연구기관장 • 기업/기관 등의 책임급 연구원, 중역 • 판/검사, 변호사 등 전문자격증 소지자 • 전 · 현직 3급 이상 공무원 및 박사학위를 소지한 전 · 현직 4/5급 공무원 • 사회복지 등 해당 강의 관련분야 기관 · 시설장 • 활동경력 20년 이상의 문화예술, 시민단체, 기업교육 등 전문직 종사자 • 기타 모금회가 인정하는 자	• 1시간 최대 250,000원 • 초과 매시간당 최대 150,000원	
	2급강사	• 대학 전임강사 및 전문대학 조교수 • 전 · 현직 4/5급 공무원 • 중소기업체 임원급 • 기업 · 기관 · 단체의 부장급 • 인간문화재 · 유명예술인 등 보조출연자 • 통계이론, SAS, SPSS 등의 전문가 • 박사학위소지자 • 특별강사, 일반 1급 및 일반 3급을 제외한 자 • 사회복지 등 해당 강의 관련분야 기관 · 시설 중간관리자로서 관련분야 석사 이상 학위를 소지한 자 • 활동경력 10년 이상의 문화예술, 시민단체, 기업교육 등 전문직 종사자 • 기타 모금회가 인정하는 자	• 1시간 최대 230,000원 • 초과 매시간당 최대 120,000원	

4) 예산편성 기준표는 해마다 상이하기 때문에 당해 연도 「사회복지공동모금회 배분사업 안내서」 또는 배분사업 온라인 시스템(https://proposal.chest.or.kr)에서 최신 자료를 확인해야 함.

	3급 강사	• 전·현직 6급 이하 공무원 • 전임이외의 외래시간 강사 • 외국어/전산 등 학원강사 • 체육, 레크리에이션 등 전문강사 • 사회복지 등 해당 강의 관련분야 기관·시설 중간관리자로서 관련분야 석사학위가 없는 자 • 활동경력 5년 이상의 문화예술, 시민단체, 기업교육 등 전문직 종사자 • 기타 모금회가 인정하는 자	• 1시간 최대 170,000원 • 초과 매시간당 최대 100,000원	
강사비	보조 강사	• 각종 실기실습 보조요원	• 1시간 최대 50,000원 • 초과 매시간당 최대 30,000원	* 유급의 내부직원에게는 지급 불가 (동일법인이라도 사업장 위치가 다르고 독립회계를 하는 타 기관의 직원인 경우에는 지급 가능) * "사업 수행을 위한 단순한 인건비(단기채용 인력 등)"는 단기고용 인건비 또는 사업 수행에 필수적이나 전문성이 요구되지 않는 인력에 대한 인건비를 말함(예: 시간제 보조인력, 활동보조, 안내요원, 사무보조 등). 단순인건비는 통상 총 사업비의 20% 이내에서만 편성 가능(예: 사업비 1,000만원 → 단순인건비 최대 200만원까지 가능)하며, 복수 인건비 편성 시 총액 기준에서 적용 * 자원봉사자 활동비는 봉사활동에 실제 소요된 경비에 한해 예산한도 내에서 지급하며 증빙 가능해야 함(임직원 자원봉사 활동비 제외) 지급증 필수 첨부(활동명, 활동시간 및 지역, 소요비용 및 산출근거 표기)
	다수인 출강	• 2시간 이하	• 5인 이하 최대 33만원 • 6~10인 최대 45만원 • 11인 이상 최대 66만원	
		• 2시간 초과	• 5인 이하 최대 38만원 • 6~10인 최대 55만원 • 11인 이상 최대 80만원	
회의참석비		• 2시간 이하	• 100,000원	
		• 2시간 초과 시 (1일 1회에 한함)	• 130,000원	
단순인건비		• 1인/1일 (1일 8시간 기준/ 중식비 포함) ※ 월 60시간, 1개월 이상 근무 시 4대보험 가입 필수	• 단순인건비 기준에 따라 편성 – 단순인건비 80,780원 (중식비 7,500원 포함) – 주휴수당 73,280원	

<table>
<tr><td>자원봉사자 활동비</td><td colspan="2">• 자원봉사자에게 지급되는 교통비, 식사비 등의 활동비(1회 기준, 예산한도 내 실비지급)</td><td>• 30,000원 이하</td><td rowspan="2"></td></tr>
<tr><td>원고료</td><td colspan="2">• A4용지 1매 기준
– 글자크기 13p, 줄간격 160%, 상하여백 15, 좌우여백 25, 머리말 · 꼬리말 15, 또는 300단어
– 파워포인트로 작성한 경우에는 슬라이드 3면을 A4 1면으로 산정
– 원고지로 작성한 경우에는 200자 원고지 3.5매를 A4 1면으로 산정</td><td>• 12,000원

* 시간당 6매까지만 인정 최대 30만원까지 지원</td></tr>
<tr><td rowspan="5">출장여비</td><td colspan="2">• 시내여비</td><td>• 실비</td><td rowspan="5">* 일비, 식비는 해당 시 · 도를 벗어나는 출장에 적용
* 특별시와 광역시를 포함한 동일시와 군 및 섬(제주특별자치도 제외) 밖으로의 출장으로 왕복 거리가 12km 이상인 출장에 대해 시외출장 적용. 단, 육로 120km(왕복) 또는 수로 60km(왕복) 미만의 출장에 있어서는 일비의 전액과 식비의 3분의 1만을 지급함.
* 기관차량 이용 시 일비의 2분의 1만을 지급(단, 숙박 시 전액 지급 가능)
* 출장지에서 식사가 제공되는 경우 해당 식비를 제외하고 지급 (예. 교육 참석 차 왕복 120km 이상의 지역으로 시외출장 시 점심식사가 제공되는 경우 식비의 2/3만 지급)</td></tr>
<tr><td rowspan="4">• 시외여비</td><td>교통비
(KTX일반, 고속버스, 전세버스 등)</td><td>• 실비</td></tr>
<tr><td>일비(1인 1일)</td><td>• 20,000원</td></tr>
<tr><td>식비(1인 1일)</td><td>• 25,000원</td></tr>
<tr><td>숙박비(1인 1실)</td><td>• 실비(상한액 60,000원)</td></tr>
<tr><td>워크숍</td><td colspan="2">• 1인 기준</td><td>• 120,000원</td><td>* 1박2일 기준(숙박비, 식비)
* 숙박일수 추가 시 추가되는 일수당 기준단가 적용
* 진행비(교통비, 대관료 등) 실비 적용하여 별도 편성
* 사용한도 초과가 불가피한 경우, 모금회의 사전승인 필요</td></tr>
<tr><td>식사비</td><td colspan="2">• 1인 1식 기준</td><td>• 15,000원</td><td>* 참석자가 모두 내부직원일 경우 지출 불가
* 온라인으로 회의, 강의 등을</td></tr>
</table>

<table>
<tr><td colspan="2">다과비</td><td>• 1인 기준</td><td>• 7,500원</td><td>진행할 경우 지출 불가(식사 및 다과를 대신한 기프티콘, 쿠폰 지급 불가)</td></tr>
<tr><td colspan="2" rowspan="4">자문비</td><td>• 2시간 이하 1회</td><td>• 100,000원</td><td rowspan="4">* 슈퍼비전기록 필히 첨부
* 내부직원 지급 불가
* 시외의 경우, 교통비 실비지급 가능
* 1일 상한액 20만원</td></tr>
<tr><td>• 2시간 초과 1회</td><td>• 130,000원</td></tr>
<tr><td>• (공식) 서면자문 1회</td><td>• 100,000원</td></tr>
<tr><td colspan="2">• 공통사항: 자문 내용 기본 양식
A4 용지 1매 기준, 글씨크기 13 point, 줄간격 160%, 상하 여백 15, 좌우 여백25, 머리말 · 꼬리말 15</td></tr>
<tr><td rowspan="4">세미나, 토론회 등</td><td rowspan="2">토론</td><td>• 1시간 이하 1회</td><td>• 100,000원</td><td rowspan="4">* 유급의 내부직원에게는 지급 불가
(동일법인이라도 사업장 위치가 다르고 독립회계를 하는 타 기관의 직원인 경우에는 지급 가능)
* 강사 교통비(실비)는 필요사유에 따라 별도 지급 가능</td></tr>
<tr><td>• 1시간 초과 1회</td><td>• 130,000원</td></tr>
<tr><td rowspan="2">기조 연설, 발제, 사회</td><td>• 1시간 이하 1회</td><td>• 200,000원</td></tr>
<tr><td>• 1시간 초과 1회</td><td>• 300,000원</td></tr>
<tr><td colspan="2">번역료</td><td colspan="2">• 한국외대 통번역센터 요율표 기준
(매해 발표되는 기준 참조, 시행시점 가장 최근 자료 이용)
※ 단, 전문기관 등에게 의뢰하여 작성된 원고 및 통 · 번역자료에 대해서는 별도계약에 따라 지급할 수 있다.</td><td></td></tr>
<tr><td colspan="2">수어통역</td><td>• 1인 1시간 기준</td><td>• 100,000원</td><td>* 개인으로 활동하는 수어통역사 기준이며, 수어통역 관련 단체(업체)를 통하는 경우 해당 단체(업체)의 단가 적용</td></tr>
</table>

※ 위의 예산편성 기준표는 최대 지급 기준이며 상황에 따라 감액하여 지급이 가능함.

1. 강사비 초과시간의 계산 방법
   - 같은 날짜에 동일대상에게 동일내용(주제)을 강의하는 경우 2회 이상으로 나누어 강의를 하여도 두 번째 시간부터는 초과시간으로 계산함
2. 다수인 출강
   - 1개의 프로그램에 2인 이상의 강사가 참여하는 교육을 말함
3. 자원봉사활동비
   - 실비 개념으로 봉사활동에 3만원 한도 내로 실비 지급이 가능함

※ 사회복지공동모금회 온라인 강의 강사비 지급기준

유형	강의 방식	지급 단가	비고
녹화형 강의	• 오프라인 강의를 그대로 촬영하여 사이버 강의화한 콘텐츠 • 강사가 콘텐츠 제작을 위해 별도로 원고를 작성하고 직접 출연하여 제작한 콘텐츠	• 오프라인 강의 강사료 • 강사출연비: 시간당 10만원 이내 ※ 최종 편집된 영상의 강의시간을 기준으로 함	• 강사출연비는 강사의 촬영 동기 요인 강화 및 다회 노출 부담에 대한 보상 • 녹화된 영상을 반복 없이 1회만 사용하는 경우에는 강사출연비를 지급하지 않음
실시간 라이브 강의	• 강사와 강의대상이 특정 시간에 원격 강의에 참여하여 진행하는 방식	• 오프라인 강의 강사료	• 실시간 라이브를 녹화하여 반복 사용하는 경우에는 녹화형 강의에 준하여 강사출연비 지급

1. 상기 기준은 지급 가능한 최대금액으로 강의의 난이도, 내용 등에 따라 제시된 한도 내에서 적정한 수준으로 조정하여 지급할 수 있음.
2. 영상물의 저작권에 관하여 붙임의 양식에 따라 강사와 별도 계약을 체결하여야 하고, 콘텐츠 이용을 위하여 필요한 권리(저작재산권)는 기 체결한 배분사업 표준계약에 의거, 수행기관과 모금회에 귀속됨.
3. 강의시간은 최종 편집된 영상에서 강의가 진행된 시간을 기준으로 하고, 참여자의 시청 편의를 위하여 영상을 분할편집한 경우에는 총 영상 시간의 합으로 계산함.
   예) 강의 전후로 기관소개 영상 등을 포함한 경우, 강의시간으로 계산하지 않음.
4. 강사료 및 강의출연비에 대한 비용 산출 시 1시간 이하는 1시간으로 계산하되, 30분 이하는 0.5시간으로 산정하여 기준 단가의 2분의1 한도 내에서 지급함.
5. 강사가 제작한 강의자료를 제공받아 활용하는 경우에도 동일한 기준을 적용하며, 상기 기준을 초과하여 지급할 수 없음.
6. 영상물 제작 시 모금회의 지원사업을 통해 제작된 영상임을 표시하여야 함.
   예) "강의명" 영상은 사회복지공동모금회(로고삽입) 지원으로 제작되었습니다.
7. 지원사업으로 제작한 영상을 통한 광고 · 수익 창출은 불가함.

5-4. 사회복지공동모금회 프로포절 목표설정 방법

1. 목표란?

• 목표를 설정하는 방법은 매우 다양하지만 여기에서는 산출목표와 성과목표로 설명하고자 합니다.
• 흔히 목표라 하면 성과목표를 이야기하는 경우가 많은데 "사업수행을 통해 달성하거나 변화시키고자 하는 바를 어느 정도까지 달성 또는 변화시킬 것인지를 적시한 것"을 의미합니다.
• 사업수행을 통해 달성하거나 변화시키고자 하는 바를 어느 정도까지 달성 또는 변화시킬 것인지를 적시한 것을 의미합니다.
예) 학교 밖 청소년의 자살충동을 10%p 감소시킨다.
• 이는 사업대상에 대해 인적·물적 자원과 시간비용을 투여하여 성취하고자 하는 바를 말합니다.
예) 자살충동 감소 프로그램에서 사회복지사와 심리치료사가 협동으로 주 1회 집단프로그램을 4개월 동안 운영하여 참여 청소년의 자살충동 정도의 평균을 낮춘다.

2. 산출목표란?

• 산출목표는 성과목표 달성에 기여하는 데 필요한 수단적 성격의 목표를 말합니다.

3. 산출목표로 설정될 수 있는 것은?

가. 활동(Activities)에서 기재한 사업 내용을 실제로 수행한 것

• 예를 들어 주 2회 A프로그램을 실시하겠다는 것은 활동 내용이지만, 실제 주 2회 실시한 것은 산출로 간주될 수 있습니다.

나. 활동(Activities) 결과, 프로그램 공급자(기획자)가 마음대로 하기는 어렵지만 실제 성과목표를 달성하는데 반드시 필요한 목표치인 경우

• 예를 들어 A프로그램의 출석유지율을 90% 이상 유지한다는 목표는 공급자가 임의로 조작할 수 없고 참석자가 꾸준히 A프로그램에 나와야 가능한 것입니다. 아울러 출석률이 낮으면 출석한 사람이 아무리 A프로그램으로 인해 긍정적인 변화가 있었다 하더라도 이는 참여인원의 일부에 불과한 것이므로 의미가 반감되고 이로 인해 성과목표를 충분히 달성했다고 보기 어렵기 때문에 출석유지율은 매우 중요한 산출목표로서 다루어질 수 있습니다.

다. 실제 쓰임새

• 첫 번째의 예로는 "A프로그램 주 2회 실시"를 들 수 있으며, 두 번째의 예로는 프로그램 탈락률, 프로그램 출석률 등을 들 수 있습니다.
• 하지만 첫 번째의 경우는 활동(Activities)에서 정한 내용을 큰 외부적 영향이 없으면 보통 그대로 시행하므로 주요한 산출목표로 정하지 않고 대부분 두 번째를 주요한 산출목표로 설정하게 됩니다.

4. 성과목표란?

- 성과목표란 인적 · 물적 노력과 시간을 조직 · 투여하여 최종적으로 달성하고자 하는 목표를 말합니다.

5. 성과목표로 설정될 수 있는 것은?

- '어떤 성과목표를 설정할 것인가'는 전적으로 그 사업이 지향하는 가치와 대상, 사업 내용과 밀접하게 관련되어 있습니다.
  - 그러므로 '목표설정은 이래야 한다, 저래야 한다'고 말하는 것은 매우 위험합니다. 이를 감안하면서 여기에서 배분신청서 작성자가 목표를 설정하는데 따른 막연함을 덜어줄 목적으로 몇 가지 기준을 이야기하면 아래와 같습니다.

- **성과목표의 차원과 초점은 매우 다양하게 설정될 수 있습니다.**[5)]

분류	초 점	예 시	비 고
개인차원	내적기능 향상	• 자아존중감 향상 • 우울 감소 등	척도 사용
	인 식	• 차별에 대한 인식 • 요양보호사의 전문성 인식 • 제도적 환경변화에 대한 사회복지관의 인식[6)] • 인식에 대한 다양한 질적 연구[7)]	척도 사용 인터뷰 실시
	태 도	• 성역할 태도변화 • 어머니의 양육태도 등	척도 사용
	행 동	• 아동의 공격행동 변화 • 문제행동 변화 • 사회적 행동변화 • 건강행동 변화 • 노인의 운동행동 변화 등	척도 사용
사회차원	사회적 인식	• 지역사회 인식변화	
	지역사회	• 지역주민의 응집력 • 네트워크 강화 • 지역사회빈곤율 변화	과정평가 척도사용 네트워크분석

※ 아래로 내려갈수록 개인 내부에서 개인 외부로, 집단 및 지역사회로 확장

6. 목표를 설정함에 있어 고려해야 할 점은?

---

5) 아래 표는 김상곤 · 최승희 · 안정선(2012). 「사회복지 프로그램 개발과 평가」의 내용을 참조하여 재구성하였음.

6) 조미형(2011). "제도적 환경변화에 대한 사회복지관의 인식과 대응에 관한 연구". 『한국사회복지행정학』. 13(1). 103-132. 동 논문에서 인식을 파악하기 위해 사회복지관의 관리자 100여명에 대해 설문조사 실시

7) 김주현(2015). "한국 고령자의 연령차별 경험과 노년기 인식 질적 연구". 『한국인구학』. 38(1). 69-104.

가. 목표 진술은 사업대상(사업참여자)과 사업 내용이 연결되어 있다는 점입니다.

- 변화치는 사업대상에게 일어나는 것이며, 그러한 변화치는 사업을 실행한 결과로 나타나는 것이므로 사업 내용은 목표에 대해 수단적 성격을 갖습니다.
  예) 누구(사업대상)의 변화인가? 무엇을 통한 변화인가?(=어떻게 개입할 것인가? =어떤 내용의 프로그램을 동원할 것인가? ← 왜 A프로그램이 아니고 B프로그램을 활용하는가?)

나. 흔히 SMART를 이야기합니다.

- SMART란 목표는 구체적으로(Specific), 측정 가능하고(Measurable), 성취 가능한 것으로(Achievable) 설정되어야 하며, 결과 지향적이고(Result-Oriented), 시간 제약적인(Time-Bounded) 속성을 띤다고 합니다.
- 하지만 이 모든 것의 최정점에는 '최종적인 결과로서 측정 가능해야 한다(Measurable)'는 것이 위치합니다.
  - 구체적이지 않으면 달성 여부를 측정하기 어렵고, 성취 가능한 목표가 아니면 달성할 수가 없으며, 최종적인 결과가 아니면 중간단계에서의 달성치를 측정하게 되고 시간제한은 어떤 프로그램이든지 간에 사업기간이 설정되어 있고 아울러 사업기간 외의 의미 있는 성과는 평가결과보고서에 담을 수 없기 때문입니다.

7. 물론 목표설정을 둘러싸고 다양한 의견이 존재합니다.

가. 어디가 최종적인 결과치인가?

- 각 성과는 단계적으로 나타나는데 어디를 최종적인 결과로 설정해야 하는지 애매할 경우가 있습니다. 이는 더군다나 시간제약성을 고려하면 내용상으로는 중간단계의 성과이지만 시간제약성 때문에 불가피하게 최종적인 결과로 내세우는 경우도 있습니다.
  예) 취업에 필요한 요리기술을 습득한다 → 한식조리자격증을 취득한다 → 요식업에 취업한다
- 어디까지를 목표로 설정할 것인지가 늘 논란이 됩니다. 하지만 이것은 프로그램 종료 전까지 달성할 목표치를 의미한다고 보면 종국적인 목표치라기보다는 사업기간 범위 내에서 달성할 수 있는 실질적인 목표치여야 합니다.

나. 산출목표인가, 성과목표인가?

사업예시
• 중학생 10명에 대한 진로성숙도를 향상시키는 프로그램에서 사업담당자는 직업탐색, 진로탐색 등 다양한 세부프로그램을 기획하지만 이에 덧붙여 '학생에 대한 부모의 이해도 증진이 진로성숙도에 영향을 미친다'는 점에 착안하여 부모에 대한 세부프로그램도 기획하였다고 한다면,

목표의 성격은?
• 이때 핵심참여자는 중학생 10명이며, 그 중학생의 부모는 주변참여자로 간주될 수 있다. • 그런데 자녀에 대한 부모의 이해도 증진이 산출목표인지, 성과목표인지 궁금해진다. – 최종적인 성과목표는 진로성숙도 향상이기 때문에 부모의 이해도 증진은 최종적인 성과목표로 보기는 어렵다. 진로성숙도 향상에 기여하는 중간목표(매개목표)이기 때문이다. – 그렇다고 하여 부모의 이해도 향상은 통상 이야기하는 세부프로그램 시행횟수, 참여율이나 탈락률과는 다소 차원을 달리하는 것처럼 보이기 때문에 이들과 동급의 산출목표로 간주하기도 어색하다.

• 만약 부모의 자녀에 대한 이해도 증진을 산출목표로 간주하면 아래와 같습니다.

세부 사업 내용	산출목표
1. 자기이해와 진로주체성 향상	1–1. 자기 이해와 진로주체성 프로그램 총 10회기 진행
	1–2. 동 프로그램 탈락률 5% 미만
2. 진로탐색 및 진로계획 설계	2–1. 자신의 주도적 활동에 따른 탐색활동 15회기 진행
	2–2. 진로계획 수립하기
3. 부모의 자녀 이해 증진	3–1. 개별상담 5회기 및 집단프로그램 5회기 진행
	3–2. 부모의 자녀에 대한 이해도 증진(10%p 증가)

▼

성과목표
참여 학생의 진로성숙도를 향상시킨다.

• 만약 부모의 자녀에 대한 이해도 증진을 하위성과목표로 간주하면 아래와 같습니다.

세부 사업 내용	산출목표
1. 자기이해와 진로주체성 향상	1–1. 자기 이해와 진로주체성 프로그램 총 10회기 진행
	1–2. 동 프로그램 탈락률 5% 미만
2. 진로탐색 및 진로계획 설계	2–1. 자신의 주도적 활동에 따른 탐색활동 15회기 진행
	2–2. 진로계획 수립하기
3. 부모의 자녀 이해 증진	3–1. 개별상담 5회기 및 집단프로그램 5회기 진행
	3–2. 동 프로그램 참여율 90% 이상 유지

▼

최종 성과목표	하위성과목표
참여 학생의 진로성숙도를 향상시킨다.	1. 참여학생의 진로주체성을 향상시킨다.
	2. 참여학생의 진로 및 직업탐색 능력을 향상시킨다.
	3. 부모의 자녀에 대한 이해를 증진시킨다.

다. 반드시 측정 가능해야 하는가?

- 측정 가능한 성과목표만 제시할 수 있게 되면 측정하기 어려운 많은 내용들이 여기에 표현되지 않을 경우 목표 수가 적거나 누락되는 경우가 발생한다는 것입니다.
- 특히 사업 기간 내에는 최종적인 목표치까지 도달하기 어렵고 목표치에 도달하는 과정, 변화의 과정에 놓이게 되는 경우 측정 가능한 양적목표를 고집하게 되면 목표로 설정하기 어렵고, 변화의 정도라도 보여주는 것이 허용된다면 질적 평가를 통해 어느 정도 가시화될 수 있습니다.

  예) 중학생에 대한 진로탐색 지원 프로그램을 운영한 후 진로탐색과 관련한 자신의 상태변화를 가장 잘 나타낼 수 있는 전후 사진을 대조하고 이에 대한 자기설명을 덧붙이게 한 경우

5-5. 사회복지공동모금회 프로포절 평가방법 작성[8)]

1. 성과평가

가. 성과평가란?

• 기 제시된 성과목표가 사업수행을 통해 실제로 어느 정도 달성되었는지, 그 성과의 의미가 무엇인지를 평가하는 것을 말합니다. 성과평가가 이루어지기 위해서는 성과목표–성과지표–성과평가가 유기적으로 잘 연결되어야 합니다.

나. 성과평가의 종류

1) 양적 성과평가

• 양적 성과평가는 성과평가의 결과를 구체적인 수치로 나타내는 것을 말합니다.

• 주로 척도를 사용하여 사업 시행 전후를 비교하거나 주관적인 변화 정도를 나타냅니다.

– 자녀양육기술척도를 통해 자녀양육기술증진프로그램을 시행하기 전후를 측정하여 그 변화치가 의미 있는지를 살펴보는 것, 또는 시행 후에 자신이 자녀양육기술이 얼마나 증진했는지를 4점 척도(매우 그렇다, 그렇다, 그렇지 않다, 전혀 그렇지 않다) 또는 5점 척도(매우 그렇다, 그렇다, 보통이다, 그렇지 않다, 전혀 그렇지 않다)로 나타냅니다.

• 양적 성과평가는 제3자로 하여금 그 프로그램 시행이 효과적인지, 그 효과가 어느 정도인지를 객관적이고 쉽게 알 수 있게 해 줍니다.

2) 질적 성과평가

• 질적 성과평가는 두 가지가 있습니다.

① 양적인 변화를 보여주기 어려운 경우

② 양적 성과평가를 통해 보여주는 수치의 변화가 무엇을 의미하는지, 그 수치의 변화가 담고 있는 내용이 무엇인지를 보여주는 경우(예: 자녀양육기술척도 변화가 0.8이고 그것이 의미 있는 변화라고 한다 하더라도 실제 무엇이 변화하였는지는 숫자 0.8을 통해 알 길이 없습니다. 즉, 양육기술이 변화하였는데 실제 아이를 양육하면서 어떤 스킬이 생활상에서 나타났는지는 사업 참여자의 이야기를 듣거나 실제 양육의 현장을 관찰해야만 알 수 있습니다. 그럴 경우 인터뷰나 참여관찰을 통해 그 내용을 포착할 수 있을 것입니다.)

다. 양적 성과평가 작성방법

1) 양적 성과평가 기술방법

• 양적 성과평가방법을 서술할 때는 아래 사항에 유념해야 합니다.

---

8) 온라인배분신청사이트(http://proposal.chest.or.kr)–자료실 내 '[참고자료] 사회복지공동모금회 척도집'에서 발췌하여 정리함.

– 성과지표(평가도구)는 성과목표의 진술을 점검하는 수단입니다.
– 성과지표에 따라 이의 달성 여부와 정도를 측정함에 있어 관련되는 자료를 누구에게서, 언제 어떻게 수집할 것인지를 명확하게 해야 합니다.

2) 세부 내용 설명

(1) 성과지표

- 성과지표는 성과목표의 내용에서부터 도출됩니다.
- 성과지표는 여러 척도집을 검색해서 가장 적절한 것을 찾거나 적절한 지표를 자체적으로 설정할 수 있습니다.
  – 예를 들어 지역아동센터에서의 '학교숙제 완성률 20%p 증가'가 성과목표인 경우 '학교숙제 완성률'이 성과지표가 됩니다. 기존의 각종 척도집에 존재하는 척도가 아니라 사업 내용과 성격에 맞추어 지표를 새롭게 설정하게 되면 먼저 분모와 분자가 무엇인지를 사전에 결정해야 합니다.
  – 분모: 학교숙제를 부여받은 횟수
  – 분자: 학교숙제를 완성한 횟수
  – 학교숙제완성률이라는 지표는 [(학교숙제를 완성한 횟수/학교숙제를 부여받은 횟수)×100]이 됩니다.
  – 학교숙제 완성률의 초기값이 50%이고 프로그램 진행 후 지표값이 70%이라면 프로그램 시행에 따라 20p%가 증가한 것이 됩니다.
- 성과지표는 이후 어떻게 측정할 것인지에 대한 방법과 연결되어야 합니다. 자료원, 자료수집시기, 자료수집방법을 통해 실제 성과지표가 측정할 수 있어야 합니다.
- 성과목표를 측정할 수 있는 적절한 성과지표가 없다면 성과목표를 측정할 수 있는 적절한 질문지를 자체 제작할 수도 있습니다.
  – 하지만 제작과정에서 객관성을 가지기 위해 자신이 만들고 동료의 피드백을 받고 기관의 자문교수로부터 자문을 얻는 것이 좋습니다.

(2) 자료수집 대상

- 성과지표를 통해 의미 있는 내용을 응답하는 사람 또는 장소를 말합니다.
  – 손자녀를 양육하는 조부모를 대상으로 한 프로그램이었다면 자녀양육기술척도에 대해 대답을 하는 조부모가 자료수집 대상이 됩니다.
- 자료수집 대상은 자료를 수집하는 사람을 의미하는 것이 아닙니다.
  – 설문조사를 실시하는 직원A가 자료수집 대상이 아닙니다.

(3) 자료수집 방법

- 자료수집 방법에는 '누가' 수집할 것인가와 '무엇을 통해' 자료를 수집할 것인가가 포함됩니다.
- '누가' 수집할 것인가에서 중요한 점은 사업시행자가 할 것인지, 제3자가 자료를 수집할 것인가의 문제입니다.
  – 담당자가 이 사업을 제일 잘 알지만 응답자가 왜곡된 응답을 할 수 있는 가능성을 배제하기 어렵다

는 한계가 있습니다.
- 제3자는 공정하게 자료를 수집할 수 있는 장점이 있는 반면, 사업의 맥락을 모르는 상태에서 자료를 수집할 때 깊이 있게 내용을 끄집어내기 어려운 점이 있습니다.

- '무엇을 통해' 자료를 수집할 것인가에서 중요한 점은 아래와 같습니다.
  - 설문지를 배포해서 응답자가 자기 스스로 응답하게 할 것인지(자기기입식 설문조사), 질문지를 하나 하나 읽어주고 설명해 주면 응답자가 이야기한 것을 적을 것인지(대면식 설문조사) 등과 어느 기간 동안의 자료를 대상으로 할 것인가를 결정해야 한다는 것입니다.
  - 예를 들어 학교숙제 완성률 증가에서 학교숙제 수행횟수를 어느 기간 동안에 학교에서 내 준 숙제를 대상으로 할 것인지, 또 숙제의 범위가 무엇인지를 획정해야 합니다. 국어, 영어, 수학, 사회, 과학에 한정할 것인지, 특별활동의 숙제까지 포함할 것인지 등입니다.

(4) 측정 시기

- 측정 시기는 언제 자료를 수집할 것인가 입니다.
  - 이때 가장 중요한 것은 사전 사후 검사를 할 것인가 입니다.
  - 만약 초기값 설정을 위해 사전에 검사를 한다면 사업을 본격적으로 시행하기 전에 사업 참여자에게 반드시 사전검사를 실시하는 것이 필요합니다. 사업을 하다 보면 사전검사 없이 바로 프로그램을 시행해서 초기값을 잡아내지 못하는 경우가 많기 때문입니다.

라. 질적 성과평가

- 질적인 방법을 통해 성과 달성정도 또는 성과의 의미를 평가하는 것을 말합니다.

마. 질적 성과평가의 종류

1) 양적인 성과의 의미를 드러내는 경우

- 양적인 성과평가에 따른 결과는 간단한 수치로 나타난다. 예를 들어 자녀양육기술척도에서 사전 사후 검사결과 변화치가 0.8로 나타났고 이는 유의미한 변화 정도를 나타내는 것으로 해석할 수 있어 수행한 사업이 의미 있었다고 평가내릴 수 있습니다.
- 하지만 수행사업이 성공적이었다, 유의미한 변화가 있었다라고 하더라도 '도대체 무엇이 어떻게 변화되었는가'라는 질문에 대해서는 대답하기가 곤란합니다. 즉, 0.8점의 의미가 무엇인가라는 질문에 대해서는 속수무책인 셈입니다.
  - 0.8점은 당사자의 삶에서 어떤 변화가 일어났다는 것인데, 그 변화가 어떤 변화인지는 모른다는 것입니다. 또 15년 전에 똑같은 사업을 수행하고 똑같은 척도로 평가했을 때에도 변화치가 0.8점이 나왔다 하더라도 그 0.8점이 무엇을 의미하는지는 15년 전과 지금이 다를 수밖에 없습니다. 자녀양육환경도 변했고 자녀들이 쓰는 말투, 사용하는 컴퓨터 프로그램, 관계 맺는 양상이 똑같지 않기 때문입니다. 즉, 점수는 같아도 점수가 의미하는 바는 다르다는 점입니다. 또 이 사업에 참여한 사람 또한 그 변화치 라는 것은 실제 삶에서 나타나는 것이지, 숫자 그 자체가 삶의 내용을 설명해 주지 않는다는 점에 유의할 필요가 있습니다.

- 그러므로 질적 성과평가를 통해 실제 당사자에게 어떤 삶의 변화가 나타났는지, 그 삶의 변화가 자신에게 어떤 의미로 다가오는지 등에 대한 내용을 이끌어내어 제3자에게 보여줄 필요가 있는 것입니다.

2) 양적 성과평가가 어려운 경우

- 점수로 나타내거나 '예, 아니오'로 대변되는 양적 성과평가 방식으로는 사업의 성과를 정확하게 보여주기 어려울 때에는 질적인 방법으로 성과를 평가하기도 합니다.
  - 예를 들어 중학생에 대한 진로탐색 지원 프로그램을 운영한 후 진로를 설정했는지에 대한 여부를 물어볼 때 10명 중 2명만 진로를 설정하고 8명은 아직 진로를 설정하지 못했으면 이 프로그램은 실패한 프로그램인가? 라는 문제를 제기할 수 있습니다. 즉, 진로설정 여부에 따른 진로설정 청소년 수를 따진다면 그리 성공적이라고 보기 어렵습니다. 하지만 나머지 8명이 어떤 상태에 있는지를 질적으로 평가한다면 그 평가결과는 달라질 수 있습니다. 즉, 8명에 대해 자신의 상태변화를 가장 잘 나타낼 수 있는 전후 사진을 대조하고 이에 대한 자기설명을 덧붙이게 한 Photo Voice 방법을 동원한 질적 평가에서 많은 청소년들이 자신이 아직 진로를 설정하지는 않았지만 이 프로그램에 참여하기 전에는 자신이 무엇을 하고 살아야 하는지, 진로에 대해 전혀 생각이 없다가 이제는 이에 대한 고민이 그 어느 때보다도 치열하게 이루어지고 있는 과정에 있다면 이 프로그램이 성과가 없다고 단정적으로 이야기하기 어렵다는 것입니다.
- 그러므로 질적 성과평가에서는 양적으로 평가하기 어려운 대상(예를 들어 지적장애인)이나 사업 내용(진로탐색)에 대해 질적으로 그 변화 내용을 측정함으로써 보이지 않던 성과를 잡아내는 것을 말합니다.
  - 이러한 작업은 기존의 양적으로 나타나는 것만 전통적인 성과로 간주하는 편협한 시각에서 벗어나 성과를 보다 넓은 의미로 확장해석하려는 움직임과 그 맥을 같이 합니다.

바. 질적 성과평가 수행방법

1) 인터뷰

- 사업 참여자에 대하여 인터뷰를 실시하여 프로그램 참여를 통해 실제 자신의 달라진 삶에 대해 이야기를 듣는 것입니다.

2) 참여관찰

- 프로그램이 진행되는 사회복지실천현장에 참여관찰을 통해 보고자하는 바를 살펴 이를 종합적으로 드러내는 것입니다.

3) Photo Voice (포토 보이스)

- 시각적 이미지를 통해 사업 참여자의 욕구와 어려움을 나타내고 집단토론을 통해 삶의 경험을 소통하도록 하는 방법을 말합니다. 시각적 이미지를 사용하기 때문에 장애나 문화의 차이 등으로 소통이 어려워 소외되기 쉬운 집단이 사업과정에 대한 이야기를 드러내는 데 참여할 수 있고 그동안 억눌렸던 목소리를 낼 수 있게 하여 역량강화의 기회를 제공하기도 합니다.

2. 과정평가

가. 과정평가란?

• 투입과 활동이 당초 계획에 따라 적절하게 진행되었는지를 평가하는 것을 말합니다.

나. 과정평가의 중요성

• 일반적으로 배분사업은 수행사업의 성공적인 결과만 보여주는 경우가 많습니다. 하지만 사업수행과정에 대한 상세한 기록과 비판적 검토를 통해 어떤 과정을 통해 본 사업을 수행했는지, 수행과정 중 뼈저린 경험에서 얻은 교훈이 무엇인지 등을 상세하게 기록하는 것도 매우 중요합니다.
  – 사업수행기관이 앞만 보고 나아가는 것이 아니라 사업수행의 과정을 반추하면서 변화 · 발전을 모색해고 아울러 타 기관이 벤치마킹하거나 교훈을 얻을 수 있는 교사 및 반면교사의 역할을 수행하기 위해서는 과정기록이 매우 중요합니다.

다. 과정평가에서의 평가대상

1) 과정별 대상

• 과정평가에서의 평가대상은 사업전체 수행과정 전반이 됩니다.
  – 배분신청서 - 홍보 - 대상자 모집 - 세부 프로그램 시행 - 중간모니터링 - 이후 사업 - 종결단계 등 각 단계별로 모두 포함됩니다.

2) 관점별 대상

• 과정평가를 통해 관심을 가져야 할 관점에 따라 아래와 같이 대별할 수 있습니다.
  – 계획에 따라 잘 진행되지 않은 것 (예: 당초 3월에 사업참여자를 모집완료하기로 되어 있었는데 4월에도 다 모집이 안 된 것, 현수막을 붙여 놓으면 모집이 잘 될 것이라고 기대했는데 현수막을 보고 왔다는 사람은 거의 없을 때)
  – 정보부족으로 계획할 때 미처 생각하지 못한 것 (예: 정부방침에 따라 초등학교 돌봄교실이 이미 확대되었는데 이를 고려하지 않아 A방과후 프로그램이 잘 진행되지 않은 경우)
  – 생각하지 않은 것들이 발생하는 것 (예: 조류독감, 지진 때문에 현지 방문이 어려워진 경우)

3) 평가방법별 대상

① 양적 과정평가
  – '과정'을 성과와 대비하는 관점에서 본다면 결국 과정평가는 투입 또는 활동에 대한 평가를 의미한다고 볼 수 있으므로 계획 당시 설정했던 투입에 대한, 활동에 대한 집행결과에 대해 양적으로 평가할 수도 있습니다.

② 질적 과정평가
  – 사업수행과정의 흐름이 어떻게 이어져 왔는지를 질적으로 평가할 수 있습니다. 이러한 질적 과정평가는 사업담당자가 '만약에 내가 이 사업을 처음부터 다시 시작한다면 어떻게 하겠다고 할 것인가?'

라는 관점에서 이 사업을 벤치마킹하고 싶은 사람에게 소중한 이야기를 들려준다는 심정으로 기술하는 것이 필요합니다.

라. 평가방법

1) 1단계: 평가의 초점을 분명히 한다.

- 모든 사업의 과정을 평가한다는 것은 현실적으로 불가능합니다. 또 모든 세부 프로그램의 과정을 평가하는 것도 쉽지 않습니다. 그러므로 무엇을 중점적으로 평가할 것인지를 설정해야 합니다.
- 그러므로 어느 단계 또는 어떤 세부 프로그램의 과정을 면밀히 살필 것인지를 결정해야 합니다.
- 예를 들어 이번 사업에서는 홍보 및 사업 참여자 모집과정과 핵심사업인 B프로그램의 진행과정에 대해 과정평가를 한다고 설정하는 것입니다.

2) 2단계: 무엇을 언제 기록할 것인지를 명확히 한다.

• 사업의 진행과정을 그때 당시에는 잘 기억할지는 몰라도 시간이 흐를수록 잊히게 마련입니다. 그러므로 적어도 1~2달에 한 번은 지난 기간 동안에 벌어진 일들을 기록해야 합니다.
• 무엇을 기록할 것인지는 각 사업의 내용에 따라 달라지는데 기본적인 질문은 아래와 같습니다.

1. 무엇이 진행되었고, 무엇이 진행되지 못하였나?
2. 성공적이었다고, 긍정적인 의미가 있다고 자평할 수 있는 것은? 그 근거는?
3. 무엇이 아쉬운가?
4. 다시 그 과정을 진행한다면 어떤 점을 어떻게 바꾸겠는가?

3) 3단계: 매월 또는 2달에 한 번씩 진행한 사업을 기록한다.

• 기록하기로 한 바에 대하여 정해진 기간 내에 상세하기 관련 내용을 기록해야 합니다.
• 때에 따라서는 사업참여자들의 경험이나 의견, 요구사항들에 대해 정리할 필요가 있습니다.

질문을 통해 담아야 하는 내용
• 인터뷰를 위한 Tip에서의 관련 질문들을 해당 사업에 맞게 구성하여 진행
• 필요에 따라 추가적으로 해당 사업에서 중요한 내용들을 질문

4) 4단계: 기록된 내용을 시계열적으로 살펴 그 과정을 평가한다.

• 4~8회 기록된 내용을 전체적인 흐름을 고찰하여 얼마나 어떻게 진행되었는지, 그렇게 진행되게 된 맥락이 무엇인지, 다시 진행한다면 어떤 부분들에 대해 좀 더 세심하게 배려할 것인지, 이 사업을 벤치마킹하려는 기관에게 해 줄 이야기가 무엇인지 등에 대해 자세하게 기록합니다.

3. 평가 시 유의사항

가. 사업을 미화(美化)하려는 나 자신의 모습을 읽어라

- 누구든 자기가 수행한 사업이 잘못되기를 바라는 사람은 아무도 없습니다. 또 설사 잘못되었다 하더라도 그렇게 된 이유를 객관적으로 보기 어렵습니다. 아전인수(我田引水) – 인지상정(人之常情)입니다. 하지만 그것이 바람직한 것은 아닙니다. 오히려 실패한 경험에서 소중한 보석이 발견됩니다. 내 실패가 다른 사람들에게 혜안을 가져다 줄 수 있으면 그것은 더 이상 실패가 아닙니다. 소중한 자원이 되고 교훈이 됩니다.

나. 기관 책임자의 이해가 필요하다

- 실무자가 아무리 솔직하려고 하여도 기관 책임자가 그러한 자세와 마인드를 이해하지 못하면 제대로 된 평가가 어렵습니다. 물론 집행과정상의 시행착오와 어려움을 기술한 보고서가 기관 책임자의 입장에서 볼 때는 마음 불편한 것도 사실입니다. 그러나 자신의 기관이, 수행한 사업이 아무런 문제가 없다, 귀책사유가 없다고 하는 자세 때문에 더 이상의 발전 또한 가로막게 된다는 것을, 또 가로막아 왔음을 솔직히 인정할 필요가 있습니다. 그러므로 사업결과에 대해 보다 솔직해지고 냉정하게 직면할 때 또 다른 발전의 출발점이 될 수 있을 것입니다.

다. 기관 감독(평가)기관은 사업결과에 대해 색안경을 끼고 보지 말라

- 결국 솔직했더니 돌아오는 것은 불이익이라고 한다면 더 이상 시행착오, 실패라는 부정적 결과를 보이지 않으려고 할 것입니다. 불이익은 대부분 기관 감독(평가)기관의 업무수행과정에서 출발합니다. 좁게는 사업자금을 배분한 공동모금회가, 넓게는 지도감독기관인 행정기관과 평가기관에서 사업수행결과에 대해 집착하게 되면, 또 그로 인해 부정적인 감독 · 평가결과가 도출된다면 현장에서부터 솔직해지려는 움직임을 가로막는 결과를 초래하게 됩니다.
- 물론 사업수행기관의 중과실이나 도덕적 해이로 인해 사업이 훼손된 경우에는 엄중 책임을 물어야 할 것입니다. 그러나 그렇지 않은 사안에 대해서는 자체 보고서의 내용이 부정적이라 하여 감독이나 평가까지 부정적이어야 할 이유는 없습니다. 오히려 얼마든지 감출 수 있었는데도 그러지 않은 용기를 높게 평가해야 합니다. 그러한 사업결과를 기초로 어떻게 이후 사업에 그러한 내용을 반영했는지, 타 기관들에게는 어떻게 그러한 내용을 전파했는지가 오히려 격려되고 긍정적으로 평가되어야 할 것입니다.

5-6. 사회복지공동모금회 프로포절 작성 사례

〈성과중심형〉 사업계획서 1

1. 사업명: 초등저학년 느린학습자들의 정서 · 인지기능 향상 및 양육 환경 조성을 위한 통합지원 프로그램 "우주선 : 우리가 주인공이 되는 선물 같은 시간"

2. 사업 내용 및 추진전략

1) 사업 참여자 모집전략

(1) 참여 대상 및 인원

구분	내용
핵심 참여자	• 초등학교 1~3학년 중 느린 학습자(경계선 지능) 8명 • 참여 아동 보호자 8명
주변 참여자	• 참여 아동의 담임교사 8명, 연계기관 실무자 4명, 참여아동의 가족구성원 24명

(2) 참여자 선정 기준

구분	내용
참여자 선정기준	**프로그램 참여 아동** • 초등 저학년(1~3학년) 중 경계선 지능 IQ 71~84 아동(느린학습자) – 증빙서류: 지능검사 또는 기타 경계선지능을 확인할 수 있는 증빙자료 필수제출 ***우선 순위** 1) 느린학습자 적격 증빙서류 제출자 중 저소득가구 2) 학교연계 아동 중 학교 부적응 등의 사유로 추천받은 위기 아동
	참여아동 보호자 • 프로그램 참여 아동의 주 양육자 – 양육자지원 및 가족역량강화 프로그램에 적극적으로 참여 가능한 참여자 우선

(3) 참여자 모집 방안

구분	내용
홍보전략	• 유관 기관 홍보 (드림스타트센터, 정신건강복지센터, 심리발달센터 등) • ○○교육지원청 교육복지지원센터 공문 홍보 진행 • 관할구역 초등학교 공문 발송 및 담당 실무자 대상 사업 설명회를 통한 홍보 진행
선정	• 참여 아동, 보호자와의 개별적 상담을 통해 양측 모두의 참여 의사 확인 • 주요 문제 및 프로그램 필요 정도와 관련하여 내부 논의를 통해 선정 (경계선 지능을 확인할 수 있는 증빙서류 필수 제출)

2) 사업 내용 및 사업 집행 전략

• 사업 내용

<table>
<tr><th>성과목표</th><th>세부 프로그램</th><th>세부 프로그램 내용
(수행방법)</th><th>시행 시기</th><th>수행 인력</th><th>참여 인원</th><th>시행 횟수 시간</th></tr>
<tr><td>성공경험을 통한 자아 존중감 향상</td><td rowspan="2">느린 학습자 정서·인지기능 강화를 위한 [브레인 트레이닝 프로그램]</td><td>● 성공경험 P/G
– 느린학습자 아동이 잘 수행할 수 있는 활동 파악 후, 이를 포함한 비슷한 활동을 반복적으로 수행하고 성공할 수 있는 성공 경험을 통해 자존감 향상 활동 진행
– 놀이치료를 접목한 집단활동
예) 강점 찾기, 작품 완성하기, 실패의 감정 다루기 등</td><td>5~6월</td><td>감정코칭 혹은 놀이치료사 1명/ 코워커 1명</td><td>8명</td><td>연 4회</td></tr>
<tr><td>정서·인지기능 강화를 통한 느린 학습자 선별 체크리스트 점수 3점 이상 감소</td><td>● 인지기능 향상 P/G
<table>
<tr><td>1</td><td>– O.T 진행
: 프로그램 안내 및 자기소개
: 참여자 욕구파악 및 규칙세우기</td></tr>
<tr><td>2~4</td><td>– 집중력 향상 프로그램
: 도미노, 퍼즐 맞추기 등 집중력향상에 도움을 줄 수 있는 프로그램 진행</td></tr>
<tr><td>5~7</td><td>작업기억력 향상 프로그램
: 단기·장기 기억력 향상에 도움을 줄 수 있는 같은 그림 맞추기, 단어 기억하기, 카드 뒤집기 등의 프로그램 진행</td></tr>
<tr><td>8~10</td><td>문제해결능력 향상 프로그램
: 문제상황 또는 환경을 제시한 후 해결하는 과정을 스스로 할 수 있도록 반복훈련 진행</td></tr>
<tr><td>11~14</td><td>– 집단프로그램
: 뉴스포츠, 공예, 로봇 만들기, 감정게임 만들기 등 욕구기반 프로그램을 통해 위의 훈련프로그램을 통해 수행했던 기능 확립</td></tr>
</table>
– 인지기능의 하위요소별 훈련 프로그램 진행을 통해 훈련했던 역량을 집단 활동 시 자유로운 역동을 통해 집단문화를 경험하고, 확립시키는 브레인트레이닝 진행</td><td>6~11월</td><td>사회복지사 1명/ 코워커 1명/ 활동강사 4명</td><td>8명</td><td>연 14회</td></tr>
</table>

<table>
<tr>
<td></td>
<td>기초학습
능력 향상</td>
<td>● 기초학습능력 향상 프로그램
– 느린학습자들의 기초학습 향상을 위해 지역사회 내 중 · 장년 아동 학습 도우미 모집 후 2:1 소집단 교육 진행
– 반복 학습을 위한 맞춤형 개별 학습지원
– 학기 중: 주 2회/방학 중: 주 3회</td>
<td>(학기)
5~7월,
9~11월/
(방학)
7~8월,
12월</td>
<td>중 · 장년층 학습 도우미 4명</td>
<td>참여 아동 8명</td>
<td>연 60회</td>
</tr>
<tr>
<td rowspan="2">사전 · 사후 부모양육 불안척도 3점 이상 감소/ 가족 건강성 회복을 통한 안정적 양육환경 조성</td>
<td rowspan="2">양육자 지원 프로그램</td>
<td>● 개별가정 맞춤형 양육코칭
– 양육자와 자녀 대상 기질 및 성격검사, 부모양육태도검사 등 개별검사를 통해 각 가정에 맞는 1:1 맞춤형 양육코칭 진행
<table>
<tr><td>사전 O.T</td><td>– O.T 진행
: 사전검사 진행 및 검사지 설명</td></tr>
<tr><td>1</td><td>– 개별 초기상담
: 검사결과 바탕으로 초기상담 진행 및 현재 양육 시 고충 파악</td></tr>
<tr><td>2~3</td><td>맞춤형 양육코칭
: 초기상담 진행을 통해 개별 자녀 기질과 양육태도에 맞는 양유코칭 진행
: 느린학습자에 맞는 양육이해와 긍정적 변화에 대한 정서적 지지로 양육 불안감 해소</td></tr>
<tr><td>4</td><td>종결상담
: 코칭 내용을 기반으로 지속적인 양육태도를 유지할 수 있도록 확립</td></tr>
<tr><td>추가</td><td>추가상담
: 각 가정 4회기 상담 진행 후 추가 상담 필요 시 상담사와의 논의를 통해 추가 지원</td></tr>
</table>
</td>
<td>5~7월</td>
<td>양육 코칭 상담사 2명</td>
<td>8명</td>
<td>연 40회 (1가정 4회)</td>
</tr>
<tr>
<td>● 양육자 교육
– 2회기 / 온라인교육 진행
: 느린학습자를 이해하기 위해 양육자에게 필요한 교육(느린학습자에게 효과적인 교육지도법, 느린학습자의 기초인지 능력 다지기 등) 2회 진행
– 1회기 / 대면모임 진행
: 느린학습전문가와 양육자가 함께 하는 대면모임을 통해 양육전반에 대한 지도</td>
<td>8~9월</td>
<td>양육자 교육 전문 강사 3명, 사회 복지사 1명</td>
<td>8명</td>
<td>연 3회</td>
</tr>
</table>

<table>
<tr><td rowspan="3"></td><td></td><td>법 공유 및 이해도 향상, 정서교류 모임 기회 제공</td><td></td><td></td><td></td><td></td></tr>
<tr><td>가족 소통 프로그램</td><td>● 가족소통프로그램
– 가족관계향상을 위해 추억을 공유할 수 있는 소통프로그램 진행<table><tr><td>1</td><td>– 단체 가족프로그램
: 양육자와 아동 간 협동심과 긍정관계 향상에 도움되는 프로그램 진행(레크리에이션, 가족미션 수행 프로그램 등)</td></tr><tr><td>2</td><td>– 개별 가족나들이 지원
: 각 가정 별 가족역량강화 취지에 맞는 계획서 작성 후 제출
: 계획서에 맞는 나들이 지원 후 나들이 보고서 제출</td></tr></table></td><td>9월, 11월</td><td>사회 복지사 1명/ 자원 봉사자 2명</td><td>24명</td><td>연 9회</td></tr>
<tr><td>사진 전시회</td><td>● 우리들의 사진전
– 한 해 동안의 프로그램 사진전을 통해 소감 나누기 진행
– 긍정적으로 변화한 부분 공유 및 앞으로 각 가정별 약속정하기
– 사업운영자료집 제작 및 배포</td><td>12월</td><td>사회 복지사 1명</td><td>18명</td><td>연 1회</td></tr>
<tr><td>느린 학습자에 대한 올바른 정보제공을 통한 긍정적인 인식 향상</td><td>느린학습자 지역사회 세미나</td><td>● ‘느린학습자’ 지역사회 세미나
– 지역 내 인근 유·아동 유관기관 중 ‘느린학습자’에 관심 있는 기관을 대상으로 사업설명회 진행
– 열린세미나 형태로 ‘느린학습자’에 대한 이해와 특성 및 인식개선 교육 진행</td><td>3~4월</td><td>사회 복지사 1명/ 느린 학습자 전문 강사 1명</td><td>교육 참여 희망자 30명</td><td>연 1회</td></tr>
</table>

• 사업 진행일정

<table>
<tr><th colspan="2">기간 / 내용</th><th>1월</th><th>2월</th><th>3월</th><th>4월</th><th>5월</th><th>6월</th><th>7월</th><th>8월</th><th>9월</th><th>10월</th><th>11월</th><th>12월</th></tr>
<tr><td rowspan="2">느린 학습자 정서 · 인지기능 강화를 위한 브레인트레이닝</td><td>성공경험P/G</td><td></td><td></td><td></td><td></td><td>■</td><td>■</td><td></td><td></td><td></td><td></td><td></td><td></td></tr>
<tr><td>인지기능 향상P/G</td><td></td><td></td><td></td><td></td><td></td><td>■</td><td>■</td><td>■</td><td>■</td><td>■</td><td>■</td><td></td></tr>
<tr><td colspan="2">기초학습능력 향상</td><td></td><td></td><td></td><td></td><td>■</td><td>■</td><td>■</td><td>■</td><td>■</td><td>■</td><td>■</td><td>■</td></tr>
<tr><td rowspan="2">양육자 지원</td><td>개별가정 맞춤형 양육코칭</td><td></td><td></td><td></td><td></td><td>■</td><td>■</td><td>■</td><td></td><td></td><td></td><td></td><td></td></tr>
<tr><td>양육자 교육</td><td></td><td></td><td></td><td></td><td></td><td></td><td></td><td>■</td><td>■</td><td></td><td></td><td></td></tr>
<tr><td colspan="2">가족소통프로그램</td><td></td><td></td><td></td><td></td><td></td><td></td><td></td><td></td><td>■</td><td></td><td>■</td><td></td></tr>
<tr><td colspan="2">사진 전시회</td><td></td><td></td><td></td><td></td><td></td><td></td><td></td><td></td><td></td><td></td><td></td><td>■</td></tr>
<tr><td colspan="2">느린학습자 지역사회 세미나</td><td></td><td></td><td>■</td><td>■</td><td></td><td></td><td></td><td></td><td></td><td></td><td></td><td></td></tr>
</table>

3) 기관 연계협력 전략

<table>
<tr><th rowspan="2">기관명</th><th rowspan="2">세부 사업명</th><th colspan="2">협력계획</th></tr>
<tr><th>복지관</th><th>협력기관</th></tr>
<tr><td>○○시청 아동보육과</td><td rowspan="7">브레인트레이닝 프로그램/
기초학습능력 향상 프로그램/
양육자지원 프로그램/
가족소통 프로그램/
느린학습자 지역사회 세미나</td><td rowspan="7">- 사업설명회 및 참여자 연계협력 요청
- 사업 방향 설정 및 운영
- 느린학습자 지역사회 세미나
- 사업 효과성 및 성과자료집 공유
- 사업진행 방향성 자문요청
- 느린학습자 관련 전문가 연계 및 운영 전반 자문</td><td rowspan="6">- 사업참여 아동 및 가정 추천 · 연계, 홍보협조
- 사업설명회 및 느린학습자 인식개선교육 참여
- 성과자료집 반영을 통한 향후 사업지속 방안 제고
- 느린학습자 모니터링 협조 및 아동 특성 관련 자문 제공</td></tr>
<tr><td>드림스타트</td></tr>
<tr><td>wee 센터</td></tr>
<tr><td>시흥정신건강 복지센터</td></tr>
<tr><td>지역사회 아동 관련 기관 및 인근 초등학교</td></tr>
<tr><td>인근 심리발달센터</td></tr>
<tr><td>아동권리보장원</td><td rowspan="7">- 논문활용 시 추가 자료 제공 협조
- 코워커 참여 희망자 모집 및 연계
- 중 · 장년 학습도우미 모집홍보 및 참여자 연계
- 자원봉사자 모집홍보 및 참여자 연계
- 지역주민 대상 자원봉사 관련 홍보지 배포</td></tr>
<tr><td>한국교육과정 평가원</td><td>브레인트레이닝 프로그램</td><td>- 느린학습자 선별 체크리스트 활용 관련 자문</td></tr>
<tr><td>자원봉사센터</td><td rowspan="5">브레인트레이닝 프로그램/
기초학습능력 향상 프로그램/
가족소통프로그램</td><td rowspan="5">- 코워커 모집 홍보 협조 요청
- 중 · 장년 학습도우미 모집 홍보 협조 요청
- 자원봉사자 모집 홍보협조요청</td></tr>
<tr><td>일자리정책과</td></tr>
<tr><td>고용노동부</td></tr>
<tr><td>여성새일센터</td></tr>
<tr><td>○○여성인력 개발센터</td></tr>
</table>

3. 예산 편성

(단위 : 원)

목	세목	세세목	계	산출근거	예산조달 계획 신청금액	비율(%)	자부담	비율(%)	자부담 재원
총 계			30,000,000	–	30,000,000	100	–	–	–
사업비	브레인 트레이닝	성공 경험 P/G	3,040,000	• 강사비 250,000(3급 2시간)×4회×2집단 =2,000,000 • 교구 및 구입비 200,000×4회기=800,000 • 다과비 7,500×8명×4회기=240,000	3,040,000	10			
		인지 기능 향상 P/G	10,520,000	• 강사비 (집중력향상P/G_3급 강사 기준) 250,000(2시간)×3회×2집단=1,500,000 (작업기억력향상P/G_3급 강사 기준) 250,000(2시간)×3회×2집단=1,500,000 (문제해결력향상P/G_3급 강사 기준) 250,000(2시간)×3회×2집단=1,500,000 (집단프로그램P/G_3급 강사 기준) 250,000(2시간)×2회×2집단=1,000,000 • 진행비 (교구 및 재료구입비 등) 500,000×3회기(프로그램별)=1,500,000 50,000×8명×4회기=1,600,000 • 다과비 7,500×8명×14회기=840,000 • 코워커 활동비 30,000×18회기×2명=1,080,000	10,520,000	35			
	기초학습능력 향상프로그램	기초학습능력 향상프로그램	8,000,000	• 학습도우미 활동비 15,000×2시간×4집단×60회=7,200,000 • 학습재료 및 교재비 400,000×2학기=800,000	8,000,000	26			
	양육자 지원	개별 가정 맞춤형 양육 코칭	2,520,000	• 코칭 상담비 50,000×40회=2,000,000 • 진행비 (가정별 검사지구입) 25,000×8가정=200,000 (물품구입_A4용지, 색채도구 등) 40,000×8가정=320,000	2,520,000	8			

		양육자 교육	1,680,000	• 강사비 (3급 강사 기준) 250,000(2시간)×3회=750,000 • 다과비 및 식사비(대면모임) 7,500×8명=60,000 15,000×8명=120,000 • 진행비 (교육관련도서 및 학습꾸러미, 교육자료 원고료 등)=750,000	1,680,000	6				
	가족 소통 프로 그램	가족 소통 프로 그램	2,265,000	• 단체 가족프로그램 진행비 (강사비_2급) 230,000×1회=230,000 (다과비) 7,500×24명=180,000 (재료구입비-이름표, 풍선 등) =255,000 • 가족나들이 지원비 200,000×8가정=1,600,000	2,265,000	8				
	사진 전시회	우리들 의 사진전	1,100,000	• 진행비 (사진인쇄비, 환경구성비 등) 600,000×1회=600,000 • 자료집제작비 10,000×50부=500,000	1,100,000	4				
	느린 학습자 지역 사회 세미나	지역 사회 세미나	875,000	• 강사비 300,000(2급)×1회=300,000 • 진행비 (교육자료 및 물품구입비 등) 10,000×35부=350,000 (다과비) 7,500×30명=225,000원	875,000	3				
	소 계		59,125,000		59,125,000	197				

4. 문제의식(사업 필요성)

1) 사업계획 배경

◎ 초등학교 저학년 시기 반복적 성공 경험으로 인해 형성되는 회복탄력성의 중요성

- 느린학습자들은 집단소외 등의 문제상황들로 인해 낮은 자존감과 위축감, 소외감, 사회적 미성숙 등의 경험으로 발생하는 심리 · 정서적 불안정 요소가 자기효능감과 자아존중감 등에 부정적인 영향을 미쳐 이러한 현상이 반복될 경우, 문제상황에서의 대처 또는 해결하는 능력이 저하됨. 이에 반두라의 인지사회학습이론에 입각하면 자기효능감을 결정하는 4가지 요인 중 성취경험과 사회적 설득, 심리정서적 상태 3가지만 충족되어도 자기효능감에 긍정적인 영향을 받을 수 있고, 자기효능감이 높은 아동일수록 성장하며 회복탄력성도 함께 높아지는 것으로 나타남. 이에 초등학교 저학년 느린학습자 아동이 잘하는 분야의 강점을 확인하고 이를 반복적으로 성공할 수 있도록 성공경험의 기회제공이 필요하다고 판단됨.

• "코로나19로 청소년 정신건강 위협 … 마음의 회복탄력성 키워야"_매일경제 (21.11) 기사 내용 중 청소년 인구가 감소하는데 고위기 청소년의 비중은 날로 늘어나고 있는 실정을 확인할 수 있었음. 이러한 상황 속 회복탄력성은 통제와 예측불가의 위기 상황에서 부정보다 성장의 기회로 삼는 의미부여 또는 긍정적 활동을 통해 강화된다고 함. 이에 청소년 스트레스 해소 및 심리적 트라우마 회복지원 사회성 발달 및 스트레스 대처 프로그램의 운영과 상담개입이 필요하다.

- 덧붙임. 이러한 기사 내용을 통해 회복탄력성의 중요성을 깨달을 수 있었으며, 특히 느린학습자의 경우는 아동기 회복탄력성이 긍정적으로 형성되어 있지 않을 경우, 위기청소년으로의 발전을 야기할 수밖에 없다고 판단됨. 이에 더불어 회복탄력성은 말 그대로 어떠한 상황에서 실패하고 그 상황에서 회복하여 원래 제자리로 돌아올 수 있는 힘을 말하는데, 자기조절능력, 대인관계능력, 긍정성으로 강화할 수 있기 때문에 집단프로그램 진행 시 아동의 강점관점으로 인지기능 향상의 브레인트레이닝 프로그램을 진행하고자 하며, 아동의 반복적인 성공경험이 다변화되는 사회에서의 원활한 적응에 긍정적인 도움이 될 것으로 판단됨.

◎ 학습 및 사회성 발달 결손이 미치는 느린학습자 아동의 소외문제현상

- 초등학교 시기는 타인을 인식하고 사회적 발달을 급격하게 경험하는 시기로 이 시기에 사회적 기술을 습득하지 못할 경우에는 학교생활 적응과 또래관계 전반에 걸쳐 어려움을 겪게 되는 경우의 사례가 많음. 또한, 초등학교 시기는 타율에서 자율로, 자기중심성에서 탈자기중심성으로 옮겨가는 변화의 시기로 저학년은 생활의 장이 가정에서 학교로 확대되면서 공동생활의 규칙을 알고 교사와 친구의 기대에 맞게 행동하고 사회적 언어를 습득하게 됨. 사춘기에 접어든 초등학교 고학년의 경우 복잡하고 급격한 감정의 변화를 경험하고 성인에서 또래로 사회적 관계의 축이 바뀜(한상철, 조아미, 박성희, 1997). 따라서 초등학교 저학년과 고학년의 사회성 발달은 다른 양상을 보이며, 초등학교 저학년의 사회성 발달이 중요한 것을 확인할 수 있었음.

- “[보호받지 못하는 약자] 느린학습자, 온전한 사회구성원 되려면_뉴스포스트(22.02)”
- “코로나19로 인한 학생들의 심리 · 정서, 사회성 결손 회복”_영남일보(21.09)”
- “코로나19가 아이들에게 주고 간 숙제 ‘또래관계 부적응’, 어떻게 풀어내면 좋을까요?_베이비뉴스(22.07)”
- “‘학교 싫어’ 대면수업 거부하는 아이, 전문적 상담 받아야_부산일보(22.07)”

– 위 기사 내용들을 통해 전체적으로 현재 아동 · 청소년의 사회성 발달 문제가 얘기되고 있는 상황 속 ‘느린학습자’의 소외문제현상은 더욱 더 심각해지고 있는 상황임. 느린학습자는 경계성 지적 지능에 해당하는 사람으로 지능지수(IQ)가 일반적으로 70~85 사이라고 할 수 있다.

흔히, 경계성 지능장애로 불리지만 지적장애 수준이 아니라는 이유로 제도권 복지에서 사각지대에 놓여 있는 상황임. 대부분의 아이들이 사교육을 통해 선행학습 이후 학교를 오기 때문에 수업진도가 빠르게 진행되고, 학업량도 많아 느린학습자(경계선 지능인)들이 학습을 따라가지 못하여 결국, 수업 중 집중도의 저하, 모둠 내 역할수행 등의 어려움 등이 발생하게 되며 또래에서 외면받거나 소외되고 있음. 경계선 지적기능 아동 · 청소년은 대부분 언어적 표현력이 어설프고 상황 이해력이 낮은 탓에 또래들이 사용하는 은어 혹은 유행어를 따라감에 어려움을 느끼는데, 이 때문에 또래관계 소외현상이 발생하고 학교폭력과 같은 문제가 수시로 발생되기도 함. 해당 문제는 교사들 또한 경계선 지적기능 아동에 대한 인식 부족으로 현재 교육체계에서 온전히 지원받지 못하고 있는 상황 속 가장 중요한 시기인 초등학교 저학년 아이들은 일반교육도 특수교육도 제대로 받지 못하고 배제되거나 소외되는 불평등한 상황에 놓여 있음.

이에 느린 학습자 아동 대상으로 반복적인 학습을 통한 사회적 인지기능에 필요한 훈련프로그램이 필요하다고 판단됨.

– 느린 학습자 아동들은 사회성 발달에 필요한 상호작용의 기회가 장기간 부재로 이어지며, 단순한 정서적 경험 친구들과 대면으로 어울리는 것에 대해 어떻게 다가가야 할지 어려워하며 또래관계에서 긍정적 소통에 대한 부담감을 호소하는 경우가 급증하고, 자연스럽게 집에서 컴퓨터 또는 휴대폰으로 소통하거나 게임하는 시간이 증가하여 미디어 의존도를 높이는 2차 문제가 발생하고 있는 것으로 보임. 이에 초등학교 저학년 느린 학습자 아동을 대상으로 사회적응에 필요한 역량훈련 및 사회성향상 프로그램 등으로 조기개입이 필요하다고 판단됨.

◎ 느린학습자 아동의 특성이해와 기질에 맞는 양육법이 자녀에게 미치는 영향

– 느린학습자의 아동들은 대부분 일반 아동들과 큰 차이가 없기 때문에 대부분 일반학교에 다니고 있으나, 성적이 낮고 눈치 없는 행동, 산만함 등으로 사회적 대응 능력이 낮아 적응에 어려움을 느낄 수 있음. 하지만, 일반적으로 조금 늦은 아이로 생각하고 조기개입의 시기가 늦어지는 경우가 많은데, 조기개입이 늦어질 경우 기초학습을 따라가지 못함은 물론이고 사회적으로 필요한 사회심리 발달이 남들보다 늦어져 사회부적응을 초래하게 됨. 이에 아동의 인지기능을과 개별 기질을 파악하고 특성에 맞게 양육하는 방법을 배워 조기개입하는 것이 중요하다고 판단됨.

– 느린 학습자의 경우 일반 아동보다 배운 내용의 이해, 기억, 활용이 어려운 탓에 또래와의 비교에서 ‘실패’라는 낙인으로 자신감이 낮아지고 위축되거나 포기하는 경우가 많은데 대부분의 양육자는 이 과정에서 느린 학습자에 대한 인식이 부족할 경우, 훈육을 하거나, 짜증을 내는 등 답답함을 표출하는 가정이 많

음. 리틀핑거심리발달연구소 소장 박희야는 한 기사 인터뷰에서 아이들의 심리치료과정 중 아이와 가장 가까운 사람인 양육자와의 소통이 상황을 개선할 때 도움이 된다고 밝혔음. 이에 "요즘은 후천적 장애도 많은데, 주양육자가 아이와 상호작용이 어려워지게 될 경우 유사 자폐에 빠지는 경우로 후천적 장애가 일어나기도 합니다. 부모가 먼저 자신들의 양육과정을 잘 살펴야합니다."라는 말을 통해 양육자의 심리정서상태와 양육과정에 따라 자녀에게 미치는 영향을 확인할 수 있었으며, 느린 학습자는 특히 가정 내의 정서적 지지가 가장 중요하기 때문에 반복적인 연습환경을 제공해 주고 격려와 이해, 배려와 응원을 해줄 수 있는 가정과 환경이 필요하다고 판단되어 가정 별 맞춤형 양육코칭을 통해 가족 구성원의 기질을 서로 이해하고 느린학습자에 대한 인식을 향상시켜 양육에 대한 불안감을 해소하고, 정서적 지지체계를 위한 양육코칭상담을 지원하고자 함.

◎ 느린학습자 아동 및 가족들의 어려움과 욕구 파악

– 2016년부터 2021년까지 '정서 · 행동 장애 위험군 아동의 집단적응력 향상 프로그램'을 진행하였음. 이에 22년 7월 기준 느린학습자로 추정되는 아동의 관찰일지 및 개별가정 상담을 통해 아동의 특성 또는 문제행동을 이해하기 어려워 훈육 또는 방치하는 등의 양육환경을 확인할 수 있었음. 이에 코로나가 지속되며 아동들의 심리정서적 불안상태가 높아지고, 기초학습과 사회성 발달이 지연되며, 현재 정상화가 되었음에도 불구하고 등교거부, 무기력, 미디어 과의존 등의 문제로 해결하기 어려워하는 문제를 호소하고 있음. 이에 참여가정 내 보호자는 복지관 집단프로그램을 통해 자녀의 문제행동 감소 및 사회성 향상에 대한 욕구가 높은 것을 확인할 수 있었음. 또한, 아동 개별 특성, 성향, 기질과 성격 등이 모두 차이나기 때문에 개별 맞춤형 양육코칭과 더불어 가족들의 어려움과 욕구를 통합적으로 해소할 수 있는 프로그램을 진행하고자 함.

◎ 저소득층 밀집지역으로 인해 아동 · 청소년 시기 정서적 교류의 어려움 및 지역 내 느린학습자 지원 프로그램 부족

– '24년 ㅇㅇ시 사회복지통계자료에 의하면 기관 인근에 위치한 ㅇㅇ동, ㅇㅇ동, ㅇㅇ동은 기초수급 가구원이 ㅇㅇ시 전체 지역 중 5위 안에 속한 것으로 나타남. 특히, ㅇㅇ동의 수급률이 5.56%로 기초수급 가구원의 평균 수급률 3.19%를 훨씬 넘는 수치로 나타남. 이와 같이 본 기관의 인근지역은 저소득 밀집지역으로 맞벌이 또는 편부모 가정의 비율 또한 높은 것을 확인할 수 있었음. 이에 부모의 경제활동으로 인해 아동과의 정서적으로 교류할 수 있는 시간이 부족한 상황에서 학교생활을 통해 사회성 향상 또는 정서적 지지와 관련된 부분 또한 결손되고, 돌봄공백이 증가하여 자녀 혼자 집에서 보내는 시간이 길어지고 있는 것으로 보임.

이러한 상황이 지속되며, 느린학습자 아이들은 관심받지 못하고 계속 인지기능 발달이 지연되는 문제가 가족구성원의 스트레스 요소로 작용되는 등 다양한 문제가 발생하고 있는 것으로 보임. 이에 아동 개별지원뿐만이 아니라, 가족구성원 모두가 참여하는 가족건강성 향상 프로그램 병행을 통해 느린학습자가 건강하게 사회에 적응할 수 있는 양육환경을 조성할 필요가 있다고 판단됨.

– ㅇㅇ시 지역 내 느린학습자를 지원하는 프로그램은 개별상담지원 또는 학습지원 등을 제외하고 필요한 인지기능 향상 훈련 혹은 사회적응력 향상의 집단프로그램이 부족한 실정임. 느린학습자는 개별관리뿐만이 아닌, 통합적인 환경조성과 인식개선 등이 필요하기 때문에 개별지원과 더불어 집단프로그램, 양육자

지원, 가족프로그램 등의 통합프로그램을 진행하고자 함.

2) 기존 유사사업과의 차별성

◎ 양육자지원 및 가족프로그램을 통한 가족 전체 개입으로 긍정적 환경 변화

– 기존에 정서행동관심군 아동 프로그램 또는 사회성향상 프로그램의 경우 주로 아동에게만 훈련, 집단 또는 개별상담지원으로 진행하는 형태의 프로그램이 많았음. 반면에 본 프로그램의 경우, 아동 개별심리지원과 더불어 사회성 향상을 위한 집단프로그램을 병행하고, 양육자 심리지원 및 양육에 대한 이해도를 향상시킬 수 있는 양육코칭, 양육자교육을 함께 진행하여 기존 사회성 향상 프로그램과 차별성이 있음. 이에 더불어 가족건강성 향상을 위한 프로그램으로 가족 전체 개입을 통한 아동의 긍정적 환경변화를 이끌어 낼 수 있는 차별성이 있음.

◎ 욕구기반 프로그램 진행으로 인한 주체성 확립 및 반복적 성공경험을 통한 회복탄력성 향상

– 집단프로그램의 경우, 담당자의 주도에 일방적인 진행이 아닌 참여아동의 욕구를 파악하고 해당 욕구를 기반으로 프로그램을 진행하여 사회적 기능에 필요한 다양한 역량강화 훈련을 통해 배운 기술들을 집단프로그램 내 적극적으로 활용할 수 있는 기회를 마련하고자 함. 이에 기술을 자신의 것으로 확립할 수 있는 계기뿐만 아니라 자기주도적으로 진행해볼 수 있는 시간을 통해 삶의 주체성도 확립할 수 있는 프로그램으로 기존에 일방적으로 짜여진 계획대로 진행되는 프로그램과 차별성이 있음.

– 기존 프로그램들의 경우 아동 개별상담 진행을 통해 문제중심적으로 아동을 보는 경우가 많기 때문에 아동이 변화과정에서 효과를 더 극대화함에 한계가 있음. 이에 본 프로그램은 강점관점 해결중심으로 느린학습자 아동이 잘 수행해낼 수 있는 부분의 요소를 반복적으로 성공할 수 있게 도와 회복탄력성을 향상시키고 이를 통해 원활한 사회적응에도 도움을 줄 수 있기 때문에 인지기능 향상과 함께 진행하는 통합적 프로그램으로 차별성이 있음.

3) 신청기관의 강점

◎ 정서 · 행동 장애위험군 아동 프로그램 진행의 경험 및 심리발달센터 운영으로 인한 발달치료 전문가 연계 및 자문

– 2016년부터 2021년까지 정서 · 행동 장애 위험군 아동의 집단적응력 향상 프로그램을 진행하였음. 21년 기준 관찰일지를 통해 참여 아동의 특성 및 문제행동이 회기가 거듭될수록 자신의 의사를 표현하거나 절제함과 같이 긍정적인 변화를 나타내는 것을 확인할 수 있었음. 또한, 문제상황에서 적절한 조치를 하는 등 문제해결능력에 대해 배우고 이를 적용하는 과정을 통해 유의미한 행동변화에 대해서도 관찰할 수 있었음. 이러한 경험을 바탕으로 느린학습자 아동의 집단프로그램을 진행할 때, 아동 개별 특성, 성향, 기질 모두 다양성에 맞게 개별적으로 적합한 개입을 할 수 있으며, 사업진행 시의 과제를 보완 또는 반영해서 사업을 진행하면 보다 더 효과적인 사업진행이 가능할 것으로 판단됨.

– 기관 내 심리발달센터 운영으로 감각통합, 미술심리, 놀이, 언어치료 등 다양하고 복합적인 치료 상담의 경험을 보유한 전문 상담사 인력 풀 연계가 가능하여 집단프로그램 진행 시 프로그램 운영 전반의 자문

을 받을 수 있어 원활한 사업진행이 가능함.

◎ 지역 내 학교 및 유관기관과의 네트워크망 구축

10여년 간 아동 · 청소년의 다차원적인 복지사업 운영으로 지역 내 학교 교육복지실, 상담실 등 유관기관과의 협약과 촘촘한 네트워크망이 구축되어 있어 위기 발생 시 즉각적인 사례회의 추진이 용이함. 특히 각 사업 담당자와 교육복지사와의 지속적인 소통으로 참여 청소년 사례 개입이 신속, 원활하게 이뤄지고 있음. 이를 기반으로 참여자 모집 진행 시 지역 내 학교, 보건소, 청소년기관 등 네트워크 회의 및 사례회의를 통해 필요 아동에게 연계 · 추천될 수 있으며, 다차원의 네트워크망 구축으로 해당 사업 전반적인 지원체계를 이뤄 지역사회 내 느린학습자를 포함한 모든 아동들의 올바르고 건강한 성장을 지원할 수 있음.

5. 목표 및 평가

1) 산출목표

세부 사업명	산출목표	모니터링 방법
느린학습자 정서 · 인지기능 향상을 위한 [브레인트레이닝 프로그램]	• 연 4회 성공경험 프로그램 • 연 14회 인지기능 향상 프로그램	– 프로그램 운영일지 – 개별행동분석지 – 만족도 조사지
기초학습능력향상 프로그램	• 연 60회 학습능력향상 프로그램	– 학습지원 일지 – 학습능력 향상 정도 설문지
양육자지원 프로그램	• 연 40회 개별가정 맞춤형 양육코칭 • 연 3회 양육자 교육	– 코칭일지 – 만족도 조사지
가족소통프로그램	• 연 1회 단체 가족소통프로그램 • 연 8회 개별 가족나들이	– 운영일지 – 계획서 및 보고서 – 만족도 조사지
사진 전시회	• 연 1회 우리들의 사진전	– 사업운영자료집 – 운영일지 – 만족도 조사지
느린학습자 지역사회 세미나	• 연 1회 '느린학습자' 세미나	– 연계신청서 – 네트워크 기록지 – 인식개선 교육 설문조사지

2) 성과목표 및 평가방법

성과목표	평가도구 및 방법	측정 시기
성공경험을 통한 자아존중감 향상	• 평가지표: 자아존중감 척도 3점 이상 향상 • 평가도구: 자아존중감 척도(사회복지공동모금회 배분사업을 위한 척도집_p.82) • 평가방법: 사전 · 사후 자아존중감 척도 분석	사후 20XX. 11월 (아동 별 상담 시 혹은 종료 후 개별 인터뷰 진행)

<table>
<tr><td rowspan="2"></td><td>• 평가지표: 아동의 긍정적 변화 정도 확인
• 평가도구: 운영일지 내 아동 개별 분석지
• 평가방법: 운영일지 내용 분석</td><td rowspan="2">20XX. 12월
(기초학습향상 프로그램 종료 시)</td></tr>
<tr><td>• 평가지표: 긍정적 만족도 80% 이상 달성
• 평가도구: 자체 만족도 설문지
• 평가방법: 참여자대상 사후 만족도설문지</td></tr>
<tr><td rowspan="2">정서·인지기능 강화를 통한 느린학습자 선별 체크리스트 점수 3점 이상 감소</td><td>• 평가지표: 느린학습자 선별 체크리스트 체크문항 감소 또는 문항 별 긍정적 변화 확인
• 평가도구: 한국교육과정평가원_느린학습자 선별을 위한 체크리스트 개발 연구보고자료(2020)_부록
• 평가방법: 사전·사후 체크리스트</td><td rowspan="2">사전 20XX. 6월
사후 20XX. 11월
(브레인트레이닝 프로그램 종료 시)</td></tr>
<tr><td>• 평가지표: 기초학습 향상 도움 정도
• 평가도구: 학습지원 일지 분석
• 평가방법: 학습지원 일지 분석을 통한 기초학습 향상 긍정적 도움 정도 확인</td></tr>
<tr><td>사전·사후 부모양육 불안척도 3점 이상 감소</td><td>• 평가지표: 부모양육불안척도 3점 이상 감소
• 평가도구: 부모양육불안척도(부모양육불안 척도 개발 및 타당화 연구_오영진/부록6. 부모양육불안척도)
• 평가방법: 사전·사후 부모양육불안척도 검사</td><td>사전 20XX. 5월
사후 20XX. 7월
(양육코칭 종료 시 사후검사 진행)</td></tr>
<tr><td rowspan="4">가족 건강성 회복을 통한 안정적 양육환경 조성</td><td>• 평가지표: 양육이해도 향상
• 평가도구: 자체 만족도 설문지
• 평가방법: 자체만족도설문지 분석을 통해 양육 이해도 향상 정도 분석</td><td>20XX. 9월
(양육자교육 프로그램 종료 시)</td></tr>
<tr><td>• 평가지표: 정서적 지지 및 스트레스 해소
• 평가도구: 개별 상담일지 및 자체만족도설문
• 평가방법: 양육자 개별 상담 관련 자료 및 자체 만족도설문지 분석(양적/질적평가)</td><td>사전 20XX. 5월
사후 20XX. 11월
(양육코칭 종료 시 사후검사 진행)</td></tr>
<tr><td>• 평가지표: 가족건강성 긍정적 향상 정도
• 평가도구: 자체 만족도 설문지
• 평가방법: 참여자대상 사후 만족도설문지</td><td>20XX. 11월
(가족소통프로그램 종료 시)</td></tr>
<tr><td>• 평가지표: 긍정적 만족도 80%이상 달성
• 평가도구: 자체 만족도 설문지
• 평가방법: 참여자대상 사후 만족도설문지</td><td>XX년 7월, 9월, 11월(양육코칭, 양육자교육, 가족소통프로그램 종료 시)</td></tr>
<tr><td rowspan="2">느린 학습자에 대한 올바른 정보제공을 통한 긍정적인 인식 향상</td><td>• 평가지표: 느린 학습자에 대한 인식 함양 및 정보 제공에 대한 긍정적 도움 정도
• 평가도구: 자체 만족도 설문지
• 평가방법: 참여자대상 사후 만족도설문지</td><td rowspan="2">사후 20XX. 4월
(세미나 종료 시 진행)</td></tr>
<tr><td>• 평가지표: 긍정적 만족도 80% 이상 달성
• 평가도구: 자체 만족도 설문지
• 평가방법: 참여자대상 사후 만족도설문지</td></tr>
</table>

6. 사업종료 후 지향점

1) 사업 수행으로 인한 기대 효과

◎ 느린학습자의 회복탄력성 및 인지기능 향상 훈련을 통한 사회적응에 필요한 역량강화와 집단사회감성 함양 도모

– 느린학습자의 회복탄력성과 인지기능 향상 훈련 프로그램을 통해 인지기능의 하위요소 중 집중력, 작업기억력, 자기조절력 등의 반복훈련을 통해 사회적응에 필요한 역량을 강화할 수 있도록 하고자 함. 더불어 기초학습능력 향상 프로그램 병행으로 통합적인 개입을 통해 집단사회에서 한 구성원으로 원활하게 적응할 수 있는 사회 감성 함양의 기회를 마련할 수 있음.

◎ 가족 전체 개입을 통해 느린학습자 아동 성장에 필요한 긍정적 양육환경 조성 및 기반 마련

– 양육자 상담지원 및 가족프로그램 지원 등을 통해 느린학습자 아동의 성장 과정에서 꼭 필요한 가족 간의 상호작용 및 관심을 도모하여 긍정적인 양육환경을 조성할 수 있으며, 지속적으로 긍정적인 양육환경을 유지할 수 있도록 기반을 마련할 수 있음. 이와 더불어 아동 개별 프로그램의 효과성을 극대화하고자 함.

– 느린학습자 아동에 대한 인식과 교육을 통해 느린학습자 아동 성장에 필요한 양육태도 향상에 도움을 줄 수 있으며, 아동 성장의 원동력과 자신감 회복에 도움될 수 있도록 기반을 마련하고자 함.

◎ 현대사회의 해결과제 중 하나인 느린학습자 조기개입 프로그램에 대한 연구자료 제공

– 위드코로나 이후 다양한 해결과제 중 느린학습자 아동의 사회성 및 감수성 결손 문제가 심각하게 도래되고 있는 상황 속, 느린학습자를 포함한 양육자, 가족 전체의 프로그램 진행을 통한 아동의 인지기능 향상과 더불어 원활한 사회적응에 긍정적 효과성을 입증하고자 하며, 사업종료 후 해당 사업으로 느린학습자 조기개입 관련 연구자료 제공을 통해 타 기관 및 지역에 알리고자 함.

2) 사업 결과의 활용 계획

– 해당 사업 종료 시점 자료집 형태로 1년 간의 효과성을 집약하고자 함. 이에 관련된 연계기관 및 담당 실무자 등에 해당 자료 공유를 통해 사업의 효과성에 대한 부분과 사업 전체 진행 내용에 대한 부분의 노하우를 공유하여 타 지역 및 타 기관에서의 느린학습자를 지원하는 사업운영에 도움을 주고자 함. 또한, 지속적으로 지역 내 느린학습자 아동의 조기개입의 필요성 인식 및 관심도 향상을 위해 지자체 사업 운영에 대한 방향성을 제고하고자 함.

〈성과중심형〉 사업계획서 2

1. 사업명: 중증장애인 생산품 홍보를 위한 근로현장 홍보영상 제작사업

2. 사업 내용 및 추진 전략

1) 사업 참여자 모집 전략

(1) 참여 대상 및 인원

핵심 참여자	• ㅇㅇ도장애인직업재활시설 – ㅇㅇ도 내 장애인직업재활시설 186개소 – 시설 근로장애인 및 훈련장애인 N명
주변 참여자	• 네트워크 유관 기관 – ㅇㅇ예술과학대학교 영상 제작 관련 10명

(2) 참여자 선정 기준

홍보영상 제작 신청서를 제출한 시설 중 시설 규모(종사자 및 이용장애인 수), 시설 운영현황(매출액, 수익금, 임금현황, 생산품 및 생산양식, 프로그램 종류, 형태 등), 홍보영상 제작의 적합성(시급성, 필요성 등) 홍보영상의 효과성(시설장의 의지, 변화 가능성, 파급성 등)을 고려하여 선정.

※ 홍보영상 대상 선정위원회 구성 및 회의 진행

(3) 참여자 모집 방안

홍보	• 온 · 오프라인 홍보 ㅇㅇ도장애인직업재활시설의 홍보영상 제작 사업목적, 내용 및 신청방법 등 안내(홈페이지, SNS, 공문 등) → 홍보영상 제작 참가신청서 작성 후 제출 → 신청서 검토(1차 서류심사) 및 2차 현장심사 대상 선정 → 기초실태진단 후 최종 영상 제작 대상 시설 선정

2) 사업 내용 및 사업 집행 전략

(1) 세부 사업 내용

세부 사업명	활동 내용(수행방법)
대상시설 모집	• 대상시설 모집 – 홈페이지, SNS, 공문 등을 통해 홍보영상 제작 지원 사업 안내 및 참여 시설 모집 ※ 직업재활시설 업종을 분석하여 경쟁 과다, 환경 · 기술 변화 등으로 사양화 단계에 들어선 업종 전환을 위한 진단 및 전략 수립 컨설팅 진행 (일정 규모 이상 시설 대상)

대상시설 선정 및 사전교육	• 대상시설 선정 – 1차 서류심사(홍보영상 대상시설 선정 회의를 통해 신청서 검토) 진행 → 홍보영사 대상 시설 50개소 선정 • 대상시설 사전교육 – 홍보영상 제작 참여시설 워크숍을 통해 홍보영상 제작 교육 및 피드백
홍보영상 제작	• 홍보영상 제작 – 홍보영상 참여 제작시설의 장/단점 진단 → 홍보영상 콘셉트 및 시나리오, 시놉시스 1차 구성 → 대상시설과의 1차 컨펌 → 2차 컨펌 → 홍보영상 제작
홍보영상 배포 및 사업평가	• 홍보영상 배포 및 활동보고서 제작 – 홍보영상 사업배경, 진행경과, 사업 효과/성과, 홍보영상 제작 사례, 향후 사업 진행 방향 등을 담은 활동보고서 제작/배포

(2) 사업 진행 일정

주요 내용 \ 기간		2024 10월	2024 11월	2024 12월	2025 1월	2025 2월	2025 3월	2025 4월	2025 5월	2025 6월	2025 7월	2025 8월	2025 9월
모집	선정위원회 구성	→	→										
	대상시설 모집		→	→									
대상시설 선정					→	→							
대상시설 사전교육(워크숍)							→						
홍보영상 제작 진행							→	→	→	→			
중간점검									→	→			
홍보영상 배포 및 사업평가											→	→	→

3) 기관 연계협력 전략

협력기관명	세부사업명	협력계획	비고
ㅇㅇ예술과학대학교	홍보영상 제작	홍보영상 제작 및 지원 종사자 홍보 교육 및 구성자문	–

3. 예산 편성

목	세목	세세목	계	산출근거	예산조달 계획				
					신청금액	비율(%)	자부담	비율(%)	자부담 재원
총 계			51,030,000		51,030,000	100			
인건비	지도자비		10,000,000	2명×200,000×25개소	10,000,000	100			
	소 계		10,000,000		10,000,000	100			
사업비	기초 실태 진단	회의참석비	500,000	5명×100,000×1회	500,000				
		회의진행비	60,000	5명×12,000×1회	60,000				
		홍보실태진단	10,000,000	50개소×200,000×1회	10,000,000				
		보고서 제작비	600,000	60부×10,000	600,000				
	중간 평가 (워크숍)	대관비	500,000	500,000×1회	500,000				
		현수막	35,000	35,000×1회	35,000				
		식사비	900,000	60명x15,000x1식	900,000				
		다과비	450,000	60명x7,500×1회	450,000				
	홍보 영상 제작비	제작비	25,000,000	500,000×50개소	25,000,000				
	결과 보고회	장소대관비	500,000	500,000×1회	500,000				
		다과비	300,000	40명x7,500	300,000				
	운영비	현수막	35,000	35,000×1회	35,000				
		다과비	450,000	60명x7,500	450,000				
		보고서 제작비	1,000,000	100부×10,000	1,000,000				
	소 계		40,330,000		40,330,000	100			
관리 운영비	사무용품		300,000	30,000×10개월	300,000				
	수용비 및 수수료		400,000	40,000×10개월	400,000				
	소 계		700,000		700,000	100			

4. 문제의식(사업 필요성)

1) 사업 계획 배경

- ㅇㅇ도 장애인직업재활시설 중증장애인 고용 확대와 임금 향상에 대한 사회적 요구가 높아지면서 시설 매출 · 수익성 제고의 중요성이 커짐에 따라, 시설 경쟁력 확보를 위한 경영지원 필요성 및 수요 증가
- 20XX년 ㅇㅇ도 장애인직업재활시설 근로장애인의 월평균 임금은 756천원으로 최저임금의 36.7%에

불과하며, 최저임금을 받는 근로장애인은 약 322명으로 총 근로장애인 3,014명 대비 10.6% 정도임.

- 한정된 공공시장, 우선구매제도 영역 확대(사회적기업, 여성기업, 중소기업 우선구매 등), 중증장애인생산품 우선구매시장 내에서의 경쟁심화, 민간시장 진입의 어려움, 사회복지시설로의 제약(사회복지 위주의 인력구성, 프로그램 운영, 지자체 관리 · 감독, 이익 극대화 및 경영개선을 위한 투자 제약 등)등으로 인해 ㅇㅇ도 내 직업재활시설의 수익이 지속적으로 감소하고 있음.
- 무엇보다 자체 생산품을 보유하고 있거나 중증장애인생산품 시설로 지정된 ㅇㅇ도 내 직업재활시설은 공공 및 민간시장으로의 판로 확대를 위한 제품 특성과 시장 상황에 적합한 홍보 매체 제작 및 개발에 대한 욕구가 매우 높음. 하지만 ㅇㅇ도 내 직업재활시설 종사자의 대부분이 사회복지사나 장애인재활상담사로 구성되어 홍보영상 제작에 어려움이 있으며 홍보활동의 효과 유지 및 작금의 트렌드에 맞는 홍보활동의 효율성 제고에 한계 발생하여 이러한 시급한 문제를 해결하기 위해 본 사업을 계획하게 되었음.

2) 기존 유사사업과의 차별성

- 보건복지부 지원으로 한국표준협회가 실시하고 있는 경영 컨설팅은 홍보, 마케팅, 품질관리의 3개 분야에만 국한되어 있으며, 지원내용도 디자인 개발, 홍보 브로슈어 개발, 품질인증 등 컨설팅 중심에 치중되어 있어 시설중심보다는 컨설턴트 중심으로 사업이 운영됨. 더불어 최신 트렌드를 반영하지 못하고 있음.
- 하지만 본 사업은 ㅇㅇ도 장애인직업재활시설들의 환경 변화에 대한 즉각적인 대응, 시설 상황에 따른 맞춤형 홍보영상 제작으로 단기적 수요 충족 및 중 · 장기적인 경쟁력 강화를 도모할 수 있으며 최근 MZ세대들의 감성과 다양한 소셜미디어를 활용할 수 있는 차별성이 있음.

3) 신청기관의 강점

- 본 협회는 ㅇㅇ도 지원으로 장애인직업재활시설 인증지원사업과 경영지원사업(디자인 개발, 신제품 개발)을 실시하여 매년 50개 시설을 지원하고 있음. 특별히 올해는 ㅇㅇ도 장애인직업재활시설 내 장애인과 종사자의 산업재해예방과 안전보건 기반을 마련하기 위해 X억 X천만원의 예산을 경기도로부터 지원받아 경기도 전체 직업재활시설이 안전보건경영시스템(ISO 45001) 국제 표준 인증을 받을 수 있도록 사업을 진행 중임. 이는 전국 지자체 최초의 시도로 ㅇㅇ도 장애인직업재활시설의 안전관리 수준 향상에 크게 기여할 것으로 기대되며 이러한 사업수행으로 풍부한 노하우를 지니고 있으며 다양한 물적 · 인적 자원을 확보하고 있음.
- 또한 ㅇㅇ도 장애인직업재활시설 187개를 대표하는 기관으로 장애인직업재활시설의 특수성과 현장의 어려움에 대하여 잘 인식하고 있고 법/제도/정책 등 환경 변화에 민감하게 대응할 수 있어 효율적이고 효과적인 사업수행이 가능함.
- 본 협회는 20XX년 7월에 ㅇㅇ예술과학대학교와 MOU를 체결하여 홍보영상 제작, 직무훈련집 제작 및 어플 개발 등 적극적인 협력사업을 추진할 것임을 협의하였음.

5. 목표 및 평가

1) 산출목표

세부 사업명	산출목표	모니터링 방법
홍보영상 제작	홍보영상 제작 기초실태진단 50건	홍보영상 제작 관련 실태진단 보고서 작성
	홍보영상 제작 50개소	교육자료 1,2차 시나리오/시놉시스 홍보영상물
홍보영상 배포 및 평가	결과보고회 1회, 100명 참석	홍보영상 자료집 및 최종보고서

2) 성과목표 및 평가방법

성과목표	평가도구 및 방법	측정 시기
참여한 직업재활시설 홍보사업역량 강화	성과지표 – 전년대비 홍보 노출 20% 이상 증가 – 전년대비 매출액 10% 이상 증가 – 만족도 조사 85% 이상 – 소비자 심층인터뷰, 참여시설 인터뷰	홍보영상 제작 전 홍보영상 배포 후

6. 사업종료 후 지향점

1) 사업 수행으로 인한 기대 효과

- ㅇㅇ도 내 장애인직업재활시설이 당면한 홍보활동의 어려움을 해소하고 긍정적 이미지 개선 제고를 지원함으로써 매출 및 수익이 증가하여 시설의 안정적인 운영과 중증장애인 고용 확대 및 임금향상에 기여.
- ㅇㅇ도 내 장애인직업재활시설의 홍보활성화와 생산품 이미지 개선, 판매 확대를 통해 지역사회 내에서 ㅇㅇ도 장애인직업재활시설 및 장애인생산품에 대한 인식 개선.

2) 사업 결과의 활용 계획

- 본 사업 진행 결과 확보한 다양한 물적/인적 자원, 네트워크, 각종 정보와 데이터 경험/노하우 등을 공유/확대하여 안정적고 지속 가능한 ㅇㅇ도 장애인직업재활시설 홍보시스템 마련.
- ㅇㅇ도 내 장애인직업재활시설의 중 · 장기적인 경쟁력 및 홍보역량 강화를 위한 홍보지원사업의 모범사례 제시 및 보급 → 장애인직업재활시설 홍보영상 지원사업에 대한 ㅇㅇ도 및 31개 지자체 예산 확보를 위한 활동 진행.
- 광고송출: iptv 실시간 방송상품(큐톤광고)플랫폼을 통한 광고 송출로 지역 타깃팅 영상광고 기법을 활용하여 최대한 많은 잠재 고객에게 전달.
- 유튜브 디스커버리, 구글GDN에 홍보영상 제작물을 활용한 광고 실시.

〈기능보강〉 사업계획서

1. 사업명: 취약계층 환경개선 및 기능보강사업 "행복을 주는 공간"

2. 지원 필요성

1) 주요 문제점

본 기관은 2007년부터 ○○시 ○○구 ○○동에서 지역아동센터를 운영하고 있습니다. ○○동 지역은 ○○시 내에서도 사회적으로 돌봄이 필요한(기초수급)가정이 많은 지역으로, 전체 세대 구성원 17,665세대 중 국민기초생활수급 세대가 2,102, 차상위 세대가 457로 구성되어 사회적으로 돌봄이 필요한 아동이 많은 지역입니다(20XX. 1. ○○시 통계). 저희 센터에서는 한곳에서 17년 정도 거주하다, 이전하게 되었습니다. 현재 있는 곳도 비가 오면 새고, 오래된 건물이라 언제 무너질 지 모른다는 생각을 하기도 하였는데, 이번 이전할 곳은 학교 정문 바로 앞이라 아동들의 접근성이 뛰어나 하교 후 바로 등원할 수 있는 위치에 있습니다. 하지만 아무것도 되어 있지 않는 공간이라 처음 이전할 장소를 보고 앞이 막막하였습니다. 내부 전체가 시멘트로 되어 있어 아동들이 센터 등원 시 학교생활로 긴장하고 있던 몸과 마음을 이완할 수 있는 편안한 돌봄 공간이 되기 위해서는 바닥공사가 필요합니다. 전기선이 되어 있지 않고, 전면창이라 여름 에어컨을 틀지 않으면 온실과도 같아 전기공사를 하지 않으면 차단기가 내려가는 현상이 발생합니다. 내부 전체는 시멘트라 몰딩, 문틀에 갈색 페인트로 마감되어 있으며, 주방을 만들어 아이들의 급식조리 하기에 싱크대뿐 아니라 벽지 및 바닥공사도 해야 합니다. 통으로 되어 있어 구조를 프로그램실, 주방, 사무실을 만들어 공간분리도 해야 하는 상황입니다. 아이들은 많고 공간이 작은 편이라 공간 활용을 잘하여 프로그램 및 급식배식이 이루어지도록 칸막이 공사를 해야 합니다. 외벽 전체에 단열이 된 곳이 한군데도 없어 겨울에 난방을 하게 될 경우 결로가 예상됨. 단열하지 않을 경우 여름과 겨울의 실내온도 조절이 어렵습니다. 천장은 뻥 뚫려 천장공사를 진행하여야 합니다. 이 많은 아이들이 지내야 할 공간이 너무나 폐허와도 같아 전체 공사를 진행해야 하는 상황이므로 시급한 상황이라 하루빨리 공사가 진행되어야 합니다. 또한, 이사 기간도 얼마 남지 않았습니다. 경기 또한 어려워 후원자들의 발길도 뜸하여 경제적인 부분 면에서도 어려움이 많이 있습니다. 또한 안산에서 처음으로 개인시설에서 운영 주체를 사회적협동조합으로 변경하여 지역사회의 어린이들이 공동체 안에서 몸과 마음이 건강하고 차별 없이 안전하도록 기여하려 애쓰고 있습니다.

만약에 지원받지 못한다면 손길 하나하나를 모아서 하나씩 하나씩 퍼즐을 맞추듯이 하나씩 공사를 진행하여야 하는 불편함과 기간이 길다 보니 아동들에게 불편함을 줄 것이며, 또한 아동들이 센터에 등원하였을 때 편안하고, 안전하게 휴식을 할 수 있는 공간이 아니기에 집보다 더 못한 환경 속에서 지내야 한다는 생각에 마음이 절로 아파옵니다. 하루빨리 공사가 진행되어 아동들이 편안하게 쉴 수 있는 공간이 마련되었으면 하는 바람입니다. 두 면이 모두 창문이다 보니 냉난방기가 없어 여름더위에 땀을 흘려가며 있어, 창문형 에어컨을 설치하여 시원한 여름을 나기를 바랍니다.

2) 관련 현황(해당 사항만 기재)

〈장비〉

1	장비 교체 지원의 경우 기존 장비 사진 / 기존 장비 없음	
전면사진	후면사진	측면(좌)사진

〈개보수〉

1	시설 개보수의 경우 현 시설 사진	

〈자동차(기 보유차량 관련 정보)〉

차종	연식	배기량	좌석수	현재 사용용도	지원주체
	년	CC	명		자체구입
					ㅇㅇ모금회

> • 앞서 기술한 어려움과 관련한 현황에 대해 작성해 주시기 바랍니다.
> – 장비, 개보수, 자동차 중 해당 사항만 기재하며, 관련 사진 첨부

3. 사업 내용

1) 이용 대상 및 인원

ㅇㅇ지역아동센터를 이용하는 아동 42명(장애인 2명 포함)

2) 세부 사업 내용 (해당 사항만 기재)

〈장비구입〉

구입 장비명	용도	사용횟수(또는 시간)	사용연한	구입수량	사용장소
창문형에어컨	냉방	일4시간		5	집단지도실

1	구입하고자 하는 장비사진 등 첨부	
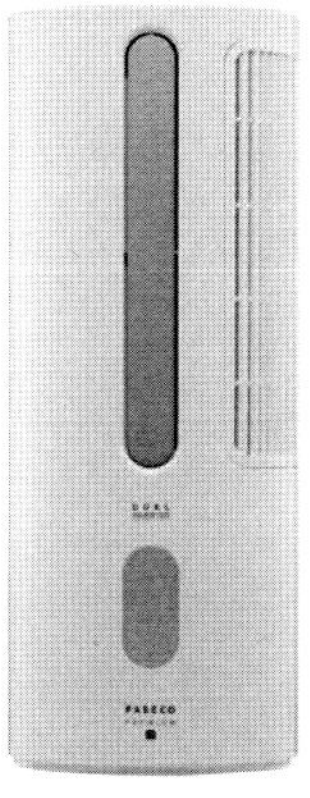	전면사진2	전면사진3

〈개보수〉

개보수 장소	개보수 내용
지역아동센터	전기, 조명, 칸막이, 설비, 바닥, 싱크대, 도배, 천장마감

〈자동차 구입〉

차종	연식	배기량	좌석수	예상가액	비고
	년	CC	명	천원	

- 진행하고자 하는 사업 내용은 무엇입니까? (장비, 개보수, 자동차 중 해당 사항만 기재)
- (필요시) 공사, 용역 및 물품 제조 · 구매 견적서 제출: 본 견적서 및 비교 견적서 각 1부
  - 거래실례가격, 유사거래실례가격, 감정가격, 통계작성 승인을 받은 기관이 조사/공표한 가격 등과 비교 검토하여 경제적인 가격으로 결정한 증빙자료(인터넷 가격비교, 비교견적서 등 포함)
  - 나라장터 종합쇼핑몰을 이용하는 경우 나라장터 견적서를 제출하고, 비교견적서 제출은 생략 가능

※ 모금회 배분사업 관련 구매 · 계약은 「지방자치단체를 당사자로 하는 법률」을 따르고 있으며, 계약대상자 선정 관련 세부 방법은 사업 선정 후 사업수행안내자료를 통해 별도 안내함(구매/계약 방법 참고)

3) 사업 진행 일정

일정	내용	비고
공사업체 및 선정	20XX.8.15.~9.13.	
계약금 및 계약금 지급	20XX.9.19.	
공사시행	20XX.9.20.~11.15. (약 2개월)	
검수 및 잔금 지급	20XX.11.20.	

4. 예산편성

(단위: 원)

목	세목	계	산출근거	예산조달 계획				
				신청금액	비율 (%)	자부담	비율 (%)	자부담 재원
총 계		78,905,000		78,905,000	100			
사업비	환경 개선	14,160,000	칸막이 및 문: 14,160,000	14,160,000	18			
		7,300,000	전기시설공사: 7,300,000	7,300,000	10			
		14,500,000	바닥 및 도배: 14,500,000	14,500,000	18			
		8,600,000	천정마감: 8,600,000	8,600,000	11			
		5,500,000	주방싱크대: 5,500,000	5,500,000	7			
		23,000,000	화재기능보강: 23,000,000	23,000,000	30			
		830,000	교통비 및 식대: 830,000	830,000	1			
		520,000	철물잡자재: 520,000	520,000	1			
		4,495,000	창문형에어컨: 899,000*5	4,495,000	4			
	소 계	78,905,000			100			

5. 향후 운영 계획

- 장비구입, 개보수 또는 자동차 구입을 통해 향후 어떤 사업을 수행하고자 하는지 작성해 주시기 바랍니다.
  - 동 기능보강사업에 따른 장비나 개보수 내용이나 구입한 자동차가 어떻게 활용될 것인지에 대해 사후관리 및 유지보수 계획을 포함하여 작성해 주시기 바랍니다.

– 여름 폭염으로 아동들이 센터에 등원하였을 때 편안하고, 안전하게 휴식을 할 수 있는 공간이 만들어질 수 있도록 하루빨리 공사가 진행되어 아동들이 편안하게 쉴 수 있는 공간이 마련되었으면 하는 바람입니다. 두면이 모두 창문이다 보니 냉난방기가 없이 아동들이 여름더위에 땀을 흘리고 있습니다. 창문형에어컨을 설치하여 시원한 여름을 나기를 바랍니다.

부록 6. 사회복지사 자격증 신청방법

자격증 발급 신청 절차 및 신청 방법

가. 자격증 발급 신청 절차

자격증 발급 신청 (온 · 오프라인)	▶	(온라인) 신청서 등록 및 사진파일 등록 (오프라인) 신청서 작성 및 여권사진 동봉 신청서 출력, 구비서류와 함께 제출	▶	서류제출 수수료 등 납부 (사전 접수처 선택)
자격관리센터 홈페이지		우편(등기) 또는 내방 접수		입금 시 이름, 생년월일 기재

나. 자격증 온라인 신청 및 출력

1) 한국사회복지사협회 홈페이지(https://www.welfare.net) 개인 회원가입
2) 한국사회복지사협회 자격관리센터(https://welfare.net/lic) 로그인
3) 자격관리센터 홈페이지 내 '온라인 자격신청' 메뉴 이동

가) 온라인 자격신청 메뉴 이동 (신청 전 '자격신청방법 안내' 내용 확인 후 신청)

나) 신청 구분에 따른 메뉴 선택 (신규, 승급, 재발급) 후 신청 정보 입력

구분	내용
신 규	• 사회복지사 자격증 신규 발급 신청자 (1급 또는 2급)
승 급	• 사회복지사 자격 취득 이후 상위 등급 신청자 (2급 → 1급 또는 3급 → 2급)
재발급	• 자격증 분실 또는 훼손으로 인한 재발급 신청자(훼손 시 훼손된 자격증 원본 제출) • 성명 및 주민등록번호 변경 등에 따른 재발급 신청자

※ 온라인 승급 및 재발급 신청은 '개인 아이디 로그인' 후 신청할 수 있음

다) 신청서 입력 정보 확인 후 등급별 사회복지사 자격증 발급 신청서 출력

– 신청서 출력 시 자격증 접수처 및 제출 서류 등 안내문 참고하여 신청서와 구비서류 발송

구분	내용
사진 (공통)	① 온라인 자격 신청 시 – 여권 사진 규격으로 촬영된 사진을 온라인으로 등록하여야 함. – 별도의 추가 사진을 제출하지 않아도 됨 ※ 사진은 반드시 여권 사진 규격을 준수하여야 함. (휴대폰 등으로 촬영한 스냅사진 불가) ② 오프라인 자격 신청 시 – 신청일 전 6개월 이내에 촬영된 사진(3.5cm×4.5cm) 2장 제출 – 1장은 자격증 신규(재)발급신청서에 부착, 1장은 우편제출 시 동봉

다. 자격증 발급신청서 및 구비서류 제출

1) 신청자별 구비서류를 참고하여 신청자가 온라인 자격신청 정보 입력 시 선택한 접수처(지방협회)로 등기 우편발송 또는 직접 방문 제출
   가) 신청자별 구비서류: 자격증 발급신청 구비서류 항목 참조.
      * 한국사회복지사협회(서울 영등포구 문래동 소재)는 접수처가 아니며, 서울지역은 서울특별시 사회복지사협회(서울 영등포구 당산동 소재)로 신청서와 구비서류 제출.
   나) 사회복지사 자격증 발급신청 시 제출하는 구비서류는 반환되지 않음.
      * 서류 심사 후 자격 요건 미충족으로 자격증 발급이 불가(불합격)할 경우에 한해 반환
   다) 사회복지사자격증 발급(재발급) 수수료 납부.

라. 자격증 발급(재발급) 수수료 : 1만원

※ 사회복지사 자격증 발급(또는 재발급) 신청자 중 기초생활수급자는 수수료의 50% 감면되며, 신청자별 구비서류 외에 '수급자 증명서 1부'를 추가 제출(3개월 이내 원본 서류)

마. 수수료 납부 방법

1) 계좌이체 : 전국 17개 시·도사회복지사협회 중 접수처의 지방협회 계좌로 이체
   가) 수수료는 반드시 서류 접수처(지방협회)로 입금하여야 하며, 입금자명은 성명과 주민번호앞 6자리 기재하여 입금하여야 함.
   ※ 타인 명의, 신청자 이름만 기재하여 입금 할 경우 수수료 납부 확인 불가.
   ※ 등기우편물 내 현금 동봉 금지(「우편법 시행규칙」 제29조, 보험통상으로 취급하지 않음)
2) 등기 우편물 내 현금을 동봉하여 발송할 경우, 접수 거부 및 우편환으로 반환됨.
   가) 반환 시 발생하는 수수료(등기비용 및 우편환 수수료)는 동봉한 통화에서 감액하고 나머지 금액을 우편환으로 변경하여 신청자 주소지로 발송.
   나) 반환으로 발송하는 등기 우편이 반송된 경우 재발송하지 아니하며, 발송처로 직접 방문 또는 반송수수료를 납부해야 함(본인확인 및 반송 수수료 납부 후 서류 재발송).

바. 자격증 발급 신청 접수처 (한국사회복지사협회 지방협회) (2025. 1. 1. 현재)

접수처(지방협회)	주소 / 계좌번호	전화번호
서울특별시 사회복지사협회	서울특별시 영등포구 당산로 171, 금강펜테리움IT타워 206호 신한 140-012-290890	02) 783-2962
부산광역시 사회복지사협회	부산광역시 동래구 낙민로25, 부산사회복지종합센터 201호 국민 939737-01-003007	051) 507-1285
대구광역시 사회복지사협회	대구광역시 동구 동촌로16길 20 동촌신협 6층 대구 040-10-000737	053) 986-9881
인천광역시 사회복지사협회	인천광역시 남동구 용천로 208, 인천사회복지회관 607호 신한 100-027-824823	032) 886-5411
광주광역시 사회복지사협회	광주광역시 북구 천변우로 40, 1층 광주은행 001-107-744472	062) 524-7932
대전광역시 사회복지사협회	대전광역시 중구 보문로 246 대림빌딩 8층 806호 국민 480401-04-076644	042) 254-7109
울산광역시 사회복지사협회	울산광역시 중구 성안로 148, 4층(보원빌딩) 경남 517-07-0163755	052) 246-9561
세종특별자치시 사회복지사협회	세종특별자치시 조치원읍 군청로 87-16, 조치원청사 2층 신협 131-017-073037	044) 715-7225
경기도 사회복지사협회	경기도 수원시 영통구 덕영대로 1556번길 16, 디지털엠파이어 B동 406호 국민 877001-01-444745	031) 252-7554
강원특별자치도 사회복지사협회	강원도 춘천시 동면 소양강로110, 402호 농협 301042-51-005884	033) 262-4254
충청북도 사회복지사협회	충청북도 청주시 흥덕구 공단로 87, 충북종합사회복지센터 402호 농협 1187-01-004075	043) 232-2213
충청남도 사회복지사협회	충청남도 홍성군 홍북읍 홍예공원로 20, 2층 농협 301-0102-3336-31	041) 634-5598
전북특별자치도 사회복지사협회	전라북도 전주시 덕진구 전주천동로 483, 전북사회복지회관 4층 402호 전북 539-23-0300006	063) 252-3994
전라남도 사회복지사협회	전라남도 무안군 삼향읍 오룡3길 22, 전남사회복지회관 2층 우체국 503706-01-001391	061) 287-5659
경상북도 사회복지사협회	경상북도 경산시 진량읍 대학로 1386, 2층 농협 301-0095-9138-11	053) 814-8611
경상남도 사회복지사협회	경상남도 창원시 마산회원구 팔용로 262 창신대학교 6호관 4층 6408호 경남 055-299-1518	055) 299-1518
제주특별자치도 사회복지사협회	제주특별자치도 제주시 연미2길 5 제주 15-01-183595	064) 726-2154

※ 지방협회 주소 및 전화번호 등 변경 사항이 있을 수 있으므로, 한국사회복지사협회 자격관리센터 홈페이지 (https://welfare.net/lic)에서 확인하기 바람.

자격증 발급 신청 구비서류

가. 공통 서류 (1급, 2급 자격 신청자에 해당)

1) 등급별 사회복지사 자격증 발급신청서(온라인 또는 오프라인 신청)
2) 신청일 전 6개월 이내에 촬영된 사진 또는 이미지 파일
   - 온라인 신청 시 휴대폰 등으로 촬영한 스냅사진 불가하며, 여권 사진 규격을 준수하여야 함.
   - 오프라인 신청 시 여권사진 규격으로 촬영된 사진(3.5cm×4.5cm) 2장
3) (외국인 또는 재외국민의 경우) '외국인등록사실증명서' 또는 '재외국민국내거소신고증' 원본 제출
   - '외국인등록사실증명서' 또는 '재외국민국내거소신고증' 원본은 자격 신청일로부터 180일 이내 발급받은 서류여야 함.
4) (외국인의 경우) '신원조회회보서' 원본 및 해당 서류를 우리말로 번역 · 공증한 서류 원본
   - '신원조회회보서' 원본과 번역 공증서류 원본은 자격 신청일로부터 180일 이내 발급받은 서류여야 함.
   - 자격증발급 신청 구비서류 바목의 '외국국적자의 신원조회 회보서 및 학력인정 서류 발급처' 참고 (한국사회복지사협회 자격관리센터 https://www.welfare.net/lic)

나. 제출 서류 유효기간

1) 발급일 90일 이내의 서류
   - 졸업학교 또는 국가평생교육진흥원: 졸업증명서(최종학력증명서), 성적증명서
   - 법무부(정부24(온라인)): 출입국사실증명서
2) 발급일 180일 이내의 서류
   - 외국대학 졸업증명서, 성적증명서(번역 공증 및 원본대조 공증 서류 포함)
   - 외국인등록사실증명서(재외국민국내거소신고증)
   - 신원조회회보서(번역 공증서류 및 원본대조 공증 서류 포함)

다. 서류 발급 시 유의사항

1) 교육기관(국가평생교육진흥원)의 학위증명서 및 성적증명서 발급 시, PDF파일을 출력하여 제출한 경우 증명서 하단에 'PDF출력물은 사본'임을 명시하는 문구가 있을 경우 원본으로 인정 불가.
2) 팩스민원을 통해 발급 시 '수입증지가 인영되지 않는 경우 그 효력을 인정하지 않는다'는 문구와 함께 수입증지가 인영되지 않으면, 지자체 직인이 있더라도 해당 민원서류는 원본으로 인정 불가.

※ 사회복지사 자격증 발급 신청 시 제출한 구비서류는 반환되지 않으며, 자격 요건 미충족으로 자격증 발급이 불가(불합격)한 경우에 한해 제출 서류를 반환함.

라. 추가 제출 서류

1) 사회복지사 1급 신청자 구비서류

① 국가시험 최종 합격자
• 국가시험 서류심사 시 서류 심사를 진행하였기에 신청 시 공통서류 외 구비서류 제출 불필요

② 경력승급자(2급 → 1급) / 1998.7.1.이전 3급 또는 2급 자격취득자인 경우만 해당

• 근무한 기관이 사회복지 시설 및 사회복지관련 시설임을 증빙할 수 있는 서류

사회복지 시설	① 경력산정 이전 발급된 경력(재직)기관의 사회복지시설 신고증 1부
법인 · 비영리단체	② 법인설립허가증 또는 비영리단체등록증 1부 ③ 정관(목적과 사업부분만) 1부 ④ 위수탁협약서 1부 ※ 정부 또는 지자체로부터 사회복지사업법 제2조 제1호와 관련된 사회복지사업을 위수탁받아 진행하는지 여부 확인 필요

• 자격증 승급에 소요되는 실무경험을 확인할 수 있는 재직(경력)증명서 1부

※ 경력증명서상 직종이 '사회복지사'로 표기되지 않을 경우 채용 당시 사회복지사 자격증이 필수였다는 것을 확인할 수 있는 공고문과 해당 기관의 공문 필요(추가 심사 진행)

• 건강보험자격득실확인서, 국민연금가입자 가입증명서, 소득세납세증명원, 근로소득원천징수영수증, 고용보험피보험자자격내용서(택 1부)

• 기타 경력 사실을 증명할 수 있는 증빙자료

• 이전 자격증 원본 1부

2) 사회복지사 2급 신청자 구비서류

① 고등교육법에 의한 대학원, 대학, 전문대학에서 사회복지교과목을 이수하고 졸업한 경우
• 졸업증명서(또는 학위증명서) 원본 1부 • 성적증명서 원본 1부

② 고등교육법에 의한 대학 또는 전문대학을 졸업한 자와 동등 이상의 학력(전문대, 4년제 대학, 대학원)이 있다고 인정되는 자가 학점은행제를 통해 사회복지교과목 전체를 이수한 경우
• 졸업증명서 (또는 학위증명서) 원본 1부 • 국가평생교육진흥원장 발급 성적증명서 원본 1부 ※ 학점은행제 · 시간제를 통한 교과목 이수자는 「학점인정 등에 관한 법률」에 따라 국가평생교육진흥원에 이수과목 학점인정 신청 후 발급된 국가평생교육진흥원 성적증명서를 제출해야 함

③ 고등교육법에 의한 전문대학을 졸업한 자와 동등 이상의 학력(전문대, 4년제 대학, 대학원)이 있다고 인정되는 자가 대학과 학점은행제를 통해 사회복지교과목을 각각 이수한 경우
• 졸업증명서(또는 학위증명서) 원본 1부

- 대학교 성적증명서 원본 1부
- 국가평생교육진흥원장 발급 성적증명서 원본 1부

④ 학점은행제를 통해 사회복지교과목을 이수하고 전문학사 또는 학사학위를 취득한 경우

- 국가평생교육진흥원장 발급 학위증명서 원본 1부
- 국가평생교육진흥원장 발급 성적증명서 원본 1부

⑤ 외국대학(4년제 이상) 졸업자(사회사업 또는 사회복지전공자)

- 외국대학 졸업증명서 원본 및 해당 서류 원본을 우리말로 번역 · 공증한 서류 원본 각 1부
- 외국대학 성적증명서 원본 및 해당 서류 원본을 우리말로 번역 · 공증한 서류 원본 각 1부
- 외국대학 학력인정 확인서류(국가별 주한 해당국 대사관 등에서 발급) 또는 졸업증명서와 함께 발급받은 아포스티유 확인서 원본과 해당 서류 원본을 우리말로 번역 · 공증한 서류 원본 각 1부
- 출입국사실증명서 원본 1부
- (선택)외국 사회복지사 자격증 사본 1부

※ 외국대학 졸업증명서와 성적증명서 원본 제출이 어려울 경우 '원본대조공증'을 받아 제출 필요

※ 우리말로 번역 · 공증한 서류 원본은 180일 이내 발급받은 서류여야 함.

※ 사회사업 또는 사회복지 전공으로 외국대학(4년제 이상) 졸업자의 경우 「사회복지사업법 시행령」 [별표1]의 비고에 의거 보건복지부장관의 승인을 거쳐 최종 자격이 부여됨.

⑥ 외국에서 타 전공으로 전문학사 학위 이상을 취득하고 학점은행제로 교과목을 이수한 자

- 외국대학 졸업증명서 원본 및 해당 서류 원본을 우리말로 번역 · 공증한 서류 원본 각 1부
- 외국대학 성적증명서 원본 및 해당 서류 원본을 우리말로 번역 · 공증한 서류 원본 각 1부
- 외국대학 학력인정 확인서류(국가별 주한 해당국 대사관 등에서 발급) 또는 졸업증명서와 함께 발급받은 아포스티유 확인서 원본과 해당 서류 원본을 우리말로 번역 · 공증한 서류 원본 각 1부
- 출입국사실증명서 원본 1부
- 국가평생교육진흥원장 발급 성적증명서 원본 1부

※ 외국대학 졸업증명서 및 성적증명서 원본 제출이 어려울 경우 원본대조공증(180일 이내 발급 받은 서류만 인정)을 받아 제출 필요.

※ 우리말로 번역 · 공증한 서류 원본은 180일 이내 발급받은 서류여야 함.

⑦ 경력승급 대상자(3급 → 2급)

- 사회복지시설 및 사회복지관련 시설임을 증빙할 수 있는 서류

사회복지시설	① 경력산정 이전 발급된 경력(재직)기관의 사회복지시설 신고증 1부
법인 · 비영리단체	② 법인설립허가증 또는 비영리단체등록증 1부 ③ 정관(목적과 사업부분만) 1부 ④ 위수탁협약서 1부 ※ 정부 또는 지자체로부터 사회복지사업법 제2조 제1호와 관련된 사회복지사업을 위수탁받아 진행하는지 여부 확인 필요.

• 자격증 승급에 소요되는 실무경험이 나타나는 재직(경력)증명서 1부 ※ 경력증명서 상 직종이 '사회복지사'로 표기되지 않을 경우 채용 당시 사회복지사 자격증이 필수였다는 것을 확인할 수 있는 공고문과 해당 기관의 공문 필요(추가 심사 진행) • 건강보험자격득실확인서, 국민연금가입자 가입증명서, 소득세납세증명원, 근로소득원천징수영수증, 고용보험피보험자자격내용서 (택 1부) • 기타 경력 사실을 증명할 수 있는 증빙자료 • 이전 자격증 원본 1부 ※ 자격 승급 심사 시, 승급 전 자격증 발급일자를 기준으로 경력을 산정함.

마. 자격증 재발급(분실, 성명변경, 주민등록변경자)

공통	• 등급별 사회복지사 자격증 재발급 신청서 1부 (온라인 또는 오프라인 신청)
	• 신청일 전 6개월 이내에 촬영된 사진 이미지 파일 (온라인 신청 시) ※ 반드시 여권사진 규격을 준수하여야 함. (휴대폰 등으로 촬영한 스냅사진 불가) ※ 오프라인 자격증 신청 시 여권사진 규격으로 촬영된 사진(3.5cm×4.5cm) 2장
	• (외국인 또는 재외국민의 경우) '외국인등록사실증명서' 또는 '재외국민국내거소신고증' 원본 제출 ※ '외국인등록사실증명서' 또는 '재외국민국내거소신고증' 원본은 자격증 신청일로부터 180일 이내 발급받은 서류여야 함.
	• (외국인의 경우) 신원조회 회보서 원본 및 해당 서류를 우리말로 번역 · 공증한 서류 원본 ※ 신원조회 회보서 원본과 공증서류 원본은 자격증 신청일로부터 180일 이내 발급받은 서류여야 함.
추가 서류	• (성명, 주민등록번호 변경자에 한함) 주민등록초본 또는 기본증명서(상세) 1부. ※ 성명 또는 주민등록번호 변경을 확인하기 위함.

참고문헌

박용오(2022). **사회복지현장실습**. 경기: 양서원.

박용오 · 현영렬 · 조성상 · 이동영 · 이상철 · 백혜영 · 양유진(2023). **사회복지학개론**. 서울: 신정.

서울시사회복지관협회(2005). **지역사회복지관 사회복지현장실습이해**.

양옥경 외(2010). **사회복지지도감독론**. 경기: 양서원.

양옥경 · 최소연 · 이기연(2007). **사회복지현장실습 슈퍼비전**. 한국사회복지사협회.

양옥경 · 최소연 · 이기연 · 현진희(2017). **사회복지현장실습 수퍼비전**(개정판). 미발간.

윤철수 · 김연수(2016). 사회복지 사례관리 표준 실천지침에 대한 제안. 2016 한국사례관리학회 춘계학술대회.

이봉주 · 김기덕(2016). **사회복지 프로그램 개발과 평가**. 서울: 학지사.

한국사회복지교육협의회(2020). 사회복지학 교과목 지침서.

한국사회복지사협회(2010). 사회복지현장실습 실태조사 및 지침서.

한국사회복지사협회(2010). 사회복지현장실습안내서.

한국사회복지사협회(2010). 사회복지현장실습지도자교육.

한국사회복지사협회(2013). 표준실습매뉴얼-노인이용시설.

한국사회복지사협회(2013). 표준실습매뉴얼-종합사회복지관.

한국사회복지사협회(2014). 표준실습매뉴얼-생활시설.

한국사회복지사협회(2014). 표준실습매뉴얼-장애인복지관.

한국사회복지사협회(2016). 표준실습교육매뉴얼-아동복지시설.

한국사회복지사협회(2017). 사회복지현장실습 매뉴얼.

한국사회복지사협회(2025). 2025년 사회복지사 자격관리 지침.

Biestek, F. P. (1957). *The casework relationship*. Loyola University Press.

Kadushin, A. (1992). *Supervision in Social Work* (3rd ed). New York: Colombia University Press.

Middleman, R. R., & Rhodes, G. B. (1985). *Competent supervision*. Prentice-Hall.

Reamer, F. G. (2000). The social work ethics audit: A risk-management strategy. *Social Work, 45*(4), 355-366.

[참고사이트]

법제처(http://www.moleg.go.kr)

사회복지공동모금회(https://www.chest.or.kr)

사회복지공동모금회 배분사업 온라인 시스템(https://proposal.chest.or.kr)

한국사회복지사협회 자격관리센터(https://lic.welfare.net/lic/main.do)

한국사회복지사협회 현장실습센터(https://www.welfare.net/prm/)

한국사례관리학회(http://www.kacm.net)

■ 저자소개

현영렬 _ 서정대학교 사회복지학부 교수, 서정대학교 평생직업 부총장

이승현 _ 서정대학교 사회복지학부 교수, 서정대학교 사회복지학부 학부장

기은광 _ 서정대학교 사회복지상담과 교수, 서정대학교 사회복지상담과 학부장

박용오 _ 서정대학교 글로벌융합복지과 교수, 서정대학교 지역발전연구소 부소장

이승연 _ 서정대학교 사회복지학부 교수, 서정대학교 성인학습지원센터 센터장

이경자 _ 서정대학교 사회복지상담과 겸임교수, 늘케어요양센터 대표

김재열 _ 동원대학교 사회복지과 교수, 동원대학교 성인학습자관리센터 센터장

김길수 _ 송곡대글로컬대학 보건복지상담학과 교수, 경기광주시사회복지사협회 회장

사회복지현장실습

1판발행 2025년 9월 10일 **1판 1쇄**

지은이 현영렬 이승현 기은광 박용오 이승연 이경자 김재열 김길수
펴낸이 최용구 | **펴낸곳 도서출판 신정**
주소 (04316) 서울시 용산구 원효로 89길 19 (원효로1가)
전화 02)3211-4782, 0266(영업부), 3211-4783(편집부), 3211-4784(팩스)
이메일 sjbook2002@naver.com | **홈페이지** www.sjbook.co.kr
등록 2001년 5월 11일 제13-702호
기획마케팅 최용구 장만동 최충구 송대용 | **책임편집** 석기은 황가연

ISBN 978-89-5912-954-6 93330
정가 18,000원